Filosofia de Gestão

MÁRCIO FERNANDES

Filosofia de Gestão

Cultura e estratégia COM as pessoas

PORTFOLIO
PENGUIN

Grafia atualizada segundo o Acordo Ortográfico da Língua Portuguesa de 1990, que entrou em vigor no Brasil em 2009.

CAPA Helena Hennemann/ Foresti Design
PROJETO GRÁFICO Tamires Cordeiro
PREPARAÇÃO Maria Fernanda Alvares
REVISÃO Ana Maria Barbosa e Clara Diament
ILUSTRAÇÕES Felipe Blanco e Sérgio Adão

Dados Internacionais de Catalogação na Publicação (CIP)
(Câmara Brasileira do Livro, SP, Brasil)

Fernandes, Márcio
    Filosofia de Gestão : cultura e estratégia com as pessoas / Márcio Fernandes. — 1ª ed. — São Paulo: Portfolio-Penguin, 2019.

        Bibliografia
        ISBN 978-85-8285-096-1

        1. Administração de pessoal 2. Comportamento organizacional 3. Cultura organizacional 4. Liderança 5. Negócios 6. Organizações – Administração 7. Planejamento estratégico 8. Relações humanas I. Título.

19-30079   CDD-658.315

Índice para catálogo sistemático:
1. Filosofia de gestão : Cultura e estratégia :
        Administração   658.315

Cibele Maria Dias – Bibliotecária – CRB-8/9427

[2019]
Todos os direitos desta edição reservados à
EDITORA SCHWARCZ S.A.
Rua Bandeira Paulista, 702, cj. 32
04532-002 — São Paulo — SP
Telefone: (11) 3707-3500
www.portfolio-penguin.com.br
atendimentoaoleitor@portfolio-penguin.com.br

SUMÁRIO

A inquietude de fazer o melhor

Conheço Márcio Fernandes há décadas, desde quando trabalhamos juntos em uma multinacional do setor automobilístico e ele estava em início de carreira. Naquela época, como a maioria dos jovens de hoje e de sempre, entre seus objetivos estava o tradicional "crescer na hierarquia corporativa". Viagens, uma boa casa, carro novo... Com sua postura e atitudes, Márcio já deixava bem clara a disposição de se empenhar ao máximo para TER tudo de bom que o sucesso profissional poderia lhe oferecer. Com o passar do tempo, porém, observei que ele não só progredia como também amadurecia rapidamente, logo ultrapassando aquele objetivo inicial tão óbvio e básico. Além de buscar a própria felicidade, queria ajudar as outras pessoas a ser mais felizes. Foi isso que mais nos aproximou e nos une até hoje em nossa amizade: há em nós dois uma dose de inquietude que — ainda bem! — é canalizada para fazer o que consideramos o certo, o melhor para todos.

Iniciando suas trilhas, sempre nos intervalos para almoço, Márcio me metralhava com perguntas, e eu, já um pouco mais experiente, o provocava e instigava para que continuasse a buscar suas próprias respostas. Naquela época, com seu bom humor característico, ele me apelidou de Mestre dos Magos:[*] provavelmente porque eu também oferecia a ele mais perguntas do que respostas. Afinal, apoiar o desenvolvimento do outro não é dar respostas, mas apoiar a construção da autonomia. Hoje, fico satisfeito, pois Márcio me diz que fui um tutor à altura das inquietações dele e, com todo o talento que tem, me chamar de mestre é algo do qual me orgulho muito. O ponto mais forte de alinhamento entre nós, porém, era a vontade de tentar ser pessoas diferentes dos "chefes" a quem éramos obrigados a nos subordinar nas empresas que nos contratavam. "Eles" pareciam não enxergar nada nem ninguém além dos próprios interesses e, depois de conquistar a cadeira de gestor, dificilmente evoluíam o mindset para além do "Manda quem pode, obedece quem tem juízo". Ou ainda pior, quando eram flagrados em incoerências e parcialidades em relação à prática de valores e critérios, apelavam para outro clichê: "Faça o que eu digo, mas não faça o que eu faço". Para nós, era um desafio diário "simplesmente ter que obedecer" a gestores com esse perfil. Mas a realidade é que, nos idos da década de 1990, o diálogo entre "chefe" e "subordinado", com raras exceções, costumava ser assim mesmo: começava com um clichê, terminava com outro e ponto-final.

Quando deixamos de trabalhar na mesma empresa, cada um a seu modo foi tentar realizar o objetivo de ser uma pessoa melhor. Eu já ocupava uma posição de destaque na liderança de uma multinacional, e Márcio ainda sonhava com a possibilidade de um dia ser um gestor focado em gente. Reflexivo e reservado, me desenvolvi profissionalmente na área de contabilidade e finanças, mas fiz especializações também em teologia. Márcio, por sua vez, com sua competência técnica e habilidade natural para se comunicar, logo ocupou as primeiras posições como líder corporativo e foi fazer especializações em gestão no Brasil e no exterior. De vez em quando, nos reencontrávamos para longas conversas e reflexões sobre o que

---

[*] Na série de desenho animado *Caverna do dragão*, o personagem principal era o Mestre dos Magos, que sempre dava diretrizes enigmáticas para um grupo de crianças perdidas em outra dimensão.

poderia ser diferente no mundo corporativo. E, principalmente, o que deveria mudar nas relações entre as pessoas na nossa vida e no dia a dia de trabalho. Ele nunca se conformou com o modelo de gestão frio e hierarquizado, tudo rígido e inflexível, cheio de "chefes" mandando em "funcionários", que mal disfarçavam o desinteresse e, com frequência, dedicavam-se a guerras políticas e jogos de poder.

Para mudar tudo aquilo para melhor, Márcio acreditava que as empresas precisavam passar por um processo de humanização. Ou melhor, de (re)humanização das relações entre as pessoas. Segundo ele, com a pressa e as pressões da vida diária, parece que a pessoa "esquece" que é um ser humano e que os outros em volta dela também são seres humanos. E as relações empobrecem ou ficam tão áridas que morrem. Então, de vez em quando, é preciso parar e "lembrar" que nenhuma pessoa é só razão e efetividade e também não é só emoção e afetividade. É preciso (re)encontrar o equilíbrio entre essas duas dimensões para conseguir ser alguém melhor e ter o melhor para desfrutar.

À medida que progredia como líder, Márcio foi colocando em prática algumas dessas ideias baseadas em seus valores e critérios. Para ele, sempre foi impossível ver o melhor caminho e ficar parado, conformado e apegado à inércia. A essa altura, já havia conseguido construir algumas "ilhas paradisíacas" na convivência em família e com seus times de trabalho. Individualmente, tudo já estava mudando para melhor: o ambiente era leve e agradável, e os resultados conquistados ficavam acima da média, superando sempre as metas estabelecidas. Para usar as palavras do próprio Márcio, sua dimensão do EU e do TER (efetividade) estava satisfeita e feliz, mas a do SER (afetivo) continuava em sua inquietude, querendo compartilhar com todos o nível de consciência que havia alcançado.

Foi assim, fruto de um propósito e da vivência pessoal de Márcio como líder, que surgiu a Filosofia de Gestão (FG). Tenho orgulho de ter sido testemunha — e apoiador — de todo o processo de estruturação e dos valores, critérios e práticas que deram origem à FG e a seus quatro pilares: ACREDITAR, PRATICAR, MELHORAR e COMPARTILHAR. Daí em diante, você, que já assistiu às palestras e/ou leu os outros livros do Márcio, conhece o resto da história quase tão bem quanto eu: acreditando, praticando, melhorando e compartilhando a FG e a Filosofia de Gestão Estratégica de Pessoas (FGEP), ele foi considerado pela revista *Você S/A* o líder mais admirado do Brasil em 2014; nomeado Executivo de Valor pelo jornal *Valor Econômico* em 2016; e, em 2017, na pesquisa anual da Great Place To Work (GPTW) obteve índice de 100% de confiança de seus quase 4 mil colaboradores, além de, pela segunda vez, ter sido escolhido como o líder mais admirado do Brasil. No período em que atuou como CEO, os indicadores de qualidade, produtividade, segurança e rentabilidade melhoraram de forma relevante, além de a empresa ter sido reconhecida sete vezes como a melhor para trabalhar no Brasil e três vezes na América Latina. Saber que participei de alguma forma disso, ajudando com as perguntas certas, me deixa muito orgulhoso e feliz. Não é sempre que uma amizade floresce tanto, também não é sempre que temos um líder querendo fazer as pessoas brilharem e se esforçando tanto por elas. Ser parte de uma jornada como essa foi e é um grande prazer.

Hoje, com muito mais experiência e conhecimento acadêmico e empírico, estamos novamente bem próximos. Depois de mais de vinte anos, como sempre, o que nos une é a convicção de que todos nós temos o potencial para ser uma pessoa melhor do que os "chefes tradicionais", que aplicam a gestão do medo ou do conflito. Por isso, estamos sempre prontos e dispostos a apoiar os outros no processo de mudança para melhor. Isso significa que nosso atual propósito é: *construir no presente, com o maior número possível de pessoas, um futuro melhor para todos*. É por essa razão que, neste seu terceiro livro, Márcio compartilha as principais trilhas e formas práticas da FGEP, para que você também consiga superar os paradigmas mais tradicionais da sua vida, da Cultura Organizacional e da Gestão de Pessoas, promovendo o surgimento e a consolidação de uma Nova Cultura, um novo patamar de evolução adaptativa à realidade do século XXI, que resulta da participação inclusiva, com imparcialidade e flexibilidade para gerar mais eficiência e alta lucratividade. A estruturação e a divulgação da FGEP foram a forma encontrada por Márcio para apoiar de maneira replicável e escalável o processo de mudança para melhor em favor da sociedade. Atualmente, esse é também meu objetivo como diretor da Thutor: compartilhar essa cultura de prosperidade, engajamento e equilíbrio em empresas de todos os portes e setores. Isso é o que me dá energia e me mantém animado, realizado e certo de que podemos criar um mundo novo, mesmo dentro do velho mundo corporativo.

Pela alegria e dimensão da responsabilidade, escrever este prefácio chegou a me dar um frio na barriga como há tempos não sentia, e eu o encerro expressando aqui publicamente toda a minha gratidão ao Márcio. Sou grato a ele, principalmente, por sua enorme capacidade de continuar inspirando em nós a inquietude de fazer sempre o que é o melhor para todos. Como teólogo e com o maior respeito por todas as religiões, peço a Deus que nos mantenha persistentes e coerentes e que muitas outras pessoas continuem buscando o que fazer — com foco especial no como fazer — para mudar tudo para melhor para todos.

MARCOS ROBERTO ALVES
Diretor administrativo e financeiro da Thutor

O futuro chega bem depressa

Bem diante de nossos olhos, neste exato momento, um novo mundo está sendo construído. Tudo está em transformação e em permanente processo de transição. Com ciclos tecnológicos cada vez mais curtos, as mudanças são mais rápidas: o que era moderno ontem fica normal hoje e já está pronto para se tornar obsoleto amanhã. A disrupção é a nova constante, e a necessidade de adaptação bate diariamente à nossa porta. No século XXI, mais do que nunca, vale a frase de Einstein: "O futuro chega bem depressa".[*] Basta olhar ao redor e ver as mudanças acontecendo. A integração de tecnologias da chamada Indústria 4.0[**]

---

[*] Albert Einstein (1879-1955), físico alemão que desenvolveu a teoria da relatividade em frase compilada em *The Ultimate Quotable Einstein*, de Alice Calaprice (2010).

[**] A expressão "Indústria 4.0" foi usada pela primeira vez na Feira de Hannover (Alemanha), em 2011, para se referir ao projeto de fábricas inteligentes, capazes de integrar os avanços da tecnologia da informação e da engenharia, tornando os processos de produção mais eficientes, autônomos e customizáveis. Ou seja, o objetivo era produzir mais e melhor com menos. No site da Feira de Hannover (Hannover Messe), você encontra informações atualizadas sobre a Indústria 4.0 em <www.hannovermesse. de/en/news/key-topics/industrie-4.0/>. Além desses textos em inglês, você pode acessar um artigo em português, no site da Fundação Instituto de Administração (FIA), disponível em: <fia.com.br/blog/industria-4-0/>. Entre na nossa plataforma interativa, pois as referências deste livro estão centralizadas ali para estimular nossa interação: <www.wavefg.com.br/notas/fg01>.

alavanca exponencialmente a eficiência produtiva das empresas. Enquanto isso, modelos de negócios que pareciam sólidos e estabelecidos são ultrapassados em velocidade vertiginosa. As mudanças no cenário desafiam nossa capacidade de reposicionamento. Para não ficar para trás, é preciso mudar também. E, mais do que nunca, é preciso ser ágil. Hoje, a evolução da estratégia e da gestão integrada e participativa nos negócios não é mais desejável ou necessária; é vital.

A tecnologia, porém, não está revolucionando apenas nossa forma de produzir e comercializar bens e serviços. A explosão das mídias sociais, por exemplo, tem causado profundas mudanças comportamentais, transformando a sociedade como um todo. Com amplo acesso a informações, gradativamente, vamos nos tornando mais conscientes. Há vinte ou trinta anos, com o senso crítico anestesiado, era comum ver a maioria das pessoas seguindo em frente pelos caminhos convencionais e aceitos como sendo "os melhores" para todos. Com boa dose de autoritarismo, por sua vez, as empresas seguiam pelos TRILHOS rígidos do modelo de gestão adotado e não davam satisfação ou informavam nada a ninguém. É incrível, mas todos achavam tudo isso normal. Obedeciam a ordens e instruções sem questionar ou refletir sobre o sentido da própria jornada. Ser coadjuvante era o padrão, e lutar por um propósito, uma utopia. Atualmente, porém, em especial entre os jovens da geração dos millennials,* noto que cada vez mais as pessoas não aceitam compactuar com nada que ofenda seus direitos, escolhas, sonhos, ideais de vida e, especialmente, valores e propósito de vida.

Existem sinais evidentes, por exemplo, da adesão da sociedade em favor da preservação ambiental, da inclusão, da justiça, da igualdade,

---

* Os millennials ou geração Y são formados por pessoas que têm hoje entre 18 e 34 anos e que trazem muita mudança e inovação para o mercado de trabalho, como colaboradores ou empreendedores de suas próprias start-ups. Um estudo do Google Brasil (*Dossiê BrandLab: The Millennials Divide*) aponta, porém, que, apesar de haver semelhanças comportamentais entre eles, existem dois subgrupos nessa geração: os chamados *old millennials* (25 a 34 anos) e os *young millennials* (18 a 24 anos). De acordo com esse trabalho, o subgrupo dos mais jovens, que já nasceram conectados e conheceram o mundo da recessão econômica a partir de 2008, tende a ser "mais realista, questionador e financeiramente consciente". Vale a pena conhecer mais esse estudo, disponível na nossa plataforma interativa, em: <www.wavefg.com.br/notas/fg02>.

do respeito amplo e em defesa da diversidade. Questões históricas lamentáveis, como preconceito racial, abuso sexual, homofobia, violência contra mulheres, migração de refugiados de guerras, ganham destaque em todas as mídias e se amplificam na velocidade dos cliques digitais. Por todo o mundo, também estão cada vez mais audíveis os protestos contra o comportamento corrupto de políticos e empresários. Superando a censura e a opressão, é esse debate público e participativo que nos faz evoluir, abrindo de vez a possibilidade de banir essas discriminações odiosas e comportamentos mesquinhos — para sempre. Toda essa mobilização gera uma influência positiva e, aos poucos, vai ampliando nosso grau de consciência e transformando nosso comportamento para MELHOR. Já dá até para acreditar que será possível seguir por novas e melhores TRILHAS com ética e respeito para todos. Sabemos bem que ainda há muito por fazer, mas mais do que nunca temos disposição para lutar por isso.

Quando reflito sobre esses aspectos, em linhas gerais nosso futuro parece promissor: a tecnologia traz modelos de negócios inovadores, as pessoas estão mais proativas na prática de seus valores, mas... quando aprofundo minha análise sobre o ambiente corporativo, verifico que o ritmo das mudanças é muito desigual. Existe ainda um enorme descompasso: a tecnologia e a mentalidade das pessoas evoluem rapidamente, enquanto a relação que a maioria das organizações mantém com seus colaboradores está estagnada. Até com certa frequência, surgem desbravadores estratégicos em Recursos Humanos (RH) que invariavelmente têm sido forçados a voltar aos trilhos do modelo tradicional, deixando a área encarcerada nas masmorras do século passado.

Infelizmente, grande parte das empresas ainda cultiva processos e práticas de uma sociedade prescrita, dependendo dos preceitos de alguns gurus, que tiveram seu auge há mais de trinta anos. São estruturas padronizadas, hierarquizadas e pouco flexíveis, com excesso de instrumentos engessados de comando e controle. No dia a dia, o que continua a valer é a fórmula arcaica do "manda quem pode, obedece quem tem juízo". A desconfiança impera. Em especial nesse momento de transição social, em vez de as companhias exercerem um papel modernizante, a relação com as pessoas continua empobrecida e definha. Não só com os colaboradores, mas também com os clientes e a sociedade como um todo. Com esse círculo vicioso profundamente enraizado na Cultura Organizacional (CO), nada evolui. Bem ao contrário, todos perdem a grande oportunidade de gerar valor e criar novos rumos, devolvendo aos negócios seu sentido mais nobre, que é o de convergir propósitos e compartilhar prosperidade.

Não dá nem para imaginar os jovens millennials empreendendo ou trabalhando em sintonia com esse modelo antiquado de gestão, não é mesmo? É natural, portanto, que não suportem mais trilhar os mesmos caminhos profissionais de seus pais e avós. Buscam alternativas, pois não veem sentido nesse tipo de CO sem abertura à participação, ao desenvolvimento e ao real protagonismo e engajamento das pessoas. Já para os mais experientes, a frustração diária também é enorme, porque se sentem afastados da prática de seus valores e de seu propósito de vida. Para muitos deles, aliás, a desmotivação é tanta que a vida parece vazia. Não existe convergência entre os interesses das pessoas e dos negócios. Reina a convivência forçada e improdutiva. De segunda a sexta — e, em muitos casos, também aos sábados, domingos e feriados —, conseguem somente tolerar as deformações e a falta de imparcialidade do modelo tradicional de gestão. Enquanto isso, sonham com o direito de SER FELIZES um dia.

Para materializar e mensurar os resultados mais nocivos da ação desses modelos fundidos a ferro e fogo no passado, basta fazer uma pesquisa de clima organizacional. Estudos recentes revelam que a falta de engajamento dos colaboradores é generalizada. E, como consequência, claro, vêm a baixa produtividade, a qualidade precária e a eficiência decrescente.* Mais recentemente, essas questões em torno dos efeitos — positivos e negativos — dos diferentes tipos de CO e do modelo adotado na Gestão de Pessoas têm me inquietado bastante. De forma geral, a maioria das empresas não está conseguindo capturar a evolução social e trazer sua força renovadora para dinamizar o ambiente corporativo, agora digital. Tenho fatos e dados concretos, no entanto, para comprovar que a atualização ou a renovação de cul-

---

* No capítulo 3, vamos falar mais sobre essas pesquisas que apontam a relação direta entre o desengajamento das pessoas e a perda de produtividade nas organizações.

turas ultrapassadas para uma Nova Cultura Organizacional (NCO) é o que fomenta o ENCANTAMENTO* das pessoas e impulsiona o desempenho das organizações.

Por essa razão, sempre fundamentado nos princípios da FG, neste meu terceiro livro, direcionei todo meu foco para o que denomino Filosofia de Gestão Estratégica de Pessoas (FGEP), detalhando como superar os paradigmas da Gestão de Pessoas com as práticas da FGEP que vão fazer surgir uma NCO. Nos dois primeiros livros, apresentei a você a origem e a estrutura da FG e mostrei como aplicá-las para desfrutar da espiral infinita de benefícios mútuos dos ciclos virtuosos — na gestão da própria vida e dos negócios —, tendo por base os quatro pilares da FG: ACREDITAR, PRATICAR, MELHORAR e COMPARTILHAR, que estão representados a seguir na nossa "mandala":

Figura I.1. Os quatro pilares da FG são fundamentais para a FGEP.

---

* Mais do que engajar, o objetivo das práticas da FGEP é ENCANTAR, fazendo com que diariamente as pessoas renovem sua motivação para oferecer sua melhor contribuição no trabalho. Nos capítulos 3 e 4, vou detalhar essas práticas.

No entanto, como a compreensão prévia da aplicação dos fundamentos da Filosofia de Gestão é vital para a implementação bem-sucedida da FGEP, especialmente nos capítulos 1 e 6, encontrei uma forma inovadora de oferecer a você acesso a trechos e ilustrações dos meus dois primeiros livros que apresentam os conceitos e a aplicação da FG. Adiante, nesta Introdução, você vai conhecer mais detalhes dessa novidade que vai ampliar o conteúdo do livro e, com certeza, aumentará a interatividade e o COMPARTILHAMENTO entre nós.

O processo de implementação da FGEP é dinâmico e, por opção, sem custos exorbitantes e sem a necessidade de controlar e convencer ninguém. O alicerce da transformação é a participação de todos, viabilizada pela construção de relacionamentos interpessoais de proximidade, credibilidade e confiança. É só com a participação efetiva de cada pessoa que se consegue romper a inércia, colocando a empresa em movimento na direção da mudança — para MUITO MELHOR. As práticas e os critérios da FGEP objetivam resgatar o sentido do trabalho diário, promovendo a convergência de propósitos entre as pessoas e a razão de ser das empresas. Esse é o ponto de partida da evolução adaptativa da CO, que não tem nada de assistencialismo ou benemerência. Vale destacar que todo processo ocorre sem abdicar de nenhuma diretriz fundamental da gestão empresarial. A mudança é, justamente, para fortalecer o ecossistema planejado para desenvolver as pessoas e os negócios com práticas de alta relevância, planos táticos e metas estrategicamente estabelecidas.

A NCO propicia o desenvolvimento de Pessoas 4.0[*] e, como consequência, são elas que tornam sustentáveis os ganhos de eficiência e lucratividade, sem a necessidade de desdobramentos estratégicos e os famosos projetos de *change management*. Instrumentos desse tipo, caros e exclusivistas, são substituídos pela abertura à participação de todos e pelo engajamento profundo e espontâneo das pessoas. Com exemplos reais e pragmáticos, juntos vamos verificar que essa "nova

---

[*]   Se a Indústria agora é 4.0, a NCO deve estimular o desenvolvimento das Pessoas 4.0: as que serão os Líderes da Nova Liderança (LNL) e estarão à frente dos movimentos de mudança e inovação.

gestão" já existe e é viável HOJE. Sem preconceitos de idade, gênero, etnia ou qualquer outro, a NCO propõe práticas participativas, imparciais, inclusivas e altamente lucrativas. E que, portanto, fazem sentido para milhões — quem sabe, bilhões — de pessoas.

Minha proposta com este livro é oferecer um manual de apoio nesse processo de transição em que VOCÊ muda para MELHOR e se torna um agente da mudança para fortalecer ou começar do zero a CO da empresa onde trabalha ou no seu empreendimento. VOCÊ, independente da patente, do cargo, da área, do setor em que atua ou do seu papel organizacional, é o protagonista da "atualização" da gestão que proponho, pois é capaz de permear a NCO em sua própria vida, nas empresas e por toda nossa sociedade, contribuindo para a transição orgânica do tradicional para o moderno e acelerando a construção de um futuro melhor para todos nós.

Ao longo de um processo natural e sem a necessidade de rupturas, você vai ver que a implementação da FGEP é simples — e até divertida. Neste livro, nossa reflexão conjunta começa pela identificação dos diferentes tipos de CO existentes hoje. Com base em casos verídicos, vamos discutir caminhos alternativos para superar os obstáculos mais comuns à efetiva participação e engajamento das pessoas. No capítulo 1, detalho iniciativas voltadas à transformação do ambiente interno. A evolução começa de dentro para fora, sem propaganda vazia para "enfeitar a noiva" e tentar criar uma imagem externa que não corresponde à realidade no dia a dia de trabalho. Em seguida, apresento a você o passo a passo para criar, fortalecer ou adaptar a CO aos novos tempos que já chegaram e construir uma REPUTAÇÃO ORGÂNICA, que é realmente incorporada ao DNA e vivenciada por todos no dia a dia do negócio.

Para ser bem-sucedido, esse processo deve incentivar uma relação de sinergia e simbiose* entre a empresa e seus líderes — atuais e futuros, ou seja, com todos os seus colaboradores. No capítulo 2,

---

* Sinergia é a "associação simultânea de vários fatores que contribuem para uma ação coordenada", e simbiose, a "associação entre dois organismos na qual ambos recebem benefícios" (*Dicionário Aurélio eletrônico*, versão 7).

destaco critérios e práticas que a organização deve OFERECER para estimular o desenvolvimento e viabilizar a atuação imparcial dos chamados Líderes da Nova Liderança (LNLS). São eles, por sua vez, que concretizam a NCO no dia a dia, fazendo a convergência de propósitos com cada pessoa do time e consolidando o ciclo virtuoso, que pavimenta o caminho para o desenvolvimento de todos, sobretudo dos futuros líderes. Nos capítulos 3 e 4, a ênfase é dada às práticas da FGEP para criar um ambiente de prosperidade conjunta, capaz de atrair, desenvolver e encantar as Pessoas 4.0, aquelas mais conscientes e dispostas a mudar para melhor, sempre.

Já disse antes e ainda vou repetir outras vezes: sou totalmente contrário ao que se chama hoje de programas de retenção de talentos. O que tenho verificado é que, quanto mais investem nisso, menos as empresas conseguem contar com um time de pessoas realmente engajadas. Pela abordagem da FG, o melhor investimento é OFERECER um ambiente favorável ao intraempreendedorismo. Ou seja, cada um assume a responsabilidade por aumentar a eficiência dos processos e, inclusive, do próprio desenvolvimento profissional. É no exercício de sua autonomia e protagonismo que as pessoas renovam diariamente a motivação para continuar a trabalhar em uma empresa — por opção. Assim, os programas de retenção se tornam absolutamente inúteis e dispensáveis.

No capítulo 5, vamos falar sobre governança, mas não da estatutária. Vou abordar o que chamo de Governança da Forma (GF), pois é o que estrutura o processo de transformação da CO e faz com que ele seja fluido, natural e constante. Não é preciso fazer força para implementar a NCO. Mas, para conseguir que a NCO permeie tudo e todos, é essencial dispor dessa estrutura de fluxos, processos e parâmetros imprescindíveis para atingir três objetivos:

- assegurar que a RAZÃO DE SER do negócio, seus valores e critérios viabilizadores da imparcialidade continuem a ser postos em prática com persistência na coerência diariamente;
- garantir que haja a participação efetiva de todos os colaboradores; e

- sistematizar a revisão periódica da CO e atualizar fluxos e processos, incluindo, é claro, a própria Governança da Forma.

Comparando a empresa a um ser vivo com dinâmica própria, a GF é o sangue que distribui nutrientes entre os órgãos e renova as células dos tecidos. É a guardiã: mantém as práticas coerentes de modo persistente (isto é, evita as conhecidas recaídas de autoritarismo como se fosse uma vacina antirretrocessos), mas é também o que promove sua permanente atualização. Ou seja, entre os melhores atributos da NCO estão a permeabilidade e a continuidade autônoma; mas também a consistência e o que denomino Resiliência Expansível, que é a expansão gradativa e contínua do nosso grau de consciência e abertura à mudança para melhor.

Para concluir, no capítulo 6, mostro como e por que a FGEP é uma abordagem orgânica e integradora da ordem efetiva e do caos criativo afetivo. Primeiro, abordo os pontos essenciais que devem ser profundamente compreendidos antes mesmo de você pensar em implementar a FGEP em sua vida e seus negócios. A seguir, mostro como os conceitos, os critérios e as práticas são colocados em operação de forma simultânea e harmoniosa para fomentar a NCO e criar um ambiente próspero e propício ao desenvolvimento de TODOS e de TUDO. O processo de mudança para MELHOR proposto pela FGEP é natural, fluido e adaptável — como é nossa vida e como deveriam ser nossas organizações.

Aproveito ainda para anunciar em primeira mão para você uma novidade que me dá muito prazer e satisfação. Sempre que termino de escrever e publico um livro, fico com a sensação positiva de ter COMPARTILHADO o meu MELHOR com o maior número possível de pessoas. Mas, ao mesmo tempo, ainda sinto falta de DIALOGAR diretamente com você. Apesar de já ser bem atuante nas mídias sociais e já tendo o site filosofiadegestao.com.br, onde estou sempre aberto a contribuições, sugestões e críticas de todos, sinto falta de interagir mais, receber a colaboração das pessoas e ter a oportunidade de desfrutar dos efeitos benéficos recíprocos desse ciclo virtuoso que está sendo viabilizado por todos nós, que nos mobilizamos em torno das ideias e dos objetivos da FG.

Dessa minha inquietação surgiu uma nova proposta: junto com este livro, está sendo lançada NOSSA plataforma interativa, Wave FG <www.wavefg.com.br>. Nela, você poderá interagir comigo e com outros leitores, conversar sobre experiências, trocar ideias e, além disso, logo que começar a ler este livro vai perceber que, desta vez, algumas notas de rodapé vão levá-lo à plataforma, onde sua experiência de leitura será ampliada com mais conteúdos de referência e, inclusive, com alguns trechos importantes à plena compreensão da FGEP, mas que já foram apresentados e detalhados nos meus livros *Felicidade dá lucro* e *O fim do círculo vicioso*. Já fiz vários test drives na nossa plataforma e fiquei encantado com a navegabilidade e as possibilidades interativas para a construção de nosso diálogo multilateral. Antes mesmo de começar sua leitura do livro, entre na plataforma, faça o seu cadastro e me envie um feedback sobre sua primeira percepção. Como sempre: elogios, sugestões e críticas são igualmente bem-vindos.

Ainda falta destacar "o" ponto vital da FGEP: o Líder da Nova Liderança (LNL) é VOCÊ. Novos traços definem hoje o perfil dos agentes da transformação que atuam à frente de seu tempo. Para construir o novo, precisamos de alguém com disposição para levar a obra adiante e seguir até o final. E VOCÊ é esse novo construtor. Só com sua contribuição será possível evitar que a casa que estamos construindo fique igual à anterior — ou até pior —, onde nossas expectativas e objetivos não cabem mais. Pessoas como você são os LNLS, que têm a coragem de romper a inércia e se colocar em movimento. Não espere a mudança acontecer para se adaptar depois. Diante da constância do novo, seja mais flexível e adaptável, antecipe-se e busque um reposicionamento. Não é preciso esperar que alguém lhe dê diretrizes ou ordene que caminho seguir. Mude antes mesmo de a pressão das circunstâncias se tornar insuportável ou que você tenha que cumprir uma meta inatingível. Com um nível de consciência mais elevado, enxergue o fim desde o começo e lidere a mudança. Só você pode QUERER mudar para MELHOR para SER bem-sucedido e mais feliz. Com autonomia e protagonismo, não é preciso esperar ter o melhor cargo ou a patente mais alta para ACREDITAR, PRATICAR, MELHORAR e começar a COMPARTILHAR a espiral infinita de benefícios dos sucessivos círculos virtuosos.

Obrigado por dedicar seu tempo para refletir comigo e buscar novas TRILHAS, muito além dos TRILHOS inflexíveis e autoritários do passado. Você está disposto a enfrentar o padrão antigo e as muitas âncoras do passado para construir AGORA nosso "próximo futuro" — nas empresas, mas, sobretudo, na sociedade como um todo e em favor de sua própria vida? Fico muito feliz por seu interesse. Estamos juntos! Então, vamos em frente em nossa jornada para MELHORAR tudo — até o que hoje já está muito bom.

1. As novas trilhas do desenvolvimento

A MICRO E A MACROCULTURA ORGANIZACIONAIS

No mundo corporativo, o avanço das tecnologias já está fazendo acontecer a Quarta Revolução Industrial. E transformando tudo. Hoje, as fábricas inteligentes, da chamada Indústria 4.0, integram tecnologias físicas e digitais e já são capazes de produzir mais e melhor com menos. De modo geral, as empresas são uma fonte contínua de inovação, criando produtos e serviços incríveis para atender necessidades, aumentar o bem-estar das pessoas e agregar valor. Mas, quando aprofundo o foco sobre a relação entre as empresas e seus colaboradores, o que ainda costumo ver é lamentável. Nos últimos anos, evoluímos demais tecnologicamente, mas, na área de Gestão, em especial a de Pessoas, parece até que o século XXI nem começou. Na maioria dos casos, as relações de trabalho são mantidas no velho esquema de mão de obra versus patrão e apresentam diferentes graus de patologia: desde a escravidão (inacreditável, mas ainda existem casos mundo afora) até a terrível sensação diária de que o único lugar em que é possível ser feliz é... fora dali!

Algumas pessoas recebem salários até muito bons e, mesmo assim, sentem-se infelizes. A principal questão que se coloca, porém, não é em relação à remuneração. A falta de confiança mútua causada por essa relação empobrecida deixa como pano de fundo insatisfações, frustrações, desmotivação e, obviamente, baixa produtividade, além de ter o potencial de causar doenças físicas e psicológicas. Para mim, esse modelo convencional e antiquado é uma forma inaceitável de violência que afeta — pelo menos — oito horas por dia da vida de quem trabalha nessas empresas. Não é só para os colaboradores, entretanto, que essas relações de trabalho patológicas causam malefícios!

Em minha nova fase profissional, em que me relaciono com diversos setores da economia e atuo fortemente para disseminar e implementar uma Nova Cultura Organizacional (NCO), baseada nos princípios da Filosofia de Gestão (FG)* e estruturada pelas práticas da Filosofia de Gestão Estratégica de Pessoas (FGEP), observo que empresários e executivos também sofrem as consequências nocivas desse modelo arcaico. Alguns ainda permanecem presos a modelos obsoletos e sofrem por apego ao poder hierárquico, reféns de uma dose exagerada de EGO. Tratam o novo com desprezo ou apenas como mais um modismo. Ao conversar comigo, porém, a maioria demonstra claramente uma preocupação real e justificada em relação à perspectiva dos negócios: a produtividade padece, a rentabilidade declina, os acionistas reclamam e o nível de ansiedade aumenta a cada reunião de apresentação de resultados aos investidores. Não há quem durma em paz na liderança de um empreendimento com indicadores tão desanimadores. O círculo vicioso está instaurado — mas muitos não sabem ainda como rompê-lo.

Por isso, quando encontram alguém disposto a ouvi-los com interesse genuíno, falam com sinceridade sobre suas frustrações e temores. Têm receio do que acontece no presente e, principalmente, do que o futuro trará para seus negócios ou para suas carreiras. Depois de investirem tanto tempo, estudo e esforço, agora têm a sensação

---

*   Os quatro pilares da FG são ACREDITAR, PRATICAR, MELHORAR e COMPARTILHAR. As três ilustrações presentes nas páginas 64 e 65 do meu segundo livro, *O fim do círculo vicioso*, mostram bem como ocorre esse processo orgânico de formação do ciclo virtuoso. Se você ainda não tem o livro, veja essas ilustrações na nossa plataforma interativa, em: <www.wavefg.com.br/notas/fg03>.

de que o mundo em que escolheram viver está estranho. Percebem que o que era dado como certo agora já não parece fazer tanto sentido. Os padrões tradicionais estão ruindo. Não é raro ouvir um empresário prever algo como: "Meus netos, com certeza, não serão os donos dessa empresa. Já estou pensando em sair do negócio". Ou ainda algum executivo se lamentar: "Se soubesse que seria assim, não teria pagado tantos pedágios para chegar até aqui. Abri mão de muita coisa importante na vida para conquistar essa posição, e a realidade tem sido frustrante, escravizadora. Realmente, está cada vez mais difícil ficar no topo da carreira".

Quando se referem especificamente à Cultura Organizacional (CO) e ao modelo ainda adotado para a Gestão de Pessoas, todos eles têm duas queixas em comum: a falta de engajamento verdadeiro dos colaboradores e dificuldade para atrair e encantar novos talentos. Isso é uma anomalia. A missão de atrair e engajar pessoas não deveria ser algo assim tão chato, maçante e — pior de tudo — tão ineficiente. Por isso, é urgente a necessidade de iniciar um processo de mudança e adaptação da CO a esse "novo mundo" que se abre hoje diante de nossos olhos. Só com pessoas talentosas e engajadas, as pressões e os desafios podem ser compartilhados sem medo de deixar seu destino para a sorte resolver. Em vez de seguir pelos TRILHOS forjados a ferro e fogo por décadas de gestão tradicional, ou melhor, por décadas de mais do mesmo, vamos juntos iluminar novas TRILHAS por onde as pessoas queiram verdadeiramente seguir e mudar tudo para MELHOR — suas vidas e seus empreendimentos.

Cultura organizacional micro e macro

Quando se trata de CO, existem dois aspectos iniciais que precisam ser considerados: um é macro e o outro, micro — e os dois se influenciam reciprocamente formando a CO praticada no dia a dia de trabalho. A dimensão macro se baseia nos valores propostos pela empresa. Já a micro se refere aos comportamentos individuais adotados especialmente pelos líderes. Isto é, por escolha própria, agir como um "líder facilitador" e criar na sua área uma "ilha da FG",[*] ainda que o restante da organização não esteja nessa mesma *vibe*. Por outro lado, o estilo de "chefe que manda" pode fazer da vida de todo mundo um inferno. Portanto, dependendo do perfil do gestor, podem existir muitos tipos de microculturas. Alguns são bastante nocivos. Fazem "panelinhas", agem de forma paternalista ou ainda impõem ao time o conflito e o medo como modelo de gestão.

No começo da minha carreira, tive um "chefe" que fazia as pessoas passarem a maior parte do dia divididas entre duas atividades: atacar e defender. O tempo todo só pensávamos em como sobreviver às puxadas de tapete internas e ainda tínhamos que criar obstáculos para evitar novos ataques dos adversários. Às vezes, dava até a sensação de que os clientes é que eram o problema: no meio da nossa luta diária, era preciso também gastar algum tempo e esforço para fazer o básico por eles. Eu me sentia afetado por aquele clima de hostilidade permanente, até que, um dia, fui internado com uma forte crise de labirintite. Quando ainda estava no hospital, meu "chefe" teve a preocupação de ligar para saber da minha saúde. Expliquei que já estava sendo tratado e que o médico havia me dito que aquilo era mais emocional e que eu ficaria bem logo. A resposta dele me fez ter vontade de ficar mais tempo no hospital: "Que bom, Márcio, que você vai voltar logo e reagir! Não vai deixar barato, não é? Assim que voltar, precisa mostrar àqueles caras quem é que manda aqui!". Conseguiu identificar a microcultura que era imposta na nossa área? Eu soube depois de algum tempo que aquele meu "chefe" levava o conflito para todo lugar em que ia trabalhar. Era o "estilo" dele, sua marca registrada.

É bem comum também a microcultura do medo: em vez de enfrentar e solucionar os problemas, as más notícias são todas varridas para baixo do tapete. O que alimenta esse pacto de silêncio é o

---

[*] Essa proposta da FG está bem detalhada na seção "As ilhas paradisíacas da FG", do capítulo 3, do meu segundo livro, *O fim do círculo vicioso* (São Paulo: Portfolio-Penguin, 2017, p. 95). Resumindo: como líder, você assume sua autonomia e protagonismo, criando um ambiente organizado e próspero com abertura de diálogo e buscando a convergência de propósito com cada pessoa do seu time. Você pode acessar um resumo na nossa plataforma interativa, em: <www.wavefg.com.br/notas/fg04>.

medo. Nesse caso, o medo da demissão. Durante uma das crises econômicas no Brasil, os "chefes" globais de um grande grupo faziam forte pressão por resultados "positivos". Sentindo-se acuado, o CEO local dividiu com os diretores a microcultura do medo. De repente, os indicadores negativos sumiram milagrosamente. Tudo voltou a "parecer" caminhar bem... Até que o gestor que acompanhava os indicadores financeiros espanou. E então resolveu colocar a verdade no ventilador. No trimestre seguinte, a inadimplência explodiu e a solução foi simples: demissão. Inclusive para o CEO que até então era um dos "queridinhos" na matriz. Assim, os chefes globais encontraram os culpados, e as demissões serviram de exemplo para amedrontar ainda mais quem conseguiu manter o emprego. No dia seguinte, bola para a frente. Já estava chegando um novo CEO, que aceitou — tacitamente — as regras do jogo do medo e do pacto do silêncio. "Afinal, a vida continua", pois o cargo e suas firulas corporativas valiam a pena. É o mesmo filme de sempre, e já sabemos qual vai ser o final.

Esses são dois exemplos clássicos da microcultura nociva prevalecendo sobre os valores macro da CO. Na verdade, somados, esses comportamentos individuais impõem, às vezes por décadas, uma CO que cultiva a perda da motivação e a falta de engajamento das pessoas. Ninguém, conscientemente, é capaz de concordar ou apoiar esse tipo de ambiente de conflito e medo. Mas isso acontece e, em geral, os gestores responsáveis acabam impunes. A boa notícia é que é possível, sim, encontrar caminhos alternativos para conseguir viver fora do círculo vicioso imposto por "chefes" ditadores e repressores; e, às vezes, até mesmo por nossos próprios vieses e atitudes negativas. Por isso, antes de falar sobre o processo de mudança efetiva da CO, quero contar para você e analisar mais dois episódios, que retratam aspectos mais sutis da microcultura.

Equilíbrio entre hierarquia e proatividade

No início, a empresa era pequena, mas tinha uma cultura muito aberta: o diálogo acontecia entre todos os colaboradores e, principalmente, os líderes eram avaliados por sua capacidade de impulsionar e desenvolver as pessoas. Essa gestão foi tão bem-sucedida que rapidamente o empreendimento cresceu e se tornou enorme. Os colaboradores, que trabalhavam ali desde a criação do negócio, foram integrados a uma nova equipe, que agora atuava em mais de cinquenta cidades e contava com mais de 2 mil pessoas — só nos níveis técnico e operacional. Os diretores da "pequena empresa" foram convidados a assumir a grande. Um dia, houve um problema grave na área de manutenção de uma das unidades, e os especialistas se reuniram para resolver a emergência. Discutiram bastante e ainda não tinham uma solução definitiva, mas já sabiam o que precisava ser feito de imediato para mitigar o problema. Então Ricardo, o novo "chefe", disse:

"O problema é mesmo grave e temos que levar uma proposta para avaliação da diretoria. Formem uma equipe multidisciplinar e me preparem com a máxima urgência uma apresentação detalhada. Quero um belo PowerPoint, com resposta para, pelo menos, cinco porquês que os diretores possam me perguntar, o.k.? Tenho que ter resposta pronta para tudo que eles quiserem saber sobre esse assunto... É urgente! Vamos mostrar para a diretoria que sabemos bem do que estamos falando e que podemos deter o estrago."

Nessa mesma reunião, estava presente o Pedro, um técnico do tempo em que a empresa era pequena. Bem jovem e ousado, ele conhecia quase todo mundo da atual diretoria. Sabia bem que o problema era grave, e a solução, urgente. Por isso, não teve dúvida: sem falar nada para ninguém, pegou o celular e, como sempre havia feito em casos extremos como aquele, mandou um WhatsApp para o diretor da área operacional: "Carlos, tudo bem? Estamos com um problema grave assim e assim na unidade tal. Fizemos uma reunião de urgência, conduzida pelo nosso novo chefe, e a proposta de solução foi a seguinte... por isso.... e por aquilo... É uma boa solução preliminar, mas ainda vamos ter que trabalhar uns dias para chegar à definitiva. Entre cinco alternativas, essa é a melhor que temos para voltar a operar mais depressa e com segurança. O tempo está contra nós e, por isso, precisamos da sua opinião sobre esse caminho que pensamos juntos". E a resposta do diretor entrou em dois minutos: "Acho a ideia ótima. Vamos fazer!", e ainda colocou aquele emoji de joinha, sabe?

Quando Pedro levou aos outros a resposta positiva do diretor, a solução provisória foi encaminhada rapidamente. Mas nem todas as reações foram positivas. Ricardo, o "chefe", ficou muito bravo, mas se conteve. Teve receio de o diretor comprar a briga e ficar do lado do jovem técnico. Ao sentir o clima ruim, Pedro tentou argumentar:

"Se temos um problema e uma proposta aceitável de encaminhamento técnico imediato, por que não podemos seguir, diminuir o impacto e restabelecer o trabalho? Mesmo que preliminarmente, mas tudo direto e rápido? Para mim, montar uma apresentação demora demais, aqui o negócio todo está parado, não dá tempo para contar história. Resolver emergência tem que ser na hora..."

Jonas, um dos técnicos contratados recentemente, era ainda mais jovem e mais ousado do que Pedro. Quando ouviu aquilo, além de concordar, ficou entusiasmado com a ideia:

"Isso é muito legal! Faz seis meses que espero resposta do meu gerente executivo para outro problema aqui na planta e até agora nada. Tenho o celular do big boss e vou mandar um WhatsApp para ele também.

Mandou a mensagem ali, na hora, na frente de todo mundo, e ficou esperando a resposta. Só no dia seguinte pela manhã, o tal big boss perguntou:

"Quem é você?"

"Bom dia, eu sou Jonas, técnico da área de manutenção. Preciso dessa resposta para resolver um problema muito sério em nossa operação, que está impactando a capacidade produtiva."

"Vamos marcar uma conversa?", perguntou o big boss.

No mesmo dia, depois do almoço, a secretária do gestor direto de Jonas desceu na área operacional e disse:

"O 'chefe' está chamando você AGORA na sala dele."

Pelo tom da voz dela, o rapaz entendeu que de lá não viriam boas notícias. Subiu correndo e temeroso para a sala do "chefe" e ouviu o seguinte:

"Você passou por cima de mim. Aqui as coisas não são assim, não. Quem você está pensando que é? Tem que mandar uma análise completa e detalhada para mim ANTES. Eu avalio a questão e, se achar correto, encaminho para 'meu' superior. Você tem sido um bom técnico, mas essas atitudes precisam ser corrigidas para não prejudicar seu desempenho."

Jonas voltou para a área operacional e contou aos colegas o que havia acontecido. E então Ricardo, o "chefe" dos técnicos e dos especialistas, que já havia vivido várias situações parecidas, aproveitou para dar uma lição final em todo mundo, especialmente em Pedro:

"Eu não falei desde o início que a gente tinha que fazer uma apresentação para levar à diretoria? É muito raro esse tipo de atalho dar certo."

E, para Pedro, o técnico que estava na empresa desde que o negócio era pequeno e havia um ambiente de proximidade e diálogo aberto, ele disse o seguinte:

"Você vem de um mundo diferente... até muito legal, mas que não existe mais aqui. Não tem nada que falar direto com 'os caras', não. Agora tem que respeitar a hierarquia e ficar mais na sua. Isso aqui é briga de cachorro grande! E você é cachorro pequeno, igual a qualquer outro!"

Todos os técnicos e especialistas operacionais, que ouviram aquele discurso do tipo "manda quem pode, obedece quem tem juízo", balançaram a cabeça concordando. E também esfriaram a relação com os que tinham ousado "pular etapas" na comunicação. Dali para a frente, mesmo quando havia algum problema para ser resolvido com a máxima urgência, eram usados o fluxo tradicional hierarquizado e um belo PowerPoint.

Em uma situação semelhante, como você agiria? Em sua avaliação, quem está correto é Pedro, com sua informalidade no diálogo e "atravessando o samba"? Ou Ricardo, o "chefe" que faz valer a hierarquia na comunicação? E qual sua opinião sobre a atitude de Jonas? Geralmente, nos eventos de que participo, quando faço essa pergunta, a tendência da maioria é achar que Pedro é um cara legal e proativo, mas abusou da liberdade que tinha. Já Ricardo costuma ser visto como puxa-saco do diretor e um refém do modelo tradicional. Jonas, por sua vez, foi só vítima de seu próprio estilo, que está se tornando cada vez mais comum, pois os mais jovens já não aceitam seguir por muito tempo os mesmos velhos TRILHOS. De fato, não dá para ser tão simplista assim. Situações como essa parecem incríveis, mas são reais e podemos explorá-las melhor para encontrar TRILHAS alternativas.

Pela perspectiva da FGEP, nenhum dos três está completamente errado — nem completamente certo. Infelizmente, é fato que a luta de egos e a disputa pelo poder muitas vezes impõem ao time a microcultura da comunicação hierarquizada e do excesso de "respeito" e distanciamento. Nem na hora de resolver um problema grave e urgente as barreiras são removidas. O "dr. Chefão" se tranca em sua sala, e sua assistente que cuide para ninguém incomodá-lo. Não há dúvida de que essa falta de diálogo contínua é capaz de desestimular o engajamento das pessoas e impedir progressões exponenciais da produtividade. Por outro lado, vamos analisar melhor: o que aconteceria em uma empresa onde todos os colaboradores tivessem acesso direto e imediato aos diretores individualmente? Ia ser uma avalanche de demandas, e a maior parte delas — garanto! — absolutamente corriqueiras e desnecessárias.

Quem é que consegue manter o fluxo adequado de trabalho à frente da gestão, quando está submerso num mar de demandas de colaboradores que só querem falar direto com o big boss? Nesse ambiente de libertinagem da comunicação, não há processo decisório que se mantenha consistente e responsável. Em especial nas fases de rápido crescimento, o excesso de abertura pode fazer o negócio degringolar. De início, esses atalhos de comunicação podem parecer úteis, mas não são sustentáveis. Portanto, ao defender a existência de um processo de comunicação, Ricardo não está totalmente incorreto. Assim, minha proposta de solução é a seguinte: entre o envio direto de uma mensagem ao diretor (Pedro) e o investimento de tempo para produzir uma apresentação detalhada (Ricardo), existem inúmeras opções para dar fluência e eficiência à comunicação. Ou seja, o mundo não pode parar à espera de uma solução para um problema grave e urgente, mas também não é preciso criar um atalho direto, jogando fora a estrutura de facilitação de soluções proporcionada pelo "líder" da área.

Até por uma questão de coerência, Pedro poderia ter falado antes com Ricardo sobre a possibilidade de buscar uma resposta direta do diretor. É provável que, juntos, encontrassem uma maneira mais eficiente de comunicação naquela situação de urgência. Por exemplo: em vez de perder horas montando uma apresentação, os dois poderiam ir juntos falar com o "chefe" deles, sugerindo o contato direto com o diretor para propor a solução com mais agilidade. Enfim, se nesse exemplo não existe totalmente certo ou totalmente errado, a FGEP também não oferece respostas prontas. O mundo corporativo não será nunca feito só de maravilhas, mas também não precisa ser só espinhos: a proposta é absorver o melhor de cada realidade e buscar a solução no equilíbrio. Há outra história que também merece estar aqui para nossa reflexão. Esse episódio mostra que os colaboradores também podem ter seus preconceitos e vieses parciais, quando avaliam a CO da empresa em que trabalham e reagem à atuação de seus gestores:

Diálogo aberto entre as gerações

Há pouco mais de dois anos, fui convidado para dar uma palestra sobre a FG em uma grande empresa localizada no Nordeste do Brasil. Apesar de ter uma cultura reconhecidamente conservadora, o negócio é referência internacional no seu setor de atuação, com faturamento na casa dos bilhões. Fiquei muito bem impressionado e aceitei imediatamente. Dali a uns dias, recebi o seguinte e-mail de um jovem profissional que trabalha na empresa:

Márcio, boa noite!

Hoje fiquei sabendo que, no próximo mês, você virá aqui apresentar a Filosofia de Gestão. Já li seus livros e também já vi uma palestra sua aí em São Paulo e acho que você não deveria aceitar o convite. É um contrassenso enorme! Esta empresa não combina em nada com a FG e vou lhe explicar por quê.

Entrei aqui como estagiário e, como tenho dado o melhor de mim, já consegui várias promoções. Estou agora como analista sênior e, recentemente, me candidatei num processo interno de seleção para a posição de gerente. Fui chamado para uma entrevista, mas o que ouvi, sinceramente, me decepcionou muito. Segundo o RH, que provavelmente foi quem convidou você para vir fazer palestra aqui na empresa, sou "muito jovem para ocupar um cargo de liderança". E assim eu fiquei de fora do processo seletivo.

Então, não vai adiantar nada você vir falar aqui. Na prática, a cultura da empresa está cheia de vieses e preconceitos. A FG defende tanto o fim desses preconceitos, eu sei, mas aqui tudo isso continua valendo. O melhor que você faz é nem perder tempo, e eu, em vez de reclamar, tenho mais é que procurar outro emprego onde eu possa ser líder. Desculpe o desabafo, mas quando soube da sua palestra, fiquei mais indignado ainda.

Abs.

Fiz questão de responder imediatamente a ele, argumentando o seguinte:

Querido amigo, tudo bem?

Tenha certeza de que estarei aí no dia agendado para apresentar a Filosofia de Gestão, e espero ter a oportunidade de conhecê-lo pessoalmente. Você está certo em relação aos preconceitos. É preciso acabar com eles. Por isso, mantenha a persistência na coerência com seus valores e critérios. Mesmo assim, vamos olhar a situação por outros ângulos?

Primeiro, falo para pessoas e em empresas cujos gestores, em geral, não concordam muito comigo. Pelo menos, não em tudo. Até porque, se já acreditassem, praticassem, melhorassem e compartilhassem de acordo com o que abordo na FG, o mundo corporativo com certeza já seria muito mais legal e rentável.

Em segundo lugar, geralmente não sou convidado a falar onde não há nenhuma busca por mudanças, por melhoras. A empresa em que você trabalha é uma gigante — muito respeitada e reconhecida. Em pouco tempo, você teve uma grande evolução e, apesar de ainda ser bem jovem, já pôde participar de um processo seletivo para gerente. E o fato de eu ter sido convidado para falar aí sobre a FG quer dizer que alguns líderes já se deram conta de que o modelo de gestão precisa de adaptação ao novo. Essa mudança pode não estar acontecendo ainda, mas é possível que venha a acontecer. Por isso, eu lhe sugiro que, em vez de procurar outro emprego, você seja um dos primeiros a se oferecer como um dos Líderes da Nova Liderança — aquele tipo de líder que não precisa de patente — para ajudar a mudar tudo para melhor.

Não deixe de vir falar comigo pessoalmente no dia da minha palestra. Para mim, você já é um líder.

Abraço forte,

Márcio

Quando cheguei à empresa, estava preparado para identificar e endereçar a angústia daquele jovem, pois, certamente, podia ser igual à de muitos outros que não tinham tido a iniciativa de me contatar. Mas, para minha surpresa, me deparei com um ambiente muito melhor do que imaginava. Pelo pouco tempo de interação, não é possível fazer um diagnóstico preciso e profundo, mas fiquei impressionado positivamente ao ver tanta gente com brilho no olhar e um tom de protagonismo raro.

Fiquei pensando: será que o "peixe" que o rapaz do e-mail tentou me vender não foi meio injusto? Será que o viés de seu próprio interesse não o fez ser um tanto quanto individualista? Será que apontou o preconceito da empresa em relação aos profissionais mais jovens para esconder dele mesmo suas próprias deficiências? Ou seu excesso de ansiedade?

Quase no fim da visita, em meio a um grupo de líderes, um deles, nitidamente bem experiente, aproximou-se de mim acompanhado de um jovem e disse:

"Oi, Márcio. Estamos muito felizes em contar com sua ajuda. Para nós, será ótimo aprender e aprimorar muitas de nossas práticas. Aproveitando, gostaria de lhe apresentar este jovem, que já acompanha seu trabalho e me pediu para conhecê-lo pessoalmente."

Sim, era o próprio. Claro que não expus o rapaz, cumprimentei-o e fiquei com cara de "Ué", pensando no que diria para não prejudicá-lo. Mas antes que eu me posicionasse, ele falou:

"Márcio, o que achou do meu e-mail? Desculpa, mas naquele dia estava mesmo muito bravo por não ter conseguido a vaga de gerente."

Fiquei ainda mais em dúvida sobre sua postura e dei corda:

"E aí? Agora você parece mais tranquilo. Teve tempo de pensar melhor?"

"Sim, estava tão chateado que antes até de ter uma boa conversa com meu gestor desabafei com você. Depois, como sempre, conversei com ele e me acalmei. Fiquei meio envergonhado, mas, como sabia que você viria aqui na empresa, resolvi falar com você pessoalmente e aqui estou."

Considero muito animadora essa postura: é preciso ter senso crítico, sem deixar de lado a autocrítica para não ser precipitado demais na análise das situações. Por isso, continuei a conversar por alguns minutos para entender melhor o que realmente havia ocorrido. O rapaz tinha apenas 23 anos, trabalhava na empresa desde o estágio e já era analista sênior. Uma carreira incrível e meteórica. Mesmo assim, não recebeu bem o feedback sincero de que ainda estava imaturo demais para ser gerente. Estava realmente, não é o que parece? E aquela reação negativa e intempestiva ao feedback mostrou isso. Logo a seguir, me contou que, depois de esbravejar, acabou concordando com a própria imaturidade para ocupar o cargo de gerente. Fiquei muito feliz e até um pouco aliviado: ele era jovem e ainda imaturo, mas com capacidade de refletir e se conhecer. Logo aprenderia a controlar seus ímpetos, canalizando a energia para progredir apresentando boas propostas em vez de se transformar em alguém que reclama de tudo.

Mais recentemente, soube por amigos daquela empresa que o rapaz já se tornou gerente e tem um futuro realmente promissor. Mas continua bem ansioso. Isso não é necessariamente um defeito — eu também sou MUITO. Mas, de vez em quando, esse sentimento pode cegar e causar atitudes impensadas com efeitos colaterais fora do nosso controle. Por outro lado, quando adequadamente canalizada com o apoio de alguém mais experiente e sem o calor do momento, a ansiedade pode funcionar como um ótimo combustível. É o que faz você entrar em movimento, estudar, aprender, agir com humildade e desenvolver a maturidade. Nessa história, o gestor sênior e o mais jovem nos dão uma lição valiosa de microcultura positiva. Normalmente, os profissionais mais seniores não têm vontade nem paciência de apoiar o desenvolvimento dos mais jovens. Ainda mais alguém tão impetuoso e ansioso. O mais comum é tentarem se livrar depressa do "problema". Felizmente, porém, mais do que resgatar e preservar a autoconfiança e a motivação das pessoas, essa organização e seus líderes estão conseguindo fazer o mais difícil: dialogar, entender, ponderar, iluminar o caminho e facilitar o desenvolvimento, especialmente dos mais jovens. É assim que deve ser. Fazer dinheiro com um negócio é até fácil. Difícil é construir algo que faça sentido e possibilite que todos ganhem MUITO por MUITO tempo juntos em um empreendimento.

A imparcialidade é a força motriz

Na tentativa de fomentar uma CO construtiva, muitas empresas costumam definir missão, visão e valores com belas palavras. Só que, na hora H, parece que nada daquilo é para valer. Fica tudo lá escrito no papel, mas sem aplicação prática. É como se fosse um produto de prateleira, que a organização exibe apenas para ser vista como moderna e atual. Por que é assim? Por que é tão fácil falar, escrever, e tão difícil colocar em prática os melhores valores corporativos — os que conectam pessoas e seus propósitos, sejam colaboradores, clientes ou acionistas, capazes de criar para todos *o mundo em que queremos viver?* Trocando ideias sobre isso com alguns amigos bem próximos, chegamos à seguinte conclusão: o mais grave hoje é a falta de IMPARCIALIDADE no ambiente organizacional. Essa é a grande força motriz para atrair, motivar e encantar as pessoas. Mesmo assim, a imparcialidade é rara até quando é farta no discurso.

Quando falta coerência corporativa nas práticas diárias da organização, as pessoas ficam desmotivadas, desengajadas e, claro, menos produtivas. Quando muito, dá para ter o tipo de engajamento só da boca para fora: a pessoa mantém o emprego, mas passa o dia olhando o relógio para ir embora. Nos processos seletivos internos, por exemplo, muitas vezes o que prevalece é a parcialidade: como sempre, os escolhidos são os "queridinhos". A pessoa se candidata a uma posição e escuta como resposta que "não tem o perfil necessário". Quais são os critérios para definir esse perfil? São públicos, justos e inclusivos ou refletem apenas a velha determinação do "para os amigos tudo, para os outros a lei"? Não é nada comum encontrar casos como o daquele jovem do Nordeste e seu gestor experiente, disposto a conduzi-lo na trilha do desenvolvimento com interesse genuíno. O papel do LNL é praticar critérios claros, demonstrando que todos serão atendidos, mesmo que alguns não gostem ou que outros fiquem com o ego ferido por não mais decidirem de acordo com seus interesses individuais.

Infelizmente, porém, esses vieses não ocorrem apenas nos processos de recrutamento interno. A parcialidade permeia tudo. Do diagnóstico dos problemas ao processo decisório, abrindo margem para ineficiências, baixa produtividade, frustrações em série, perda da motivação e "escassez" de talentos. Outro exemplo é o do diretor que, em vez de basear suas decisões no critério do que é melhor para os negócios, cede covardemente a pressões das circunstâncias para seguir interessado em seu próprio umbigo. Assim, seu objetivo é apenas não destoar. Não toma a decisão que considera mais correta para não correr o risco de ficar na berlinda. Se futuramente algo der errado, sua responsabilidade será atenuada. Essa pessoa está sendo parcial, porque toma decisões apenas para proteger a própria reputação profissional, e não no melhor interesse da empresa. É refém de um mundo que em geral odeia, mas o aceita para manter as algemas de ouro. Esse comportamento espelha não só a microcultura do conflito e do medo, mas também a conveniência dos interesses pessoais acima do todo.

Pior do que parcial é também aquele CEO cuja empresa estava se atolando em uma enxurrada de queixas e reclamações. Havia deteriorações em todos os sentidos já tomando espaço no dia a dia do negócio. Mas, preocupado apenas com a imagem, resolveu focar nas mídias sociais e, numa reunião com os diretores, deu o ultimato:

"Nós temos um exército de jovens e todos eles vivem dependurados na internet e nas mídias sociais. Onde está o engajamento deles? Por que não se mobilizam para defender nossa marca, nossa empresa! EU QUERO que vocês pressionem essa moçada a entrar na rede e postar pelo menos um comentário positivo por dia sobre a empresa. Também têm que nos defender das reclamações dos clientes. Precisamos reverter essa situação o mais rápido possível. Nossa reputação não pode derrubar as vendas. Temos que reagir!"

No velho estilo do "manda quem pode, obedece quem tem juízo", os diretores transmitiram a "orientação" para seus gerentes, que, seguindo o mesmo modelo antiquado, repassaram a "ordem" aos jovens colaboradores de todas as áreas. Qual foi a reação da moçada? Teve um grupo pequeno que viu ali uma excelente oportunidade de ficar "famosinho" com o big boss. No dia seguinte, já estavam postando elogios e entrando em embates com os clientes sobre a qualidade de produtos e serviços da empresa. Essa minoria foi elogiada publicamente pelos gerentes e teve seu minuto de glória. Mas a maioria ficou quieta e continuou "desengajada". Uns foram igualmente parciais e pensaram assim: "Eu, hein?! Esse meu emprego aqui é transitório, não vou me expor nas mídias sociais para defender a empresa e correr o risco de pegar mal na rede". E os demais, com uma posição mais coerente, perseveraram na prática dos próprios valores, porque acharam o seguinte: "A maioria das reclamações postadas é justa. A empresa está mesmo com falhas na qualidade. Eu que não vou defender isso. Está errado. A melhor resposta é resolver o problema, e não rebater". Nessa situação, esse foi o único diagnóstico imparcial: justamente por trabalhar na empresa, é preciso ter disposição para identificar os problemas e providenciar a solução ou, ao menos, tratar dele. Não o embate. Debater nas mídias sociais não melhora a qualidade de produtos e serviços. É o bom senso que deve prevalecer, e não a visão parcial.

É exatamente assim que aquele CEO deveria ter pensado e agido, em vez de exigir que os mais conectados na internet entrassem nas mídias sociais para defender a empresa. As reclamações são um sintoma, e não a causa do problema. Com IMPARCIALIDADE, o CEO poderia identificar a origem da insatisfação dos clientes e buscar a solução imediata e mais efetiva. Por incrível que pareça, depois desse episódio, parece que até hoje ele continua a reclamar da falta de engajamento dos colaboradores. Não consegue entender a "ingratidão" das pessoas em relação à companhia que lhes "paga os salários e oferece benefícios até acima da média do mercado". E essa dor dele é sincera e real, pode ter certeza. Pessoas assim não conseguem desapegar da dimensão do EU e do TER.* São parciais, porque só pensam com individualismo: querem TER coisas e, especialmente, precisam TER poder. Mandar em alguém é um prazer. E ficam lá magoadas... Sofrem com o pessimismo e a "ingratidão" e se mantêm na inércia. Portanto, essa falta de IMPARCIALIDADE é o mal inicial. É o que impregna a Cultura Organizacional e dá origem às dificuldades para atrair novos talentos e mantê-los conscientemente engajados com o trabalho.

---

* Pela abordagem da FG, para avançar no ciclo virtuoso e compartilhar de benefícios recíprocos, é fundamental buscar e manter o equilíbrio entre a dimensão do TER (efetividade) e a dimensão do SER (afetividade). Eu falo sobre isso desde meu primeiro livro *Felicidade dá lucro* (São Paulo: Portfolio-Penguin, 2015, p. 64), como você pode (re)ver no trecho a seguir resumido na nossa plataforma interativa: <www.wavefg.com.br/notas/fg05>.

As novas trilhas da participação inclusiva

Quem já me conhece um pouco, me acompanha em eventos e/ou lê meus livros sabe que eu não sou de reclamar ou apontar problemas sem apresentar também um caminho ou uma proposta — mesmo que não seja "a" solução definitiva, é, pelo menos, uma TRILHA alternativa já percorrida por mim com resultados e qualidade: dados mensuráveis e fatos concretos para endereçar ou, no mínimo, tratar do tema com interesse genuíno. Por isso, fiz uma análise mais aprofundada da CO de muitas empresas de vários setores e consegui identificar três momentos básicos, propondo o "remédio ou a vitamina" necessários para cada um.

1. Cultura organizacional em formação — Há muitos anos, trabalhei numa organização com esse perfil. Como a empresa passou um longo período realizando fusões e aquisições, não dava para consolidar a cultura, tampouco contar com políticas internas, normas e processos estabelecidos, testados e consolidados. Em meio às integrações que iam ocorrendo, os colaboradores tinham que ir construindo o caminho para viabilizar a realização das atividades. É aquela velha frase de "trocar pneu com o carro andando". Alguns dos meus colegas reclamavam bastante. Achavam a situação insana. "Aqui é tudo muito aberto, instável, vago. Uma loucura. É tanta mudança todo dia que fico cansado só de pensar em vir trabalhar."

Olha, quem precisa desse tipo de estabilidade deve evitar escolher uma organização com esse ambiente crítico, típico de empresas em crescimento acelerado. Para mim, ao contrário, na mudança constante eu só via oportunidades de PARTICIPAR, pois a cultura ainda não estava completa e, muito menos, cristalizada e imutável. Sempre mudando, o diálogo era mais aberto e a hierarquia, menos rígida. Foi lá que eu, felizmente, aprendi a me posicionar e me desenvolver em ambientes mutantes. Mas, a princípio, a percepção das pessoas pode ser bem diferente da minha. Ao conversar com um amigo sobre essa questão, ele me fez uma pergunta-chave:

"Essa cultura tão aberta e tão fluida com mudanças constantes não acaba abrindo mais brechas para as práticas parciais? Por exemplo, num caso de seleção interna, a pessoa se candidata e, quando chega na entrevista, ouve que o critério 'mudou'. E mudou porque o 'chefe' já tem seu indicado preferido. Então, se muda-muda-muda todo dia, ninguém sabe quais são realmente os critérios. Isso é desmotivador."

Realmente, o ambiente mais volátil pode propiciar a oportunidade de parcialidades. Mas o risco vale a pena porque também é isso que abre espaço para a construção conjunta de práticas inovadoras. Por isso, as mudanças podem, sim, acontecer diariamente desde que sejam baseadas em Critérios Viabilizadores (cvs)* da IMPARCIALIDADE — o que, por fim, minimiza os comportamentos individuais com vieses parciais. Em outra empresa em que trabalhei, por exemplo, nós tínhamos um processo seletivo bem estruturado, até que um dia um colaborador chegou para mim e perguntou: "Por que na seleção dos gestores a futura equipe dessa pessoa também não tem o direito de entrevistá-la?". Achei essa participação genial e, no dia seguinte, mudamos o processo. A partir dali os líderes eram entrevistados pelo gestor requisitante, pelo RH, pelo comitê de pessoas e também pela futura equipe. O resultado de todas essas entrevistas tinha pesos diferentes,** mas era tudo aberto, transparente e imparcial. Todo mundo ficou satisfeito com essa mudança "repentina". É assim que tem que ser: numa empresa que pretende se manter próspera, a participação

---

* Os Critérios Viabilizadores (cvs) têm que ser claros, transparentes, inclusivos e públicos, pois são o que dá forma e estrutura a todas as práticas corporativas, das mais simples e cotidianas às mais complexas e processuais. Mais à frente e nos capítulos seguintes, especialmente nos capítulos 3 e 4, quando eu falar sobre as práticas para atrair, encantar e engajar os colaboradores, vou retomar com você o conceito e a aplicação dos cvs pela abordagem da FGEP. Na nossa vida, os cvs também são muito úteis porque nos fazem manter a coerência na prática de nossos valores, conforme o exemplo que dei no livro *O fim do círculo vicioso* (São Paulo: Portfolio-Penguin, 2017, p. 89) e cujo resumo você pode acessar em: <www.wavefg.com.br/notas/fg06>.

** Vale aqui um alerta: tome apenas cuidado para que o gestor requisitante não seja majoritário.

acontece sem ser agendada antes. As organizações que ainda estão formando seu DNA, sua CO, são mais propensas a oferecer aos colaboradores esse tipo de ambiente.

Por outro lado, ainda de acordo com a abordagem da FG, com efetividade e afetividade (com empatia),* também é preciso considerar que a maioria das pessoas, ao contrário de mim, prefere trabalhar em empresas onde não haja <u>excesso</u> de mudanças. Noto que ficam com uma sensação permanente de instabilidade e talvez até um pouco inseguras, o que pode prejudicar o desenvolvimento delas. Por isso, as organizações excessivamente mutantes, mesmo sendo muito atraentes para pessoas que querem prosperar rápido e que lidam bem com riscos, podem ter dificuldade para atrair, encantar e desenvolver novos líderes.

Nesse caso, a proposta da FGEP é bem simples. Como já existe bastante abertura e flexibilidade, recomendo que o foco da participação recaia sobre três pontos-chave. Em conjunto com todos os colaboradores, será preciso: 1. criar uma identidade; 2. definir uma RAZÃO DE SER** que faça sentido para todos; e 3. estabelecer uma estrutura mínima de governança — processos, políticas e atribuição de responsabilidades (sobre essa governança, vou falar em detalhes no capítulo 5). Se sua empresa já é aberta à participação de todos, basta cuidar desses três pontos para ampliar o grau de atratividade, encantamento e engajamento das pessoas. E aumentar a eficiência, a produtividade e a rentabilidade, atingindo o equilíbrio entre as dimensões do TER e do SER. Ou seja, nesse momento, a CO precisa só de uma boa vitamina para crescer forte.

---

* Segundo o *Dicionário Aurélio* (versão 7 eletrônica), empatia é a "tendência para sentir o que sentiria caso estivesse na situação e circunstâncias experimentadas por outra pessoa".

** A RAZÃO DE SER do negócio substitui missão e visão da empresa e incorpora a prática dos valores e critérios corporativos — úteis, objetivos e imparciais. A RAZÃO DE SER de uma empresa equivale ao propósito de vida de uma pessoa. (Re)Leia a seção "Passo a passo do primeiro pilar: ACREDITAR", em *O fim do círculo vicioso* (São Paulo: Portfolio-Penguin, 2017, p. 70) ou acesse um resumo em: <www.wavefg.com.br/notas/fg07>.

2. Cultura organizacional consolidada, sólida e parcialmente aberta à mudança — Na verdade, os executivos costumam sentir um baita orgulho por trabalhar numa empresa com esse perfil até que... verificam nas demonstrações financeiras que o negócio não rejuvenesce na medida necessária para manter a energia de prosperar no longo prazo. Conheço a história de uma empresa com esse perfil fechado à participação, onde um dia alguém teve a ideia "brilhante" de criar um atalho para acelerar o processo de inovação. Foi criado um tubo de ar que atravessava todos os andares da matriz: quem tivesse alguma proposta inovadora colocava a mensagem ali bem detalhada e a sugestão chegava diretamente na mesa de QUEM DECIDE — que, na verdade ninguém sabia bem quem era, mas que tinha o poder de decidir e fazer as coisas andarem.

A reação dos colaboradores à novidade foi sensacional. O tubo da inovação não parava de funcionar. Nos corredores, o comentário geral era o seguinte: "Que legal, né? Agora a gente tem um caminho para participar e acelerar mudanças! Tem tanta coisa que precisa mudar! Há três meses, João enviou uma sugestão e parece que agora vão mesmo implementar!". Foi um enorme entusiasmo, quase uma euforia participativa. Até que QUEM DECIDE se tocou do seguinte: "Se agora a gente tem um atalho que funciona, o que a gente faz com o caminho que não funciona? O que era para ser exceção, só para acelerar o ritmo, está virando regra". E os colaboradores que estavam participando demais foram "convidados" a reduzir o fluxo de envio de propostas inovadoras, com o bloqueio parcial do canal. Em outras palavras, o tubo foi mantido, mas a participação foi colocada sob controle. Esse paradoxo me fez lembrar do trecho de um poema que diz: "Como vencer o oceano/ se é livre a navegação/ mas proibido fazer barcos?".*

Desse dia em diante, estava estabelecida naquela empresa o que chamo de "cultura do paliativo". O nível de consciência é suficiente para identificar que o negócio precisa rejuvenescer, mudar e ME-

---

* Versos do poema "Rola mundo", de Carlos Drummond de Andrade (1902-87). *A rosa do povo*. São Paulo: Companhia das Letras, 2012, p. 43.

LHORAR. Só que, em vez de enfrentar os obstáculos que impedem a abertura ao diálogo e à participação, o caminho escolhido é criar atalhos informais — que não resolvem, mas melhoram um pouco a dinâmica da interação com todos. Ou seja, em vez de identificar a causa e encontrar a solução, adota-se o paliativo e, quando o paliativo cresce, instalam-se controles. Não sou médico, mas sei que não se toma anti-inflamatório para tratar infecção.* Nesse caso, o aspecto positivo é que os executivos dessa empresa já tinham um nível básico de consciência de que a abertura à participação e à mudança era uma necessidade vital. É que, provavelmente, depois da queda dos resultados, a próxima má notícia seria a pressão dos acionistas para fazer ajustes, como cortes, demissões e redução dos bônus anuais. Como já falei no meu segundo livro: a pessoa se abre à mudança seja pelo AMOR, seja pela DOR.** Nesse episódio, foi pela dor.

Para empresas com esse perfil de CO, o remédio não é complexo nem caro. Mas, para chegar à cura, o tratamento não será fácil nem rápido. Os executivos vão precisar desenvolver três atributos: a humildade, a coragem e a confiança. A humildade servirá para admitir que, apesar do orgulho pela cultura tão sólida e tão bem definida há tantas décadas, o negócio precisa da participação de todos os colaboradores para se renovar, modernizar e rejuvenescer. E, depois que isso estiver admitido claramente, vão precisar ter a coragem de mudar de fato. Isso significa evitar atalhos e paliativos e revisitar processos, políticas e práticas. Tudo, claro, com a participação de todos. Também vai ser preciso deixar de matar os mensageiros das boas-novas, parando de querer controlar o "excesso" de participação. A confiança vai aliviar a necessidade extrema de CONTROLAR tudo e todos. O organismo vivo funciona sozinho. Ninguém avisa os pulmões que vai respirar. A pessoa respira e pronto, é orgânico,

---

* O anti-inflamatório pode até ser usado como coadjuvante, mas o que cura a infecção é o antibiótico, correto, meus leitores médicos?
** (Re)Leia a seção "Às vezes, a mudança depende de um quase", no meu segundo livro, *O fim do círculo vicioso* (São Paulo: Portfolio-Penguin, 2017, p. 176). Ou acesse um resumo desse texto em nossa plataforma interativa, em: <www.wavefg.com.br/notas/fg08>.

sincronizado naturalmente e integrado a um sistema complexo mas harmônico. Tudo isso pode ser feito de forma gradativa. Não é necessária nenhuma ruptura. Até porque a maior parte dos valores corporativos poderá ser mantida — desde que passem a ser praticados com IMPARCIALIDADE. Esse alicerce é muito forte e resistente. Por isso, vai possibilitar a construção de uma CO mais aberta, flexível, permeável e adaptável às mudanças necessárias para a sustentabilidade do negócio.

3. Cultura organizacional consolidada, sólida e impermeável à mudança
— Esse é o perfil que costuma gerar mais frustrações e desengajamento dos colaboradores. O mal-estar é generalizado a ponto de os executivos nem sentirem tanto orgulho de trabalhar ali e ostentar aquele sobrenome corporativo imponente. Mas a frustração dos executivos não se deve ao excesso de rigidez e à falta de inovação. Sentem-se frustrados porque, lá no fundo, sabem que ocupam cargos com nomes pomposos, mas de fato não decidem nada. A participação deles é irrelevante, do tipo "vão-se os nomes e ficam as cadeiras". Ou seja, têm a pompa, mas não têm relevância estratégica nenhuma. São "líderes braçais". Esse tipo de cultura é o paradigma absoluto da BURROCRACIA.

Há alguns anos, soube do seguinte episódio: uma companhia contratou uma consultoria global de muito renome para revisitar a estrutura de cargos e salários. Pelo modelo da consultoria, a remuneração dos executivos deveria ser baseada no faturamento bruto. Já o vice-presidente de RH considerava que a base do cálculo deveria ser a rentabilidade do negócio (não vou entrar aqui no mérito disso, porque falarei sobre as práticas de remuneração da FGEP no capítulo 4). Durante uma reunião, de acordo com o que me relataram, o diálogo foi mais ou menos assim. E começou com o consultor defendendo o critério do faturamento para definir a remuneração:

"Olha, quanto maior o faturamento, maior a complexidade da gestão do negócio e, portanto, o salário dos executivos deve ser proporcional ao tamanho do faturamento, entendeu?"

"Sim, claro, entendi isso. Com certeza, um grande faturamento indica uma grande complexidade de gestão. Mas continuo a discordar desse critério."

"Se você já entendeu, então, agora sou eu que não estou entendendo. Discorda do quê? Discorda por quê?"

"Simplesmente, porque um negócio com grande faturamento e alta complexidade de gestão pode estar apresentando baixa rentabilidade. Isso sinaliza a má qualidade do trabalho realizado ali. São produtos ou serviços que, por causa de uma estratégia ruim, não estão gerando valor. Nesse caso, se a remuneração for baseada no faturamento, vão receber mais do que o devido e o merecido. Por outro lado, posso ter outro negócio com faturamento menor e alto valor agregado. Muito superior em valor absoluto ao daquela empresa com alto faturamento. Isso sinaliza que temos ali um negócio saudável, que está sendo muito bem gerido e é realmente mais bem-sucedido. E os gestores, portanto, merecem que a remuneração seja melhor. Entendeu? Não dá para ponderar?"

"Entendi, sim. Você tem toda razão. Vou providenciar essa mudança de critério e vou lhe contar agora como vai ser o processo. Amanhã, vou preencher o formulário DRT1614Br com essa proposta — aparentemente óbvia —, pois o critério parece realmente ser mais justo para a remuneração dos executivos. Como sou muito ágil, amanhã mesmo já encaminho o formulário ao meu CEO no Brasil. Se ele concordar com a proposta, dependendo da agilidade dele, o CEO brasileiro preenche o formulário DRT3103Br e envia para o chefe dele da América Latina. Dependendo da agilidade do CEO latino-americano, ele preenche o formulário DRT1305AL e envia para um comitê global que analisa esse tipo de proposta. Se eles concordarem, enviam para o representante funcional global que cuida dessa prática em questão. Depois disso, se estiverem todos de acordo, enviam ao CEO global nossa proposta de mudança. Caso, porventura, o CEO global considere positiva a ideia, dentro de uns três anos começaríamos a implementá-la no nosso modelo global, já que são muitos documentos e padrões para revisar em todo o mundo. Mas como nenhuma filial tem permissão para fazer mudanças locais no modelo, nem para adequar às necessidades específicas de cada mercado, então o que vai acontecer depois de todo esse desgaste é o seguinte: o CEO global vai enviar um formulário de resposta para o CEO latino-americano, que mandará outro formulário de resposta para o CEO brasileiro, e ele, provavelmente, vai me dizer que lamenta muito, a ideia era muito boa, mas muda marginalmente o modelo, e o valor agregado não é relevante. Costumamos receber muitas sugestões de mudanças, mas nos tornamos a maior do mundo aplicando esse mesmo modelo. No fim da conversa, o CEO vai me agradecer educadamente, mas vai me dar um sonoro NÃO. Você entendeu agora por que essa nossa conversa sobre mudança de critério é absolutamente inútil num grupo tão sólido e tão grande com padrões muito bem estabelecidos?"

"Entendi, sim, e peço desculpas por minha tentativa de argumentação. Lamentavelmente, ainda existem corporações gigantescas, que praticamente controlam o mundo, mas são impermeáveis ao novo e às mudanças. Qualquer hora me liga, vamos marcar um café. Quem sabe a gente encontra uma oportunidade de você vir dar sua contribuição para nossa empresa. Combinado?"

Fico imaginando o tamanho da frustração e da desmotivação desse consultor naquele dia. Na verdade, naquela reunião, deve ter se sentido pressionado, e acabou fazendo um desabafo contra a BURROCRACIA da empresa em que trabalhava. No começo, deve ter sido atraído pela imponência do tamanho global da corporação, mas logo ficou desmotivado e desencantado, porque entendeu que era todo dia "mais do mesmo". Nem que ele redescobrisse a roda ou o fogo, não havia chance de mudar. Talvez ele mesmo tivesse ideias simples como aquela ou mais complexas e inovadoras, mas o processo estava enferrujado. O consultor era apenas um intermediário, sem abertura e espaço para mudar nada — nem que fosse para MELHOR.

E você, como se sentiria numa empresa com esse perfil de CO? Sei que eu não sobreviveria uma semana num ambiente com essa rigidez e essa aversão à inovação e à mudança. Mesmo assim, tenho convicção de que nem tudo está perdido. Nesse caso, minha sugestão de remédio pode parecer um pouco contraditória, mas você vai ver que não é. Sabe aqueles atalhos e a "cultura do paliativo" que critiquei no segundo exemplo de perfil? Pois é, nessa situação aqui, de inflexibilidade e impermeabilidade totais ao novo, vale a pena fazer um atalho para testar a reação dos colaboradores. Se você trabalha numa empresa assim, comece por criar uma "ilha da FG" na sua área. Lidere o processo de participação em um ambiente mais restrito e depois avalie os resultados. Nesses casos específicos, os testes com atalhos costumam funcionar muito bem. Eles só não podem se perpetuar e acabar virando a nova regra.

Os testes com atalhos são úteis para iniciar a transição no processo de mudança porque geram movimento e propõem uma nova dinâmica. Mas não são sustentáveis. Além disso, podem acelerar a saída da pessoa protagonista, que se arrisca, ousando superar o medo. Feitas essas reservas, é sempre producente que as pessoas em volta vejam a possibilidade de participação efetiva e com isso consigam resgatar o motivo que as atraiu para trabalhar naquela empresa. Por isso, assim que tiver em mãos dados e fatos concretos, tente envolver outras pessoas, especialmente os gestores de outras áreas para ampliar sua ilha até que se torne um continente. Quanto mais gente estiver ACREDITANDO, PRATICANDO, MELHORANDO e COMPARTILHANDO, é bem possível que a liderança de sua organização acabe sendo contagiada pelos benefícios do ciclo virtuoso.[*]

Esse processo é arriscado, mas ouse sim. Proteger-se, preparando um plano B, é recomendável, mas vale a pena tentar. Se der certo, você terá um prazer imenso, algo raro mas incrível. Assim, vai ser possível chegar lá, fazendo a CO como um todo mudar efetivamente para melhor — sem perpetuar paliativos. Afinal, ninguém tem

---

[*] Aqui não tem jeito: para tirar o melhor proveito deste livro sobre a FGEP, você vai ter que ler, pelo menos, o capítulo 2 do livro *O fim do círculo vicioso* (São Paulo: Portfolio-Penguin, 2017), cujo título é "Como chegar ao ciclo virtuoso". Esse conceito é fundamental e vai aparecer várias vezes daqui para a frente. Para facilitar, há um resumo desse texto em nossa plataforma interativa, em: <www.wavefg.com.br/notas/fg09>.

dúvida de que, quando a burocracia acaba, a vida de todo mundo melhora muito. Até mesmo as Cos vistas como impermeáveis podem melhorar. Se no seu caso não for possível sequer um paliativo, porque está tudo escrito em pedra, o COMO pode ser bem do seu jeito. Ou seja, ouse e crie, sim, sua ilha.

Mudar não é apenas "enfeitar a noiva"

Até aqui, analisamos juntos como ainda hoje — infelizmente — a CO de muitas empresas gera efeitos nocivos, entre eles, a desmotivação do próprio time. Foram identificadas as causas, como a falta de IMPARCIALIDADE e de PARTICIPAÇÃO, e também delineamos os possíveis caminhos para minimizar as dificuldades enfrentadas. A partir de agora, vou conversar com você sobre como construir uma CO capaz de estimular continuamente a colaboração e a melhor contribuição de todos — inclusive para o resultado dos negócios. Antes de mais nada, porém, devo alertar sobre o que essa minha proposta NÃO É. Não é marketing porta afora, não é endomarketing, não é propaganda e publicidade vazias e também não são campanhas de comunicação ou programas sob a responsabilidade da área de Recursos Humanos. Existem executivos que se queixam que a empresa não atrai novos e bons talentos e acham logo um paliativo: "Preciso de verba para anunciar, atrair, encantar e reter". Outro identifica o baixo grau de engajamento das pessoas e determina: "Contrata uma campanha de endomarketing".

Às vezes durante as reuniões, alguns gestores se abrem um pouco mais: "Temos feito grandes esforços de comunicação e marketing para dar visibilidade à nossa reputação no mercado. E investimos muito em campanhas de comunicação interna. O resultado é uma onda momentânea de entusiasmo e engajamento e, logo depois, passa". Outro dia ouvi uma reclamação ainda mais parcial do que essa. Ao constatar a baixa atratividade de talentos de sua empresa, um executivo concluiu: "Nosso negócio não é sexy! Vamos dar uma 'enfeitada na noiva' para atrair os melhores profissionais, os mais competentes e também os mais jovens, pois isso pode atrair os clientes que sonhamos ter". Será que ele realmente considera que os millennials, os melhores talentos, os mais competentes são seduzidos só por "maquiagem e enfeites", por tudo o que é supérfluo e superficial? Será que os encantam só ambientes bem decorados e agradáveis com pufes coloridos, escorregador, piscina de bolinhas e equipamentos high-tech de última geração? Parece que esse executivo ainda não entendeu que, justamente, por já estarem com um nível de consciência mais elevado, o que os millennials — ou quem quer que sejam os melhores, mais jovens e/ou os mais competentes profissionais — QUEREM mesmo é ter um propósito convergente com a empresa e ver um sentido no trabalho diário. Comentários como esse refletem uma CO com falta total de IMPARCIALIDADE e PARTICIPAÇÃO.

Já está mais do que comprovado que, ao final de cada grande e vultoso esforço desse tipo de "propaganda", em geral, a atratividade de talentos e o engajamento dos colaboradores permanecem baixos. É que não adianta nada fazer divulgação daquilo que a empresa não é. Pelo menos, não é AINDA. Para acender a chama e mantê-la acesa, é preciso a prática diária de valores e CVs* da imparcialidade e da participação justa. Muita gente acha que falar e repetir todo dia a mesma coisa acaba por convencer os outros de que aquilo é, de fato, a verdade. Isso não serve de nada — nem para as empresas nem para as pessoas. Você conhece o tipo que fica repetindo a toda hora: "Eu sou uma pessoa honesta!". É isso que vai fazer você acreditar nela? Ou é o exercício desse valor ao longo da vida que constrói a honestidade daquela pessoa? Pior ainda é que existe gente que diz "eu sou honesto!", e, se você for ver na prática, o que vai ouvir é: "Para me corromper, você vai ter que pagar uma propina maior!". Portanto, palavras da boca para fora não têm nenhum valor real. Conclusão:

---

* É pelo exercício dos CVs que praticamos nossos valores e, consequentemente, nosso propósito de vida ou a RAZÃO DE SER do negócio. (Re)Leia a seção "Os critérios viabilizam o exercício dos valores", no capítulo 3 do livro *O fim do círculo vicioso* (São Paulo: Portfolio-Penguin, 2017, p. 89) ou acesse um trecho dele em: <www.wavefg.com.br/notas/fg10>.

desista de tentar fazer sua empresa PARECER SER o que AINDA NÃO
É. Pode ser que, durante algum tempo, você consiga fazer muita gente ACREDITAR. Mas, assim que perceberem a falta de coerência na
prática dos valores corporativos, você vai ver como o fogo se extingue rapidinho na palha. Esse mesmo critério vale para sua carreira
e reputação. O currículo pode até estar bem escrito, com layout moderno e atraente. Mas, na prática, em dois minutos de conversa ou
com dois telefonemas, o headhunter saberá bem quem você é, ou
não. São seus valores e atitudes coerentes que falam com eloquência
sobre você, não apenas o que é dito ou escrito.

A construção da nova cultura organizacional

A construção ou a adequação evolutiva da CO não passa por nenhuma ação externa, cosmética ou paliativa. A transição para a NCO,
baseada nos princípios da FG e fomentada pelas práticas da FGEP,
ocorre toda porta adentro da empresa. É um processo interno, natural, orgânico, e as pessoas são atraídas, encantadas e engajadas
por livre e espontânea vontade. Por escolha própria e consciente,
porque QUEREM fazer parte e contribuir para o sucesso do negócio.
Acreditam e praticam por opção, melhorando tudo com persistência
na coerência e compartilhando o melhor por amor. A NCO, portanto,
é crível, praticada por opção, melhorada por convicção e compartilhada com paixão. Na Figura 1.1, você pode ver como entendo esse
processo pela abordagem da FGEP.

Pela lógica de alguns especialistas em RH mais tradicionais
e conservadores, primeiro a empresa torna-se capaz de atrair os
melhores talentos e depois serão necessários programas de retenção para não perdê-los para a concorrência. Tenho verificado que,
apesar de toda boa intenção e dos milhões investidos nesse tipo de
iniciativa, os resultados costumam ser desalentadores. Nada nem
ninguém retém alguém na empresa se a pessoa não QUISER ficar ali.
É por isso que, para mim, os chamados programas de retenção nem
deveriam existir. Pela lógica da FGEP, primeiro a empresa cria um

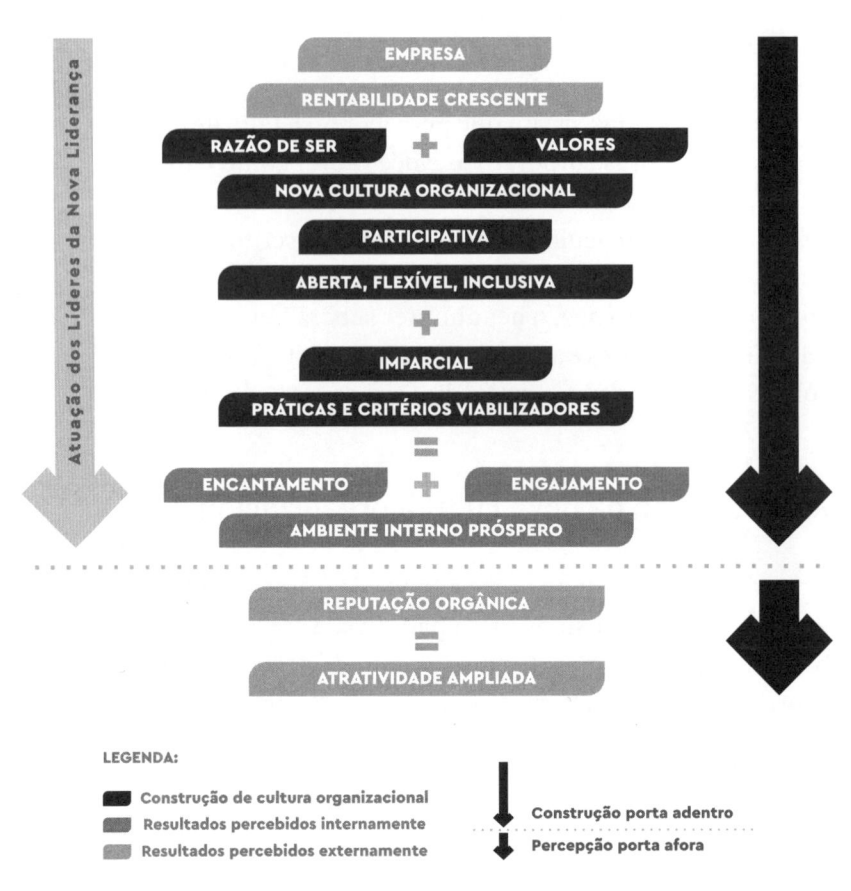

Figura 1.1. As mesmas práticas usadas para encantar e engajar são as que aumentam a atratividade da empresa.

ambiente próspero, participativo e imparcial, capaz de encantar e manter os colaboradores engajados espontaneamente (ou seja, uma CO moderna e em sintonia com o "futuro que já chegou", portanto, uma NCO). Só depois disso é que a atratividade se amplia, porque a NCO é que fomenta a percepção da REPUTAÇÃO ORGÂNICA no mercado e porta adentro da empresa. Ou seja, a maior atratividade é consequência da reputação, que só se forma quando a nova cultura passa a ser percebida externamente. É um processo acelerado, mas completamente natural e orgânico. É bem provável que nem sejam necessários os tais esforços de "propaganda" interna, pois o que entra em campo é a comunicação assertiva e participativa para propagar as práticas e gerar informação de qualidade para todos, de forma quente, frequente, fluente, transparente, imparcial e bilateral. Acho sempre válido potencializar o que temos de positivo com ondas de boas notícias e bons exemplos, pois funciona como antídoto a tudo de negativo a que somos compulsoriamente submetidos no dia a dia. Mas façamos isso com conteúdo e total imparcialidade, com protagonistas internos — SEMPRE.

Quando estou refletindo e escrevendo, uso sempre a empatia para tentar "ouvir" o que o leitor me diria ou perguntaria naquele momento, se nós dois estivéssemos numa conversa olho no olho. Portanto, seguindo sugestões de pessoas que já leram meus outros livros, vou apresentar a você o passo a passo da construção da NCO, aquela que considero adequada à FGEP. Como já mostrei na Figura 1.1, é bom lembrar que o processo é natural, orgânico e, portanto, não linear ou cartesiano. Então, não estranhe, porque esse passo a passo não é uma linha reta com etapas a seguir cronologicamente: muitos elementos da construção da cultura interagem em relações de sinergia ou simbiose. Vamos lá: para construir uma NCO, o ponto de partida é a definição dos valores corporativos e da RAZÃO DE SER* do negócio.

Na sua opinião, como é que se chega a essa definição? Em longas reuniões de diretoria a portas fechadas? Algumas pessoas acham isso muito chato e monótono. Por isso, preferem fazer um evento offsite e outdoor, geralmente num resort praiano, reunindo todos os líderes da empresa num fim de semana. Mas, se você QUER real-

---

* Já disse neste mesmo capítulo que a RAZÃO DE SER do negócio substitui missão e visão da empresa e incorpora a prática dos valores e critérios corporativos — úteis, objetivos e imparciais — e que ela equivale ao propósito de vida de uma pessoa. Mas agora é fundamental você compreender também como o líder possibilita a convergência entre a razão de ser do negócio e o propósito de cada colaborador. Para isso, leia a seção "Como incentivar a convergência de propósitos" no livro *O fim do círculo vicioso* (São Paulo: Portfolio-Penguin, 2017, p. 45) ou acesse o resumo desse texto em: <www.wavefg.com.br/notas/fg11>.

mente construir uma cultura alinhada com a FG, esqueça as portas fechadas e os eventos só para a alta liderança, realizados em fins de semana, para poucos e com cara de turismo. A definição dos valores e da RAZÃO DE SER tem que ser construída com a PARTICIPAÇÃO de todos (bottom-up).* Quando falo em participação de todos os colaboradores, nenhuma exceção será aceita. Aqui a IMPARCIALI-DADE já entra em sinergia com a participação: o objetivo é chegar a uma NCO que também seja inclusiva, correto? Portanto, a primeira providência é estipular um prazo para que cada líder se reúna face a face com sua equipe para DIALOGAR sobre os valores e a RAZÃO DE SER da empresa.

Sou procurado por muita gente para ajudar a fazer o desdobramento das estratégias corporativas. Se os colaboradores pudessem ter um papel participativo no processo, esse custo seria evitado. Falo disso também em relação à cultura: a participação é que gera os donos do negócio. Ter o olho do dono cabe ao dono. Então, é importante que as pessoas se apoderem da obra — do alicerce ao acabamento — para se sentirem, de verdade, como os donos. A segunda etapa da transformação da NCO é ABRIR todos os canais de comunicação à interatividade, definindo quem ficará responsável por receber e consolidar num relatório todas as ideias, comentários, sugestões, recomendações, pedidos, reclamações e propostas. Enfim, tudo que for enviado pelos colaboradores deve ser considerado. Abrir-se à comunicação é engajar as pessoas no que está sendo construído. Talvez a obra não fique exatamente com sua cara, mas terá o dedo de todos, e isso forma um vínculo capaz de superar barreiras e impedâncias na execução.

Geralmente, são as start-ups e os negócios em fase de crescimento muito acelerado que costumam estar num ritmo operacional frenético sem contar ainda com a definição dos valores corporativos sólidos. Essas empresas se encaixam no primeiro perfil de CO que descrevi antes. Nesse caso, devem se abrir à participação de

---

* Essa comunicação e a participação bottom-up serão bem detalhadas no capítulo 2, onde explico as razões práticas para que o processo seja assim.

todos e construir a partir do zero sua CO. Já as demais integram o segundo ou o terceiro perfis e já têm missão e visão definidas, consolidadas e imutáveis há muito tempo. Para esses dois grupos, o primeiro passo também é a abertura à participação, só que com o objetivo de REVISITAR o modelo arcaico de Visão, Missão, Valores, tirar a poeira daquele quadro pendurado na parede e ouvir as pessoas para que elas encontrem em conjunto uma RAZÃO DE SER que faça sentido para o todo. Os valores corporativos também devem ser reavaliados, mas é bem possível que uma boa parte continue igual. Quem é que não concorda com "atuar eticamente", por exemplo? A diferença é que, a partir de agora, os valores vão ser, de fato, praticados.

Mantendo a participação de todos, o passo seguinte é modelar CVs para assegurar que todas as práticas sejam e se mantenham imparciais. Por exemplo: escrever com todas as letras na política de recrutamento interno que idade, gênero e etnia *não são* critérios de seleção dos candidatos. Além disso, é possível criar um Comitê de Pessoas (CP), com representantes de várias áreas, com o objetivo de dar suporte, encubar e permear com agilidade a prevalência da IMPARCIALIDADE em critérios e, subsequentemente, em todas as práticas que vão pavimentar a NCO — sejam relacionadas direta ou indiretamente a pessoas. Só de saber que esse comitê existe, os comportamentos individuais de parcialidade comuns na microcultura das áreas começam a desaparecer. O CP existe para não deixar impunes os responsáveis pelas injustiças nem permitir que as torneiras do individualismo continuem a jorrar desânimo e frustração sobre as pessoas. Essa prática moralizadora viabiliza que a justiça seja igual para todos. Afinal, se as pessoas não mudam pelo amor, mudar pela dor é o que restará a elas.

Com esse novo OLHAR participativo e imparcial trazido pela FGEP, devem ser revistos e renovados todos os processos, políticas e programas internos — de pessoas ou qualquer outro processo, dos fabris aos da engenharia, enfim, todos. Ao final desse primeiro ciclo de ajustes, reforços, transformações e adequações, pode ter certeza: a cultura da empresa em que você trabalha já estará mais aberta, flexível e inclusiva, e os CVs servirão de "guardiães" da imparcialidade das práticas. É preciso definir também de quanto em quanto tempo tudo isso voltará a ser avaliado, atualizado e alterado. Mas o ideal mesmo é que a NCO fique aberta à participação e à mudança sem dia nem hora marcados.* "Todo dia é dia, toda hora é hora!"** Desde que a mudança seja para MELHOR, isto é, expresse o bem comum com equilíbrio entre o afetivo e o efetivo. As pessoas acreditam nesse processo, porque participam, praticam e sentem melhorias reais em tudo e para todos. É isso que traz o engajamento espontâneo e o compartilhamento por amor, como já disse antes. São traços contundentes da NCO, que podem mudar — e muito — coisas efetivas, como a produtividade, mas mudam também coisas afetivas, como o nível de desenvolvimento e consciência das pessoas, que se engajam por opção.

Parece até que "ouço" algum guru, daqueles experientes, me dizendo: "Márcio, como você é ingênuo, o melhor para todos não existe. Vai ter sempre alguém reclamando". É verdade, mas é preciso lançar um novo OLHAR também sobre isso. Quando for feita alguma mudança e alguém reclamar, em vez de achar que essa pessoa é chata, chame-a para uma conversa. Pergunte por que ela considera a mudança ruim. OUÇA os argumentos dela sob o crivo dos CVs da imparcialidade. Se o colaborador estiver reclamando só por ego e individualismo feridos, você pode explicar os motivos mais relevantes que levaram à mudança. Às vezes, com toda gentileza e respeito, as pessoas precisam ser lembradas que o mundo não gira em torno do umbigo delas. E se o colaborador tiver toda razão de estar reclamando? Bom, aí é mais fácil ainda: você pega o que acabou de ser mudado e muda tudo de novo — para MELHOR. Na conversa com esse colaborador, vale agradecer pelo fato de a pessoa ter se exposto.

---

* No capítulo 5, vamos conversar sobre o que chamo de Governança da Forma (GF), a estrutura de fluxos, processos e parâmetros necessários para manter as práticas imparciais coerentes no dia a dia e também promover a contínua atualização da NCO.
** Quem foi criança na década de 1970 lembra dessa musiquinha de abertura do programa *Vila Sésamo*, que passava toda tarde na Globo entre 1972 e 1977. Se você é mais jovem e nunca ouviu, é fácil achá-la na internet.

E cabe também um ensinamento, apontando que, da próxima vez, vale converter reclamações em propostas (uma dose de foco na forma é sempre bem-vinda!). Esse é um dos papéis básicos do Líder da Nova Liderança (LNL).*

Quando esse tipo de comportamento começar a se repetir com maior naturalidade e frequência, é sinal de que o ciclo virtuoso já teve início. A NCO conseguiu romper a inércia e está em movimento. Os colaboradores já conseguem ACREDITAR e PRATICAR, e, por causa disso, tudo já começa a MELHORAR. O ambiente interno vai se tornar próspero e em breve todos estarão COMPARTILHANDO benefícios mútuos. Essa percepção positiva dos colaboradores atinge o ambiente externo com rapidez. Primeiro, chega à própria família da pessoa. No boca a boca, nos almoços de domingo, a boa notícia se espalha: "É muito bom trabalhar na empresa tal". E os parentes começam a enviar currículos porque também QUEREM trabalhar ali. Exatamente como acontece nas mídias sociais, a rede de conexões dos colaboradores viraliza informações — as negativas, mas também, com ênfase e orgulho, as positivas, em especial aquelas em que as pessoas tiveram participação.

Ao começar a trabalhar em uma empresa, tudo que a pessoa QUER é um bom emprego. Logo depois, esse objetivo se amplia: a pessoa QUER se desenvolver e crescer. É exatamente isso que ela encontra num ambiente próspero, que incentiva o aprendizado mútuo e compartilha benefícios recíprocos. Quando vê o ciclo virtuoso acontecer diante de seus olhos, a pessoa entra na fase que chamo de ENCANTAMENTO. De início, tudo ainda é meio novidade, mas as percepções são tão positivas que a pessoa fala para todos os amigos: "Como é bom trabalhar ali. É uma empresa admirável!". Nessa hora, sempre haverá um "colega" para cultivar o descrédito: "Ih, cara! Não cai nessa! Daqui a pouco você vai ver que é tudo igual: só muda o endereço, empresa é tudo igual!". Só que, com o passar do tempo,

---

* O capítulo 2 trata de liderança, mas, se você ainda não conhece o conceito de Líder da Nova Liderança, (re)leia o livro *O fim do círculo vicioso* (São Paulo: Portfolio-Penguin, 2017), a partir da p. 225, ou acesse o resumo em: <www.wavefg.com.br/notas/fg12>.

se a NCO realmente se mantiver coerente e oferecer para valer CVS de práticas imparciais e participativas, o ENCANTAMENTO do colaborador não diminui. Ao contrário, esse encantamento é o que dá sustentabilidade ao ENGAJAMENTO.*

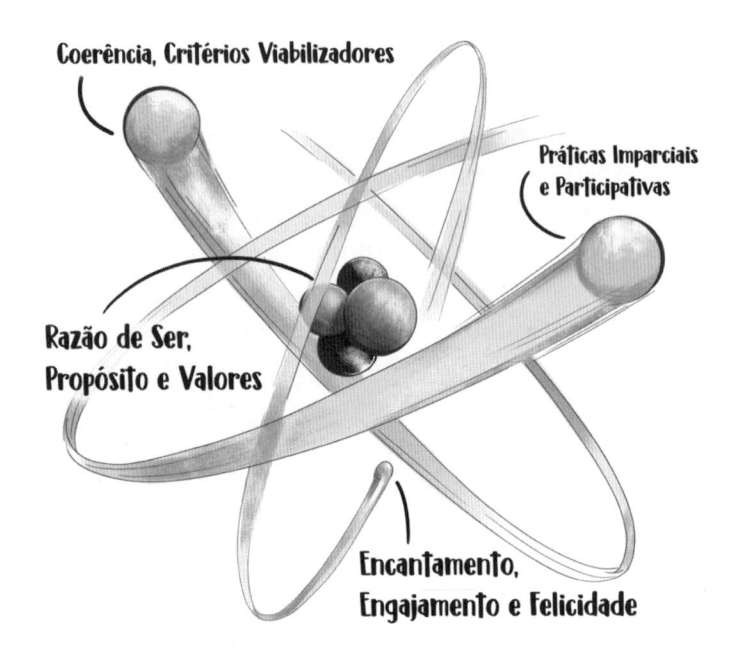

Figura 1.2. Organização e cultura, como um átomo.

E não falo aqui do engajamento artificial de gente-papagaio, que repete as palavras que não sente, não entende e, é claro, com as quais nem concorda. Esse engajamento agora é real, profundo e espontâneo. Aquele colega cético não tem mais vez nem voz: conscientemente, a pessoa QUER trabalhar ali porque naquele ambiente de prosperidade tudo faz sentido e tudo é feito sempre para MELHO-

---

* Sobre esse engajamento real, profundo e espontâneo, leia a seção "Como fazer o outro querer sempre", em *O fim do círculo vicioso* (São Paulo: Portfolio-Penguin, 2017, p. 172), ou acesse o resumo desse texto em: <www.wavefg.com.br/notas/fg13>.

RAR a vida de todos. Diante da realidade do ciclo virtuoso, passa a ACREDITAR mais ainda e reforça a persistência na coerência.

Como resultado dessa prosperidade compartilhada, haverá ganhos mensuráveis de eficiência e também da qualidade dos serviços e produtos. Isso vai ENCANTAR os clientes, que reproduzem igualmente a informação no mercado. Dali a pouco, com mais doses de persistência na coerência, sua empresa vai desfrutar publicamente do que chamo de uma REPUTAÇÃO ORGÂNICA, que já estará incorporada ao DNA do negócio. Na verdade, essa reputação se dá pela soma de colaboradores engajados e clientes satisfeitos. É isso — e só isso — que tem o poder de ampliar a força de atração dos melhores talentos do mercado, sem precisar "comprá-los" e, eventualmente, perdê-los rapidinho. As pessoas vão QUERER trabalhar na empresa e escolhem ficar nela por um bom tempo. Daí em diante, a sinergia e a simbiose entre todos os elementos da NCO continuarão a nutrir o ciclo virtuoso.

Quando você sentir que tudo melhora todo dia em seu ambiente de trabalho, pare um pouco o que estiver fazendo. Pode ir dar uma olhada, por favor, nos números do último resultado reportado. Aposto com você: a tendência dos indicadores será crescente em eficiência, qualidade e rentabilidade; e a medida da satisfação dos colaboradores também vai estar em ascensão. Na próxima pesquisa de clima organizacional, ninguém mais vai ter que fazer força para as pessoas responderem ao questionário nem torcer para as respostas serem positivas. Tudo passa a ser natural.

Há um ponto incluído na Figura 1.1 que ainda não foi abordado neste capítulo: o papel dos líderes nesse processo de transição para a NCO. Isso é tão fundamental para a FGEP que tenho um convite para lhe fazer:

Use o aplicativo leitor de QR Code do seu celular para acessar o conteúdo extra preparado para você.

2. A cultura e o Líder da Nova Liderança

VOCÊ É O PROTAGONISTA; A EMPRESA
É A FACILITADORA

O que surge primeiro: os Líderes da Nova Liderança (LNLs) ou a Nova Cultura Organizacional (NCO)? É o ambiente próspero que fomenta o ciclo virtuoso, fazendo nascer os novos líderes? Ou, ao contrário, são os LNLs que viabilizam a NCO, originando o ambiente de prosperidade, que traz benefícios mútuos para os colaboradores e a empresa? Sempre que falo sobre a Filosofia de Gestão Estratégica de Pessoas (FGEP), procuro saber a opinião das pessoas sobre esse processo. A resposta mais comum é mais ou menos a seguinte: "Onde eu trabalho, se fizer a gestão das pessoas da minha equipe do jeito que você propõe, tenho certeza de que vou ser forte candidato à demissão. O modelo ali é tradicional, fechado. A estrutura é de comando e controle, e pronto: quem questionar é 'criador de problema'. Leva um grande X na testa e logo, logo está fora! Então, essa mudança tem que começar pelo CEO e pelos diretores. Ou muda a mentalidade da ALTA LIDERANÇA, ou nada vai mudar, nunca!".

Claro, isso é bem frustrante. Quem fala — ou pensa — assim não está totalmente errado. A pessoa está apenas reproduzindo o que vê acontecer no dia a dia. É o CEO que exige ser tratado como um ser superior, que tem a exclusividade do conhecimento e do poder. Ou o vice-presidente, que passa pelo corredor apressado, sem virar para os lados para não correr o risco de ser abordado e ter que interagir com alguém. São as reuniões a portas fechadas, as lutas de ego e as decisões impostas "top-goela-down". Como a Gestão de Pessoas é estruturada sobre a hierarquia de cargos e salários, tudo funciona na base do "manda quem pode, obedece quem tem juízo". Existem controles demais, regras demais, penalidades demais, e tudo isso somado estabelece a cultura da DESCONFIANÇA. Para tentar justificar o modelo adotado, a diretoria exibe as demonstrações financeiras e alega: "Até agora está dando tudo certo. Somos bastante efetivos e nossos resultados estão positivos!". Pior é que os novos gestores são treinados para reproduzir esses mesmos comportamentos. Enquanto isso, a inércia e a falta de inovação vão se enraizando profundamente e consolidam o círculo vicioso na CO, lastreada basicamente no EGO. Como em muitas empresas ainda é assim, é lógico que os colaboradores acreditam que a primeira mudança tenha que ser na cabeça da "chefia", não na deles mesmos.

Faz muito tempo, mas passei exatamente por isso quando fui formalmente promovido a gestor. Antes, já liderava um pequeno time sem muita estrutura, mas, pela primeira vez, eu me sentia um big boss de verdade: a equipe era grande, e a organização, uma gigante global. Chegar àquele cargo, para mim, era o máximo! Basta dizer que fizemos uma festa em casa para comemorar minha promoção a gerente. Já contei boa parte do meu desenvolvimento profissional no primeiro livro, mas faltou esse episódio. Logo que comecei à frente da nova equipe, propus a meu diretor: "Vamos fazer a gestão do 'NÓS'?". E, claro, a resposta foi um sonoro "Não! Nem inventa!". Mas não desisto fácil, e consegui implantar na minha área práticas e critérios que — sem eu saber direito — já eram a semente da FG. Foi nossa primeira "ilha da FG",[*] e foi muito legal, um sucesso! Apesar da avalanche de regras burocráticas de comando e controle, conseguimos criar uma relação de proximida-

---

* A prática está detalhada na seção "As ilhas paradisíacas da FG", no capítulo 3 de *O fim do círculo vicioso* (São Paulo: Portfolio-Penguin, 2017, p. 95), ou acesse o resumo em: <www.wavefg.com.br/notas/fg15>.

de, credibilidade e confiança entre NÓS. Depois, gradativamente, fomos incluindo outras áreas nesse NÓS.

Não demorou muito, e a "novidade" começou a repercutir. As pessoas comentavam pelos corredores, no cafezinho e no refeitório, como era bom trabalhar naquele ECOSSISTEMA "diferente". Ali, todo mundo tinha direito de ser feliz, e não só alguns iluminados. Fiquei bem animado. Mas, intuitivamente, senti que tinha que me cuidar. Para um gerente, estava aparecendo demais. É que, mesmo com foco no NÓS, as pessoas tendem a colocar o EU num pedestal: pior é que essa visibilidade nem sempre ajuda. Bem ao contrário, pode até atrapalhar. Por isso, comecei a registrar nossos indicadores de eficiência, e, mesmo quando não havia métricas, eu criava alguma que fizesse sentido. Sabia que, mais cedo ou mais tarde, teria que comprovar que "minhas ideias estranhas" funcionavam na prática. Para nossa alegria, a produtividade da equipe só aumentava. E sabe qual foi a reação do meu "chefe" daquela época? Colocou na minha frente uma carta de advertência. Tinha que assinar aquilo para comprovar que estava "ciente" de que meu comportamento "não era consoante" com algumas políticas internas da companhia. Na hora, só *pensei* o seguinte: "Prefiro assinar minha carta de demissão". Até porque meu "chefe" nem soube me dizer quais eram as políticas que eu estava infringindo. Com todo respeito, informei a ele que não assinaria a carta de advertência. E não assinei.

Em vez disso, no calor da hora, cometi mais uma ousadia. Juntei todos os indicadores que mostravam claramente a melhora das equipes trabalhando em um modelo mais integrado e participativo e fui direto falar com o presidente. Para minha surpresa, ele me recebeu. Mas de cara já me jogou um balde de água fria: "Quem é você?".

Quando ouvi essa pergunta, gelei... Era gerente ali havia mais de um ano, e o "cara" ignorava totalmente minha existência. O que é que eu estava fazendo? Jogando meu emprego no lixo? Mas, em vez de afinar, o medo me deu mais coragem para expor meu ponto de vista. Reuni forças, respirei fundo e tentei manter a voz calma, porque por dentro tremia. A princípio, não falei nada sobre a carta de advertência, mas consegui explicar quem eu era, o que fazia e por que estava ali. Em menos de cinco minutos, mostrei os indicadores de desempenho, comprovei o aumento da produtividade, a melhoria da qualidade, os ganhos percentuais de eficiência do time e concluí:

"Esse meu 'jeito' de ser gerente é a principal razão para eu me dedicar tanto a meu trabalho aqui na empresa. Sei que podemos ter resultados ainda melhores: é só me deixar trabalhar e trazer propósitos convergentes para o dia a dia de nossa equipe, em vez de me dar uma carta de advertência para eu assinar!"

Enquanto disparei a falar, o presidente só me olhava quieto. Quando fiquei sem saber se continuava ou se pedia desculpas e saía de fininho, ele finalmente sorriu e me disse: "Você está mais calmo?".

Só balancei afirmativamente a cabeça, e ele continuou:

"Você sabe, não é? Se fizesse isso na empresa em que comecei, tenho 100% de certeza de que seria demitido na mesma hora. Sua sorte é que você me fez lembrar de mim mesmo... Hoje estamos bem diferentes de como fomos no passado."

Não pediu para eu me sentar. Em vez disso, pegou o telefone e chamou meu gestor na sala dele. Em pé, parado, congelado, só esperava ser demitido. Meu "chefe" chegou rapidinho e entrou na sala. Os dois se abraçaram, sorriram entre si (não para mim), e meus joelhos bambearam. O CEO quis saber da qualidade do meu trabalho, do desempenho do time e também por que o que eu fazia infringia políticas corporativas. Foi só aí que meu gestor explicou a verdade: meu "jeito" de fazer a gestão da equipe estava contrariando outros "chefes" que eram pares dele, além de coisas que ele mesmo havia definido. Felizmente, o presidente entendeu que não havia mais condições para eu continuar me reportando àquele gestor e fez uma proposta:

"Que tal aproveitarmos o Márcio para aquele projeto de gestão X? Lá tem mais de 5 mil pessoas e nenhum rumo... Quem sabe ele não nos ajuda nisso?" Olhou para mim e perguntou: "O que você acha?".

E minha resposta foi simples:

"Acho uma boa oportunidade, mas quero continuar também como gestor da minha área atual. Com o time que já temos lá, tenho certeza de que haverá mais chance de êxito se seguirmos juntos para esse outro projeto."

Sabe como era conhecida na empresa essa "outra área" que estava sendo colocada sob minha responsabilidade? Incinerador de gerentes. Aquilo era um nó de conflito de interesses e complexidades desnecessárias com baixa produtividade e falta de qualidade nos processos. Todo gestor que era colocado ali acabava pedindo demissão ou sendo demitido. Como você vê, não houve punição por minha ousadia, mas fui colocado à beira do precipício de onde poderia saltar por "vontade própria". Só que a coisa por lá era tão feia que acabaram me dando uma boa dose de liberdade — um fator que o CEO havia identificado que poderia ser útil para minha sobrevida. Ou, em outras palavras, me mandaram para o inferno, fecharam a porta e esqueceram de mim por lá. Mas era tudo de que eu precisava, pois minha equipe estava comigo e meu chefe imediato, mesmo não sendo voluntário para me ajudar, não pôde recusar o pedido do CEO.

Junto com o time que já trabalhava antes comigo, implementamos rapidamente a gestão do NÓS. Em alguns meses, nosso projeto começou a dar bons resultados e logo se transformou num sucesso que marcou a história da empresa e é compartilhado até hoje. O CEO ficou feliz e me abriu as portas para novas oportunidades de crescimento, mas o mais legal foi que abriu as portas para que outros gestores adotassem um modelo mais integrador, inclusivo e participativo. O fim da história você já sabe. A liberdade que ele me deu, embora pudesse ter sido uma corda para eu me enforcar, fez com que minha carreira progredisse MUITO, porque a força do NÓS, combinada com o QUEREMOS, me salvou e me fez prosperar. O time também cresceu muito. Hoje, muitos integrantes dele são CEOs de outras empresas. Portanto, por experiência própria, o que posso garantir é que a mudança nunca será fácil. Mas o prazer de lutar por aquilo em que se acredita é único, e a felicidade por seguir o próprio propósito é a melhor energia que a vida pode nos oferecer. Nunca disse que não seria arriscado, mas digo sem medo de errar e afirmo com todas as letras, mesmo sendo perigoso, que seguir com as pessoas por caminhos que sejam justos e façam propósitos convergir é maravilhoso — tanto para as pessoas como para o resultado das empresas. Por isso, se o ego atrapalhar, LUTE, nunca desista.

Por onde começar a transformação

Sei bem que nem toda história desse tipo costuma ter um final tão positivo. Infelizmente, o zé mané que tiver a ousadia de tentar mudar as regras impostas pelos "caras" corre o risco de ser pisoteado, massacrado e/ou demitido. Por outro lado, há boas notícias no horizonte. Como disse antes: noto que gradativamente está havendo a elevação do nível de consciência de empresários e executivos. Pelo AMOR ou pela DOR,* cada vez mais pessoas se dão conta de que, sem qualidade (de produtos e serviços, mas principalmente de vida) e sem ganhos de eficiência contínuos, não haverá continuidade — nem para eles nem para ninguém. Ou seja, o modelo tradicional de gestão que deu "bons" resultados até hoje não será capaz de assegurar a sustentabilidade dos negócios amanhã.

Justamente por esse motivo, tenho sido convidado com frequência para divulgar e apoiar a implementação dessa NCO baseada na FG em empresas dos mais diversos setores e portes. Durante as conversas iniciais desses projetos, alguém sempre acaba sugerindo que o aprimoramento ou a mudança da CO comece pela ALTA LIDERANÇA da organização. É incrível como muita gente boa ainda se apega à ideia do início deste capítulo: "Ou muda a mentalidade da ALTA LIDERANÇA, ou nada vai mudar, nunca!".

Como essa visão é bastante recorrente, vamos analisar juntos a questão por esse ângulo. Mesmo em uma grande companhia com milhares de colaboradores, a tal da alta liderança é formada por dez, no máximo quinze executivos. Isto é, um grupo que, às vezes, não chega nem perto de 1% do conjunto de colaboradores. Talvez seja até por essa razão que se considere "melhor" começar a mudança por aí. Depois, fica "mais fácil" cascatear a nova cultura para os "demais

---

* (Re)Leia a seção "Às vezes, a mudança depende de um quase, em *O fim do círculo vicioso* (São Paulo: Portfolio-Penguin, 2017, p. 176). Lá explico que o processo de mudança pode começar pelo amor, pela elevação do patamar de consciência, ou pela dor, depois que a pessoa QUASE perde — ou perde mesmo! — algo muito bom e muito importante na vida. Você também pode acessar um trecho em nossa plataforma interativa, em: <www.wavefg.com.br/notas/fg16>.

níveis hierárquicos", fazendo o rollout* das diretrizes até o chão de fábrica. (Percebe como essa ideia reproduz exatamente mais do mesmo?) Então, seguindo esse raciocínio tradicional, começaríamos levando a alta liderança para um daqueles eventos com jeitão de fim de semana turístico num resort e apresentaríamos a eles as práticas e os cvs** (ferramentas) de transformação da nco. Claro, na semana seguinte, começaria o cronograma de cascateamento, que duraria no máximo noventa dias. Deveria ser rápido, para "todo mundo estar logo na mesma página e fazer a mudança acontecer". Daí, com toda agilidade, a alta liderança comunicaria aos "gerentões" o objetivo estratégico de mudar a cultura. De acordo com o cascateamento hierarquizado, é dado um prazo de trinta dias para que cada um deles reproduza o mesmo discurso para seus diretos. Esse grupo receberia a responsabilidade de, dentro de mais um mês, contar tudo sobre o processo de mudança a todos os demais gestores de equipe. E, por fim, cada colaborador que tivesse uma equipe, mesmo pequena, transmitiria "a decisão da ALTA LIDERANÇA" para todo mundo.

Em sua opinião, isso é, ou não é, querer mudar repetindo o mesmo modelo "top-goela-down" de sempre?

Parece até aquela brincadeira infantil dos velhos tempos: o telefone sem fio?*** Uma criança cochicha no ouvido da outra uma frase e esta cochicha a mesma frase para outra criança... assim vai até que a última do grupo diga em voz alta o que conseguiu entender. Nunca vi a última conseguir reproduzir a mesma frase, igualzi-

---

* No capítulo 5, falo um pouco mais sobre a pouca efetividade desse tipo de rollout.

** Os cvs precisam ser claros, transparentes, inclusivos e públicos. Ao longo deste livro, vou apresentar como definir e aplicar os cvs para possibilitar a prática coerente de valores e fomentar a gestão imparcial. Um primeiro exemplo da utilidade dos cvs pode ser encontrado em *O fim do círculo vicioso* (São Paulo: Portfolio-Penguin, 2017, p. 90). Se, depois de ler o capítulo 1, você não acessou nossa plataforma interativa, veja o resumo em: <www.wavefg.com.br/notas/fg17>.

*** Essa brincadeira é do tempo em que "telefone sem fio" só existia na imaginação dos roteiristas dos filmes do James Bond, que ainda era o ator Sean Connery, nas décadas de 1960 e 1970. Naquela época, era tão impensável existir um telefone sem fio quanto é hoje pensar em viver sem internet.

nha, como foi dita pela primeira. Quando era criança, isso rendia umas boas risadas. Até porque havia sempre um amiguinho que mudava a frase de propósito só para dar uma gargalhada a mais, quando alguém repetia "a pérola". No mundo corporativo, ocorre algo muito parecido no cascateamento hierarquizado. Só que isso é comunicação ineficiente. Na prática, na melhor hipótese, quando chega à base da pirâmide, a mensagem da mudança está esvaziada: virou blá-blá-blá, porque já perdeu a estrutura de CVS e das práticas que vão pavimentar a mudança efetiva. Na pior hipótese, o discurso chega lá distorcido. Tipo aquilo, o gestor recém-promovido reúne a equipe e comunica: "Os homens lá em cima agora decidiram MUDAR a cultura da empresa". E alguém do time ousa perguntar: "E daí, o que a gente faz diferente amanhã?". O "chefe", pobre coitado, não sabe o que responder, porque as ferramentas viabilizadoras da mudança não chegaram às mãos dele. Quando as pessoas começam a se sentir perdidas, sem rumo e até meio esquizofrênicas, costuma ser contratado algum especialista para tentar reordenar o processo. É assim que se joga dinheiro fora e que projetos maravilhosos e cheios das melhores intenções não se concretizam. Você já viu isso acontecer alguma vez?

Portanto, sempre que alguém sugere que um profundo processo de mudança comece pela ALTA LIDERANÇA, eu desaconselho essa ideia com veemência. Tenho boas razões práticas para recomendar que tudo comece pelos líderes de primeiro nível operacional. Isto é, os gestores de pessoas que ainda não são líderes de ninguém. Uma das razões é que esse grupo é bem maior do que o da alta liderança. Por isso mesmo, é evidente que a missão inicial será bem mais complexa, mas quem disse que é fácil fortalecer, aprimorar, revigorar, resgatar ou implementar uma NCO? Além de mais numerosos, esses líderes de primeira instância vão se sentir mais valorizados e respeitados exatamente por receberem antes os conceitos, os critérios e as práticas (ferramentas) para viabilizar a NCO. E, quando a autoestima melhora, a motivação aumenta e o engajamento começa.

Outro motivo é que, sem os cascateamentos hierarquizados, a comunicação fica muito mais eficiente. O risco de a mensagem chegar distorcida à base é bem menor, para não dizer ZERO. Nas conversas com o time, se alguém perguntar ao líder: "E daí? O que a gente faz diferente amanhã?", ele saberá dar sua própria resposta, usando as ferramentas práticas geradas por sua participação no processo. Dali para a frente, vai conseguir construir relações de proximidade, credibilidade e confiança, mantendo aberto um canal de comunicação quente, fluente, frequente e transparente* com as outras pessoas. É seguindo por essa TRILHA que cada líder concretiza a nova cultura no dia a dia da sua área em alinhamento com as diretrizes de gestão e estratégia de negócio definidas pela alta liderança. Ou seja, pela abordagem da FG, a mudança não emana do topo. Como em uma árvore, a cultura da empresa é absorvida primeiro pela raiz e depois permeia tudo. Esse processo bottom-up tem o poder de formar a massa crítica necessária para acionar uma reação em cadeia e consolidar a NCO.

Há ainda outra razão fundamental: são os líderes de primeiro nível que estão à frente da operação. Portanto, materializam a produção e/ou a prestação de serviços do negócio — e são eles que podem avaliar melhor o grau de eficiência e qualidade com que tudo é feito individualmente pelos colaboradores. Também são eles que têm relação diária e direta com a maior parte das pessoas, e essa maioria é que efetivamente vai fazer a mudança acontecer, gerando um novo ambiente com prosperidade para todos. É na operação que a meta de produzir quatro vezes mais, usando os mesmos recursos de antes, pode se tornar um propósito convergente** entre cada pessoa e a empresa, com benefícios mútuos.

Você já deve ter notado que tenho um apreço especial por quem se tornou líder recentemente e também pelos futuros líderes. É

---

* O processo e as práticas da comunicação quente, fluente, frequente e transparente estão descritos em *O fim do círculo vicioso* (São Paulo: Portfolio-Penguin, 2017, p. 128). Você pode acessar um resumo disso em nossa plataforma interativa, em: <www.wavefg.com.br/notas/fg18>.

** Sobre convergência de propósitos, que pode ser direta ou indireta, (re)leia o capítulo 1 do meu segundo livro *O fim do círculo vicioso* (São Paulo: Portfolio-Penguin, 2017), em especial a partir da seção "Como incentivar a convergência de propósitos", pp. 45 ss. Ou acesse um resumo em: <www.wavefg.com.br/notas/fg19>.

que, em convergência com as pessoas de seu time, são eles que optam espontaneamente por ACREDITAR, PRATICAR, MELHORAR e COMPARTILHAR. Por isso, é em torno dessas pessoas também que vão ser mensurados os primeiros efeitos positivos da NCO, ou seja, trabalho diário com mais felicidade, produtividade, qualidade e eficiência como resultado de propósitos convergentes. De acordo com a abordagem da FG, quando a maioria dos colaboradores já sente a vida mudando para MELHOR, o ciclo virtuoso se multiplica e contagia todo mundo. Daí em diante o efeito viral não para mais. Quando você muda seu olhar sobre o mundo, o mundo muda.

A partir desse ponto, à alta liderança caberá a responsabilidade de colher os merecidos frutos do aprimoramento e da implementação da NCO. Pela abordagem da FG, esse pequeno grupo de colaboradores não é o único protagonista da mudança, mas tem muito mérito no processo como um todo. Em primeiro lugar, por ter a humildade de reconhecer a necessidade da evolução adaptativa do negócio aos "novos tempos". Além disso, são eles que definem diretrizes e assumem riscos para possibilitar o surgimento da NCO com base na FG. Como diz meu querido amigo e mestre professor Rossetti,* "a alta liderança é que direciona (aqui, direciona entendido como dar diretrizes) a mudança da cultura e é estratégico que seja assim".

No capítulo 1, mostrei que todas as ações para mudar a CO da empresa ocorrem somente porta adentro. Não adianta nada divulgar massivamente uma imagem positiva quando a realidade interna do negócio é negativa. Ninguém (nem negócios, nem pessoas) consolida uma boa reputação só investindo em marketing. Agora, acrescento outra premissa: a mudança só se efetiva se houver o mínimo de convergência de propósitos com a maioria dos colaboradores. Não pode ser apenas o que alguns querem, do jeito que querem e quando querem. Deve fazer sentido para a maioria. Ou seja, as diretrizes estratégicas precisam apontar na direção do melhor para todas as

---

* Referência a José Paschoal Rossetti, que, além de meu amigo, é economista, professor, consultor e pesquisador da Fundação Dom Cabral.

pessoas — as de dentro (colaboradores) e as de fora (clientes). Se fizerem diferença na vida dos colaboradores, eles revolucionarão a experiência dos clientes e assim por diante até que a sociedade como um todo seja beneficiada.

É, sim, a alta liderança que tem a responsabilidade de identificar a necessidade e tomar a decisão estratégica de mudar a CO. Mas quem efetiva essa mudança para valer são os líderes que estão no dia a dia da operação com as mãos na massa e os pés no chão. Sem o total engajamento deles, nada muda. Portanto, os diferentes líderes têm diferentes papéis no processo de mudança ou de fortalecimento da cultura — e todos têm igual importância. Esse ponto é tão fundamental que neste capítulo vou falar da relação entre a empresa e seus líderes, mas já ando pensando em escrever um próximo livro só sobre isso.

O estereótipo dos poderosos chefinhos

Com as perguntas iniciais deste capítulo, criei um dilema do tipo "quem nasceu primeiro: o ovo ou a galinha?". Para os cientistas, parece que a resposta definitiva ainda está em discussão.* Já na relação entre a empresa e seus líderes, essa dúvida não existe, porque ambos coexistem em sinergia e simbiose. A organização tem a responsabilidade de OFERECER as condições essenciais (critérios e práticas viabilizadores da imparcialidade) para possibilitar a atuação dos líderes. Por sua vez, são esses LNLS que, persistindo na coerência, praticam diariamente a NCO, consolidam o ciclo virtuoso e pavi-

---

* Pela teoria evolucionista, o ovo surgiu antes da galinha. Dois animais semelhantes, mas não iguais, cruzaram, e disso resultou o ovo, de onde nasceu a primeira galinha. Já em 2010 cientistas de duas universidades inglesas (Sheffield e Warwich) publicaram pesquisa mostrando que a formação da casca do ovo depende de uma proteína existente apenas nas galinhas. Portanto, para eles, só uma galinha poderia botar um ovo de galinha. Ou seja, a galinha surgiu antes do ovo. Leia mais no artigo "Researchers Apply Computing Power to Crack Egg Shell Problem", disponível em: <https://warwick.ac.uk/newsandevents/pressreleases/researchers_apply_computing/>. Acesso em: 3 maio 2018.

mentam o caminho para o desenvolvimento dos próximos líderes. Portanto, a nova cultura baseada na FG é resultado da ação simultânea e mutuamente benéfica entre a companhia e seus líderes — atuais e futuros.

Para a maciça maioria de empresários, executivos e profissionais talentosos de RH, essa relevância dada pela FG ao papel dos líderes não tem nada de novo. Nada mesmo. Todos já sabem muito bem que precisam dos líderes e que existe a necessidade também de manter abastecido o pipeline de sucessão. Investem muito esforço, tempo e dinheiro nisso e estão sempre se questionando: onde estão os líderes?; quem são eles?; como treinar novos líderes?; como desenvolver líderes mais completos e eficazes? Essas perguntas são todas bem-intencionadas, mas a perspectiva está muito padronizada. A visão da maioria continua contaminada por vieses e estereótipos antiquados e conservadores. A proposta da FG é exatamente superar esses paradigmas do passado, lançando um OLHAR inovador para a Gestão de Pessoas, especialmente para o desenvolvimento de líderes.

Quer ver um exemplo banal mas real de como nossa perspectiva continua presa ao passado? Você já assistiu à animação *O poderoso chefinho*?* Um dos maiores estereótipos em relação aos líderes é retratado ali com muita fidelidade. Antes de os bebês descerem por um escorregador até suas famílias, eles passam por uma esteira onde são "avaliados". Um dos testes é fazer cócegas no pé com uma pena. As crianças que dão risada ganham fralda, chupeta e nascem em famílias. São bebês "comuns". Já os que *não* sentem cócega e não riem ganham na hora um "kit chefia": maleta profissional, terno, gravata, caneta e relógio chiques. É assim que nascem "os poderosos chefinhos", o estereótipo do líder corporativo. Já nascem prontos: sabem mandar, são estratégicos, sofisticados e, claro, estão sempre de cara fechada, porque rir pega mal no "novo status de chefe". Esse estereótipo é tão antiquado que abre pouco espaço até para a possi-

---

* *O poderoso chefinho* (*The boss baby*), filme de animação dirigido por Tom McGrath e lançado pela Fox Film em 2017.

bilidade de o "chefinho" ser uma menina. Na animação, até surgem algumas, mas elas são más e duronas.

Na CO tradicional, esses(as) "chefinhos(as)" são reproduzidos(as) em série, sempre replicando o modelo arcaico. É verdade que boa parte deles(as) trabalha de modo muito efetivo. Mas tira nota zero em afetividade. Ou seja, não atuam na faixa do equilíbrio entre a efetividade e a afetividade.* E o resultado disso é que todo mundo sai perdendo... a própria pessoa, que seguirá carrancuda e frustrada pela vida; a família, que dificilmente conseguirá manter com ela uma relação saudável e construtiva; os colaboradores da equipe, que serão guiados em vez de desenvolvidos para liderar; e, finalmente, a empresa, que paga capacitações caras, mas os gestores não conseguem o real engajamento de ninguém — nem o próprio e muito menos o dos colaboradores. Todo mundo é visto e tratado como "funcionário", aquela pecinha que funciona bem ou mal. E, quando dá defeito, pode ser facilmente descartada. Esse perfil de "chefe", que trabalha em desequilíbrio entre o efetivo e o afetivo, só causa prejuízo a curto, médio e longo prazos. E, por fim, também acaba sendo trocado por outro muito parecido. É um enorme círculo vicioso, não é mesmo?

LNL: equilíbrio entre efetivo e afetivo

Para caracterizar uma das diferenças fundamentais entre a forma de atuação do "chefe" e a do LNL, vou contar uma história real: depois de um ano ocupando um cargo de gestor, o "chefe", finalmente, nota que o desempenho de alguém da equipe dá evidentes sinais de desmotivação. As entregas atrasam, os resultados caem. Sempre irritado e sujeito a decisões intempestivas, o "chefe" conversa com

---

* Em *O fim do círculo vicioso* (São Paulo: Portfolio-Penguin, 2017, p. 142), (re)leia a seção "Equilíbrio é a base de tudo", no capítulo 4. Esse é um ponto fundamental da FGEP e, por isso, se ainda não acessou a plataforma interativa, veja agora o resumo em: <www.wavefg.com.br/notas/fg21>.

o RH e decide promover uma reestruturação de seu departamento. Óbvio, é só um pretexto para demitir aquela pessoa desmotivada, ineficiente e improdutiva. Parecem bons motivos para demitir alguém, certo? Convicto da decisão, ele marca uma reunião para demitir o colaborador — que, aliás, já sentiu há tempos que o "clima" não anda nada bom para o lado dele. No dia marcado para a reunião, o colaborador chega pontual e já com o discurso preparado. Antes de o "chefe" começar a falar, pede desculpas, reconhece que tem tido um desempenho inferior ao habitual, começa a chorar e lança a bomba:

"É que ando mesmo muito abalado. Minha filhinha de cinco anos está doente, hospitalizada com leucemia... Já faz três meses. A situação dela é muito grave, sabe? E o tratamento vai levar ainda mais tempo. Não sei nem quando vai poder sair do hospital. Nem sei... Por isso é que eu queria lhe fazer uma proposta: para me ajudar, a partir da semana que vem, você pode me autorizar a trabalhar em home office? Acho que é a única solução para mim, sabe? Aí, consigo ficar no hospital com a Dorinha. E prometo, você vai poder voltar a contar comigo. Faço tudo remotamente, mas com a tranquilidade de estar no hospital perto de minha filha."

Qual seria sua reação? Qual foi a reação do "chefe", na sua opinião? Foi, obviamente, a reação de uma pessoa desequilibrada: pulou direto e sem escalas da extrema irritabilidade e da decisão de demitir aquela pessoa para o paternalismo mais disfuncional — e autorizou o colaborador a trabalhar em home office a partir da semana seguinte. Você acha possível que alguém com um problema desse tamanho e dessa gravidade vá conseguir ser produtivo em home office? Muito provavelmente, não. Percebe que a pessoa em desequilíbrio entre as dimensões da efetividade (EU/TER) e da afetividade (NÓS/SER) não consegue conduzir soluções que tragam benefícios — para ela própria e para os outros?

E se, em vez de estar diante de um "chefe", o colaborador fizesse parte do time de um LNL? O que seria diferente por causa disso? Em primeiro lugar, o LNL constrói relações de proximidade, credibilidade e confiança com cada pessoa da sua equipe. Isso quer dizer que ele logo fica sabendo, caso um de seus colaboradores esteja enfrentando um problema tão grave como aquele, com a filha doente. Em segundo lugar, a partir da confiança estabelecida, a comunicação se torna quente, fluente, frequente e transparente. Por isso, bem antes de começar a pensar em demissão, o líder dialogaria com a pessoa, ouviria o que tem a dizer e buscaria encontrar novas convergências entre as necessidades da empresa e as do colaborador. Ou seja, construiriam uma solução conjunta. E foi exatamente esse o desfecho da história. Depois de várias conversas entre os dois, o próprio colaborador propôs:

"Eu realmente não estou conseguindo desempenhar meu melhor por causa do problema de saúde da Dorinha. Estou aqui, mas não estou. É horrível, mas não estou entregando nada direito e vejo que também prejudico a equipe. Aí fico mais ansioso ainda, porque também estou deixando os colegas na mão. Então, eu pensei bastante e queria lhe fazer a seguinte proposta: você me demite no mês que vem, mas antes me indica para aquele seu amigo da empresa WTR, que fica do lado do hospital? Sei que lá estão com vagas abertas na área de vendas e, como vendedor, eu ficaria com meus horários mais flexíveis. O que você acha?"

E assim foi feito. O líder fez contato com o amigo, explicou a situação toda, contando que a proposta de demissão e o pedido de indicação para a WTR tinham partido do próprio colaborador. E, além disso, teve confiança de endossar:

"Conheço muito bem essa pessoa. Trabalha muito bem, mas está enfrentando esse problema grave e precisa da flexibilidade de horário que eu, aqui, não posso oferecer. Então, estou lhe fazendo essa indicação a pedido dele. Mas você também me conhece e sabe que não sou nada paternalista. Ele é muito bom profissional, pode ter certeza disso e confiar que vai ter bom desempenho como vendedor."

No dia seguinte à demissão, o colaborador já estava reempregado na WTR, e tudo mudou para MELHOR: ele conseguiu amenizar a angústia para estar no hospital ao lado da filha, mantendo um salário mensal (mesmo que menor); o LNL abriu espaço na equipe para alguém em condições de desempenhar melhor a função naquele momento; e o colega da outra empresa passou a contar com um bom profissional, que, devido às circunstâncias, PRECISAVA de flexibilidade de horário. E, se a vaga em vendas na WTR oferecia isso a todos os vendedores, por que não dar preferência à contratação daquela pessoa? Sim, é possível dizer que nessa contratação houve um peso forte do QI (quem indicou), mas é, com certeza, um QI do bem e sem paternalismos.

Antes de essa solução conjunta ser encontrada, houve muito diálogo, inclusive com o time, discutindo possíveis saídas para o problema. E, com a participação de todos, surgiu uma proposta de colaboração: cada um investiria um pouco do próprio tempo para "cobrir" 100% das atividades do colega, que enfrentava uma situação tão difícil e dolorosa. Com isso, o líder achou que o resultado da equipe voltaria a se estabilizar e apresentou a ideia ao colaborador. Ele agradeceu muito, mas recusou. Sabia que a situação poderia se estender por tempo indeterminado e não queria se sentir abusando da solidariedade dos colegas. Para ele, isso acabaria sendo mais um motivo de angústia e ansiedade. Dessa forma, buscou o que considerava uma solução definitiva: trabalhar como vendedor com flexibilidade de horário. Isto é, exerceu seu direito de escolha, seu livre-arbítrio. Nesse episódio, tanto o líder quanto o colaborador demonstraram já estar com um nível de consciência bastante elevado, e ambos agiram como LNLS. Com interesse genuíno e recíproco, lançaram um novo olhar para o problema e encontraram a melhor solução para TODOS.

Como já disse, essa é uma história real e teve mesmo esse final feliz, contribuindo para reforçar o ambiente de solidariedade e prosperidade entre as pessoas daquele time. Mas a melhor notícia é que, no ano seguinte, a filhinha daquele colaborador estava curada. Só que a gente sabe: na vida, nem sempre tudo dá certo. Pense um pouco sobre o que aconteceu e veja quantas variáveis poderiam falhar. A empresa WTR, por exemplo, poderia não ter concordado em aceitar alguém que, de fato, não estaria 100% dedicado às vendas por estar vivendo um momento tão grave e delicado. Além disso, apesar de contar com um líder afetivo e efetivo, aquele colaborador podia preferir ficar ancorado na inércia: a pessoa não faz nada de construtivo por si mesma, mas acha que todo mundo a seu redor tem obrigação de fazer tudo por ela. A todo momento a realidade nos coloca diante de obstáculos e complexidades que não podemos prever. É por isso justamente que o LNL tem que cultivar o interesse genuíno e lançar seu olhar inovador sobre cada situação. Atento e conectado, ele sabe se aproximar, dialogar e buscar a participação de todos, fazendo surgir e ampliando as possibilidades de solução que atendam às necessidades do time. Não é fácil, mas esse é o caminho escolhido por quem QUER atuar como LNL.

Quem são os líderes da nova liderança

Uma dificuldade bastante comum a muitas empresas é a identificação das pessoas com potencial para se tornar os LNLs: onde estão?; quem são?; que comportamentos são indicativos desse potencial? Ninguém quer investir tempo e dinheiro para desenvolver as "pessoas erradas". Então, a seleção dos potenciais líderes deve acertar na mosca. Isso parece fazer todo sentido; só que não. É apenas mais um dos vieses corporativos tradicionais. Pelos usos e costumes, o gestor se posiciona mentalmente em sua área como se estivesse bem no centro de um círculo. Por isso, cada vez que avalia a equipe, o que consegue enxergar é só o que está bem diante dos olhos dele. Com visão periférica perfeita, no máximo, vê o que está num ângulo de 180 graus à sua frente.

É ali, bem diante dos próprios olhos, que o "chefe" vai procurar as pessoas com potencial de desenvolvimento. Exatamente por isso é bem ali também que os "poderosos chefinhos" costumam circular: ficam bem visíveis, exibindo o "kit chefia" e mostrando como são fortes e heroicos. Em geral, além de exibidos, têm tendência a altas doses de puxa-saquismo. Querem se tornar os "queridinhos" para receber um QI na próxima promoção. Infelizmente, ainda é moda destruir a própria vida para poder dizer o quanto é top no trabalho. Mas esse sucesso não se perpetua: pode até não parecer, mas os poderosos chefinhos também sofrem, porque estão apegados à dimensão do EU e do TER — poder, dinheiro e uma montanha de EGO. Enquanto isso, a dimensão do afeto, do NÓS e do SER — melhor e mais útil para todos — fica atrofiada. Sem equilíbrio entre TER e SER, é muito mais difícil chegar a "chefe", o que dirá se tornar um LNL.

Mas e aqueles colaboradores todos, que estão nos 180 graus atrás do gestor? Existem talentos incríveis que nunca se revelam, porque ficam "invisíveis" aos olhos de seus "chefes"! Às vezes, as Avaliações de Desempenho (AD)* dessas pessoas apresentam comentários como: "Excelente técnico" ou "Perfil operacional, pouco estratégico" ou "Falta de assertividade". Frases desse tipo são quase condenações. É isso que mata as sementes da sucessão e sufoca as plantinhas que teimam em brotar. Do ponto de vista da empresa mais conservadora, os invisíveis podem ser tratados como números. Fazem parte dos 10%, que são sempre cortados primeiro nas reestruturações para redução de custos. Mesmo que escapem das demissões, pessoas com esse perfil raramente conseguem escalar a pirâmide hierárquica. É como o menino que joga futebol bem para caramba, mas o técnico nunca o escala para as partidas decisivas. Ele fica lá quieto no banco... Até que um dia, passa por ali um olheiro para ver o treino e resolve levar o garoto para um time grande no qual ele revela todo seu talento. Só que isso, lamentavelmente, é como ganhar na loteria! É muito raro.

O mais comum é que as pessoas que não conseguem ser vistas pelos "chefes" se tornem cada vez mais silenciosas e invisíveis. Por dentro, porém, costumam carregar muita tristeza, angústia e frustração. Por achar que não têm opção ou até por comodidade (inércia), abaixam a cabeça e seguem com exímia fidelidade pelos TRILHOS de sempre. Nessas pessoas, a ênfase pode até já estar na dimensão da afetividade, do NÓS e do SER. Ou seja, têm boa índo-

---

* Em *O fim do círculo vicioso* (São Paulo: Portfolio-Penguin, 2017, p. 164) está a seção "Diário de competências", que é a prática da FG para substituir as antiquadas e nocivas Avaliações de Desempenho, que você também pode acessar em: <www.wavefg.com.br/notas/fg22>. No capítulo 4, voltarei a tratar de práticas da FGEP para avaliar pessoas.

le, mas estão falhando consigo mesmas por não conseguirem agir de modo mais efetivo.

De repente, pode até parecer que não sobrou ninguém dentro da empresa para assumir o papel desse novo líder. Nem os exibidos, nem os invisíveis. Então, quem tem esse potencial? Onde eles estão? Pela visão mais tradicional, os líderes costumam vir das áreas mais estratégicas. Por exemplo, até há pouco, era comum que o novo vice-presidente de RH fosse antes o gestor do departamento jurídico. Dependendo do negócio, o próximo CEO pode vir do financeiro, de operações ou do comercial. Para você ter ideia, quando me tornei CEO, ocupava a diretoria de RH. Mas isso era bem raro, mesmo eu já tendo carreira na área financeira. Hoje, felizmente, as mudanças estão acontecendo e já se considera a Gestão de Pessoas um atributo básico de todo e qualquer líder — especialmente do CEO.

Pelo olhar inovador da FG, é preciso buscar os líderes em TODOS os lugares — especialmente naqueles em que nunca procuramos antes —, porque TODAS AS PESSOAS têm esse potencial. Só que, para identificar quem pode estar em qualquer lugar, precisamos parar de buscar nos mesmos lugares de sempre. Portanto, quando quiser encontrar novos líderes, o primeiro passo é você passar a agir como um LNL. Saia do alto da pirâmide e do centro do círculo. Para mim, o gestor que age como LNL pensa no TODO e não fica no topo nem no centro de nada. Ele se conecta com os outros numa rede tridimensional infinita de colaboração e compartilhamento, como mostra a Figura 2.1. Exatamente por isso sua capacidade de visão e audição se amplia. Enxerga e atua em 360 graus, escuta todo mundo com interesse genuíno e identifica facilmente quem serão e como desenvolver os próximos líderes. Olhando de fora o time trabalhando, pode ser até que você não consiga determinar quem é o gestor do grupo. Sabe por quê? Porque o LNL é avesso aos estereótipos e à exibição dos símbolos de status e poder. Esse é o perfil de líder que faz sentido hoje, o que é necessário para a transformação da nossa sociedade — para MELHOR.

Carinhosamente, chamo os LNLs de líderes "sem frescura". Um bom exemplo desse perfil de gestor é meu amigo Leandro Santos, presidente da Flextronics, uma megaempresa com faturamento de bilhões e quase 10 mil colaboradores. Ele não tem apego a status nem exerce o poder por sua patente. Em vez disso, está sempre junto e misturado com seu time. Uma das características comportamentais mais marcantes dos LNLS é justamente esta: ser capaz de olhar e se interessar genuinamente por todos, viabilizando práticas imparciais, inclusivas e participativas que tragam benefícios mútuos e recíprocos. É como ele mesmo diz: "Esse é o poder do S!", que vem da palavra *share*, "compartilhar" em inglês.

CHEFE FACILITADOR LÍDER DA NOVA LIDERANÇA

Figura 2.1. Em vez de se apegar à hierarquia, o lnl atua em rede.

Desenvolvendo líderes da nova liderança

Há alguns anos colocamos em ação um programa de desenvolvimento de lideranças, que começou lançando uma pergunta escrita em letras bem grandes: "EU, LÍDER?". Durante vários dias essa "provocação" foi divulgada em todos os canais de comunicação existentes. O objetivo era instigar todos a refletir um pouco e tentar se ver como líder. Algum tempo depois, foi enviada a segunda mensagem: "EU LÍDER!! Sim, você!". Todas as pessoas "comuns" podem ser profissionais poderosos, realizadores e líderes de si mesmos e dos outros. Ninguém nasce com o "kit chefia" embaixo do braço: esse é um velho estereótipo que hoje só serve para atrapalhar, mantendo o ego inflado e a inércia do círculo vicioso.

Essa primeira experiência foi muito valiosa porque possibilitou um aprendizado prático. Foi a partir dali que surgiram os fundamentos e os requisitos básicos para estruturar as práticas de desenvolvimento de novas lideranças em sintonia com a FG. A base de tudo é a responsabilidade tripartite entre o colaborador, seu líder e a empresa. Cada pessoa deve assumir seu protagonismo, identificando sonhos e propósitos individuais, que possam trazer também resultados tangíveis para o negócio. Atuando com interesse genuíno, o gestor promove a convergência de interesses entre o propósito de cada pessoa e a RAZÃO DE SER* do empreendimento, estimulando o surgimento de novos LNLS. Enquanto isso, a empresa oferece um ecossistema inovador, que chamo de NCO, gerindo estrategicamente as pessoas com CVS de práticas participativas, inclusivas e imparciais, que sempre e necessariamente devem considerar três aspectos:

1   o interesse da própria pessoa (QUERER);
2   o interesse da empresa/empreendimento; e
3   o interesse conjunto da pessoa e da empresa/empreendimento (PONTOS DE CONVERGÊNCIA).

Com autonomia e protagonismo, você é capaz de liderar seu próprio processo de desenvolvimento, independente do fato de a organização mudar ou não. Mesmo sem contar com um ambiente corporativo totalmente favorável, como disse antes, você pode construir sua "ilha da FG" e até transformá-la em um continente onde as pessoas serão mais FELIZES e tudo ao seu redor será MELHOR. Já a empresa não muda sem a contribuição de todos os líderes (antes, neste capítulo, expliquei por quê) e, consequentemente, sem a participação por opção de todos os colaboradores. Por isso, começo

---

*   O modo de fazer a convergência entre o propósito da pessoa e a razão de ser do negócio está detalhado em O *fim do círculo vicioso* (São Paulo: Portfolio-Penguin, 2017, p. 46) ou você pode acessar um resumo em: <www.wavefg.com.br/notas/fg23>. A RAZÃO DE SER do negócio substitui missão e visão da empresa e incorpora a prática dos valores e critérios corporativos — úteis, objetivos e imparciais. A razão de ser de uma empresa equivale ao propósito de vida de uma pessoa.

falando sobre a mudança necessária em VOCÊ. Em seguida, abordo alguns requisitos corporativos para fomentar a formação e o desenvolvimento dos LNLS.

Você se assume como LNL

Quando olha para você mesmo, o que vê? Uma pessoa frustrada seguindo em silêncio pelos velhos TRILHOS inflexíveis? Ou alguém disposto a descobrir e seguir por novas TRILHAS? O mais provável é que, como a maioria de nós, você se sinta tratado exclusivamente como mão de obra. Mesmo que já ocupe posição de gestor, se sente usado para perpetuar o próprio "destino", aquele predeterminado por um jogo que não dá nem para entender muito bem, porque as regras parecem valer só até chegar sua vez — daí muda tudo. Ou, pelo menos, é assim que você se sente. Sempre preterido, sempre injustiçado. A "coisa" funciona desse jeito, porque "eles mandaram", e você segue em frente. Não se sente dono de nada, nem da própria vida.

Outro dia, ouvi o seguinte de um profissional bastante experiente: "Às vezes, olho para mim e dá uma vontade enorme de mudar TUDO! Daí o medo, os (pré)conceitos e minha experiência me fazem baixar a cabeça e seguir pelos caminhos de sempre". Essa pessoa está tão mergulhada na inércia e no círculo vicioso que não consegue ver que há novos caminhos viáveis. No livro *O fim do círculo vicioso*, detalhei conceitos, práticas e ferramentas de apoio para acabar definitivamente com esse paradigma de pessimismo. E o primeiro passo é lançar também sobre você mesmo um novo OLHAR, livre de crenças negativas e antiquadas, que só atrapalham e prejudicam seu desenvolvimento.

Chega de obstaculismo!* É preciso despertar e se preparar para revolucionar a própria vida! Em primeiro lugar, você tem que deixar

---

* "Obstaculismo" é uma palavra criada por mim para indicar a síndrome que ataca pessoas que só veem os problemas, enquanto tropeçam nas oportunidades. Uma explicação mais detalhada está em *Felicidade dá lucro* (São Paulo: Portfolio-Penguin, 2015, p. 22) ou em nossa plataforma interativa, em: <www.wavefg.com.br/notas/fg24>.

de ser "invisível" para si mesmo. Reflita com interesse genuíno sobre você: o que faz você se sentir mais feliz?; qual é seu propósito essencial na vida?; quais eram seus interesses mais profundos quando foi trabalhar naquela empresa?; quais dos seus interesses podem ser convergentes com os da empresa em que trabalha hoje?[*] Ao buscar essas respostas, por favor, não vale ter recaída de inércia, do tipo: "De jeito nenhum... não tenho NADA em comum com aquele negócio! É um horror, só quero mesmo é sair de lá! Só não saio porque preciso da grana para pagar as contas". Recentemente, li nas mídias sociais uma "piada" muito triste: "Ciclo da vida: a gente nasce, cresce, paga boleto e morre". Não dá para continuar acreditando que sua passagem pela vida está destinada a essa mesmice. Felizmente, para compensar, vi também esta frase bem legal: "Faça a diferença — continue a ser esquisito!". Ou seja, continue a ser fora do padrão da mediocridade, da inércia, do pessimismo e do círculo vicioso que faz tantas pessoas "normais" se sentirem frustradas e infelizes.

Com isso, não estou querendo dizer que a convergência de propósito[**], ou pelo menos de interesses, deve existir — obrigatoriamente — entre você e organização em que trabalha. Mas faça essa avaliação com sinceridade e livre dos velhos vieses. Se não houver realmente nada em comum em propósito e valores, sua melhor opção é buscar outro emprego. O que não dá é para ficar lá, sempre frustrado, sempre de mau humor, sempre reclamando de tudo, julgando a todos e tornando o ambiente ainda mais pesado para todo mundo. Por outro lado, caso a falta de alinhamento não seja tão radical, construa essa convergência. É possível, sim. Mas você precisa estar interessado, QUERER mesmo fazer O MELHOR para você e levar sempre em conta os outros.

---

[*] O modo de identificar ou criar seu propósito e o de fazer a convergência de propósitos estão detalhados no capítulo 1 de *O fim do círculo vicioso* (São Paulo: Portfolio-Penguin, 2017, p. 23). Um resumo desses tópicos está disponível em: <www.wave-fg.com.br/notas/fg25>.

[**] A convergência pode ser direta ou indireta (construída), e as práticas para viabilizá-la estão na seção "Como incentivar a convergência de propósitos", em *O fim do círculo vicioso* (São Paulo: Portfolio-Penguin, 2017, p. 45).

Conheço um médico que dá exemplo dessa convergência construída. De uma família sem muitos recursos financeiros, quando tinha dezessete anos, anunciou que ia prestar vestibular para medicina. Só que o pai — na melhor das intenções — deu nele um banho de água gelada, mostrando a "dura realidade":

"Filho, você é inteligente e sempre foi estudioso e esforçado, eu sei. Acho até que passa em medicina numa faculdade pública. Mas, mesmo assim, não vai dar para manter você estudando seis anos para ser médico. Eu e sua mãe não temos mais como custear seus estudos. A partir do ano que vem, passando no vestibular, ou não, vai ter que começar a trabalhar. E cursando medicina, isso é impossível."

Ele não respondeu nada. No dia seguinte, fez duas inscrições: uma no vestibular para medicina da Universidade Federal do seu estado e outra num concurso público para secretário de escola. Quando me contou essa história, avaliou a situação assim:

"Não ia aceitar aquele destino predeterminado só porque minha família não tinha dinheiro. Tentei fazer alguma coisa diferente, insistir em outra direção. Mas só tinha uma bala na agulha e precisava acertar dois alvos ao mesmo tempo. Um deles era entrar na medicina da federal, que é excelente, mas também pública e gratuita. O outro era ser aprovado no concurso público em primeiro lugar. Era o único jeito de eu poder escolher a única vaga disponível para secretário de escola no horário noturno."

Por ACREDITAR em si mesmo e agir com efetividade em benefício próprio, ele conseguiu acertar nas duas moscas. Durante os seis anos do curso de medicina, foi secretário de escola no período noturno. Estudava em período integral durante o dia e, das 19 às 23 horas, de segunda a sexta-feira, trabalhava para custear os estudos — sem depender mais dos pais. Quando chegou nesse ponto da história, esse médico meu amigo comentou rindo: "Hoje não sei mais como eu fazia... mas sabe que dava tempo até para namorar?". Na formatura, foi orador da turma e concluiu o curso com louvor. Logo depois, fez um novo concurso público para médico da Secretaria Estadual de Saúde e passou de novo. Hoje, está feliz da vida, porque trabalha no desenvolvimento de políticas públicas de saúde, compartilhando seu conhecimento para melhorar a vida do maior número possível de pessoas. Percebe como, aparentemente, não havia nada em comum entre QUERER ser médico e TER que trabalhar para ajudar a família? Mas esse meu amigo conseguiu construir essa convergência: o propósito dele era ser médico, e o trabalho na escola pública viabilizou financeiramente o caminho.

Antes de qualquer outra pessoa — seja gestor, amigo ou familiar —, é você e só você que pode se identificar como líder. SIM, VOCÊ É LÍDER da própria vida. E vai mudar para melhor, encontrando seu propósito e aumentando a autoestima. É só você que pode ACREDITAR que já tem todo o potencial necessário para ser protagonista. Com a dimensão afetiva fortalecida, você identifica seus interesses e começa a PRATICAR com mais efetividade: estuda, se prepara, investe no autoconhecimento, busca convergências e refina metas e objetivos. É assim que você conquista e até supera seus sonhos.

Uma opção que pode ajudar você a pavimentar essa nova TRILHA é o desenvolvimento espontâneo para se tornar efetivamente um LNL, e com esse objetivo as práticas da FG* podem ajudá-lo bastante. Do mesmo jeito, por exemplo, que se aprende matemática financeira, é possível desenvolver competências em FG. Antes mesmo de se tornar gestor em uma empresa ou em um novo empreendimento, você pode se capacitar e dispor de mais ferramentas para atuar como um LNL — na própria vida e, claro, nos negócios. De repente, você vai lançar novamente aquele olhar para si mesmo e perceber que tudo já começa a MELHORAR. É a partir dessa satisfação conquistada com "as próprias mãos", mas também com o cérebro (razão) e o coração (emoção), que surge o desejo natural e espontâneo de COMPARTILHAR seu melhor com as outras pessoas.

Assim, o ciclo virtuoso já estará em movimento, e você terá rompido definitivamente o círculo vicioso. Quando observar a seu redor de novo, os "poderosos chefinhos", que tornam a própria vida um inferno para ter SUCESSO PROFISSIONAL, não vão lhe causar mais

---

* Saiba mais sobre a Imersão na Filosofia de Gestão em: <www.wavefg.com.br/notas/fg26>.

nenhuma raiva ou tristeza. A frustração e a sensação de impotência não existem mais. Você vai andar de cabeça erguida e com um sorriso no rosto porque sabe que é capaz de ter SUCESSO NA VIDA. Em equilíbrio entre a efetividade e a afetividade, sendo profissional com a vida pessoal e vivendo pessoalmente a vida profissional, você seguirá por sua própria TRILHA fora dos TRILHOS. A partir daí, lidera sua vida e reconhece que já tem em mãos todo o potencial de sua autonomia e protagonismo. Isso é o que alguns especialistas chamam de "empoderamento". E, claro, tudo será melhor ainda se estiver em uma companhia com CO participativa, que abre espaço para que você atue como LNL também no dia a dia de trabalho.

A empresa é só a facilitadora

Qualquer que seja o tipo de empreendimento, o principal objetivo deve ser um só: aprimorar a CO para dar sustentabilidade aos negócios, usufruindo dos benefícios recíprocos do ciclo virtuoso. E a principal responsabilidade da organização também é apenas uma: ser FACILITADORA do surgimento e do desenvolvimento dos LNLS, capazes de viabilizar o real e mais profundo engajamento de todos os colaboradores, que vão perenizar o ciclo virtuoso. Pela ótica dos gestores mais conservadores, essas duas frases acima — por mais que sejam objetivas e lógicas — equivalem a dizer que no fim do arco-íris existe um pote de ouro: todo mundo quer encontrar o ouro, mas ninguém sabe onde fica o fim do arco-íris. E a razão disso é simples: mesmo sem perceber, o modelo tradicional de gestão é o que ainda prevalece e continua a ser reproduzido, cegando as pessoas para a possibilidade de experimentar o novo, o diferente, o "esquisito", porque está fora do padrão conhecido.

Na última década, por exemplo, os executivos de algumas organizações passaram a afirmar com orgulho que "a meritocracia é um traço da nossa cultura". Só que, na prática, o que continua valendo é a luta pelo poder, a lei do mais forte, o salve-se quem puder. O jogo não tem regras claras e, mesmo quando são escritas com objetividade, nem sempre valem para todo mundo. As parcialidades existem. Mesmo nessas meritocracias, o que acaba definindo as promoções ainda é o QI dos "chefes" mais fortes que indicam e impõem seus "queridinhos". Nesses processos seletivos parciais, nem sempre o mérito e as competências reais são os vencedores.

Lamentavelmente, isso não acontece só nos negócios criados no século passado. Todos os dias, empreendedores fundam start-ups nascidas da disruptura tecnológica, nas quais a "inovação" é a palavra de ordem inquestionável. Algumas nascem, crescem e até se tornam unicórnios.* Só que, apesar desse "sangue novo", não é raro ver a jovialidade e a beleza de um unicórnio seguindo pelos mesmos TRILHOS das empresas tradicionais. Você viu o filme *O círculo*, do diretor James Ponsoldt? Achei, no mínimo, perturbador. Além de a modernidade tecnológica estar totalmente impregnada pelos erros do passado, me impressionou o discurso do CEO, Bailey, vivido por Tom Hanks: palavras inspiradoras que só servem para camuflar os mesmos objetivos egoístas de sempre.

Para mudar essa CO tão antiquada, já conversamos sobre três premissas: 1. as iniciativas são internas (sem marketing vazio), de dentro para fora; 2. a mobilização prévia e prioritária deve ser dos líderes de primeiro nível (não apenas da ALTA LIDERANÇA com cascateamento hierarquizado "top-goela-down"), que envolverão a posteriori toda a organização em torno de diretrizes estratégicas; e 3. a convergência de propósitos de cada pessoa e a RAZÃO DE SER do negócio é a base de tudo. Agora vamos falar de outro requisito específico para a formação e o desenvolvimento de líderes: nesse processo, o que a empresa tem que DAR aos colaboradores? Pela abordagem da FGEP, não tem que DAR nada para ninguém. Não sou favorável ao tipo de organização assistencialista, sempre disposta a DAR benefícios ou oferecer mordomias diferenciadas para tentar atrair e "reter" talentos.** Não é disso que se trata.

---

* Empresas que rapidamente chegam a valer 1 bilhão de dólares antes de abrir capital em bolsa de valores.
** No capítulo 3, vamos conversar mais sobre esses supostos programas de "retenção".

Na formação e no desenvolvimento de líderes, o requisito básico é que a empresa seja somente a FACILITADORA, pavimentando a TRILHA para que as pessoas assumam sua autonomia e protagonismo e cuidem do próprio desenvolvimento. Essa facilitação não tem nada de benemerência ou assistencialismo. É um INVESTIMENTO mútuo, porque os benefícios serão recíprocos. Parece muito simples. Mas é isso que temos visto nos tradicionais programas de desenvolvimento de líderes? Não. Por quê? Porque algumas companhias até se dispõem a DAR benefícios, mas não conseguem OFERECER um ambiente desafiador, próspero, imparcial e com muito menos burocracia e instrumentos de controle formatados na base da desconfiança total.

Em vez disso, a organização custeia o desenvolvimento do gestor, e logo que a pessoa senta na cadeira de "chefe" recebe em mãos um conjunto de ferramentas para dar continuidade ao modelo de gestão mais tradicional, rigoroso e inflexível. É um contrassenso; é como jogar pedras preciosas no lixo! Pode apostar: quando for feita uma pesquisa de clima organizacional, os gestores apresentarão os mais baixos índices de satisfação com o trabalho. Não importa quão alta seja a remuneração, a pessoa estará se sentindo inútil, frustrada e injustiçada. Por consequência, será desmotivada, desengajada, com baixa produtividade e eficiência. O triste é que ninguém se beneficia com esse círculo vicioso. Pior ainda é que o pipeline de sucessão da ALTA LIDERANÇA vai ser abastecido com alguns desses gestores que já não acreditam em nada (às vezes, nem neles mesmos!) ou pelos novos "poderosos chefinhos".

Portanto, quando a empresa QUER mesmo abrir espaço e FACILITAR o surgimento e o desenvolvimento de LNLs, tem que MUDAR ou APRIMORAR sua CO para se tornar mais caórdica.* Isso não quer

---

* No prefácio do livro *Nascimento da era caórdica* (São Paulo: Cultrix, 2014), de Dee Hock, Oscar Motomura, fundador e CEO do grupo Amana-Key, define o termo "caórdico" como "uma forma de convivência em que todas as partes relevantes têm voz e atuam em conjunto para fazer o todo funcionar — cooperando no que é essencial para todos (o que dá ordem ao sistema) e, ao mesmo tempo, competindo criativamente nos aspectos mais periféricos e específicos (o lado do 'caos criativo'), a base do conceito de organização caórdica".

dizer, sob hipótese alguma, que a companhia vai virar a casa da mãe joana, onde todo mundo só faz o que quer, quando quer e se der... Nada disso. É o caos organizado. Do ponto de vista comportamental, o líder vai contar com os critérios viabilizadores para praticar uma gestão IMPARCIAL. Do ponto de vista técnico, contará com os instrumentos necessários de controle e a definição das metas a atingir — ou melhor, a superar! Com isso, o LNL já terá em mãos tudo de que realmente precisa para desafiar cada colaborador do time a oferecer seu melhor. E isso dá certo? Claro que dá. Mas, se você ainda duvida, é só mensurar a produtividade e a eficiência antes e depois da mudança. No ciclo virtuoso os benefícios são recíprocos. É um processo contínuo e interminável, que está resumido na Figura 2.2:

Figura 2.2. Os benefícios tridimensionais do ciclo virtuoso: você, os outros e a empresa, com a imparcialidade permeando o todo.

Até aqui falamos sobre as premissas do processo de mudança para MELHOR — seja na sua vida, na empresa em que trabalha ou em qualquer outro tipo de empreendimento em que você esteja à frente. Também já foram abordados alguns requisitos para criar e oferecer um ambiente próspero e de confiança mútua, entre eles, a convergência de propósitos entre as pessoas e a RAZÃO DE SER do negócio. Nos dois próximos capítulos, vou apresentar as práticas da FG no contexto da Gestão Estratégica de Pessoas para que você consiga FACILITAR a formação e o desenvolvimento dos LNLS e pavimente a jornada para eles. Não apenas para que façam a empresa prosperar e ser perene, pois, ao mesmo tempo que desenvolvem caminhos espetaculares para os contornos dos negócios, têm o imenso prazer de — por opção — desenvolver orgânica e imparcialmente a sucessão.

Nos termos do modelo de gestão mais tradicional, daqui para a frente, iríamos conversar sobre programas de Treinamento & Desenvolvimento (T&D), políticas de atração e retenção de talentos e pacotes de remuneração e benefícios. Mas, com o olhar inovador da FGEP, vou descrever ferramentas mais sintonizadas com os novos tempos, com o "futuro" que já chegou e bate à nossa porta exigindo de nós, pelo menos, um processo evolutivo adaptativo. O objetivo é que esse conjunto de práticas da FGEP sirva de inspiração para que você estruture as próprias iniciativas capazes de ATRAIR e ENCANTAR pessoas, recebendo espontaneamente delas seu engajamento mais profundo, duradouro e sustentável. É assim que o ciclo virtuoso entra em movimento, melhorando a vida de todas as pessoas e perenizando a lucratividade das empresas.

Use o aplicativo leitor de QR Code do seu celular e acesse as dicas atitudinais para que você se desenvolva como Líder da Nova Liderança (LNL).

3. Agora é a vez das Pessoas 4.0

PRÁTICAS PARA DESENVOLVER QUEM *QUER* IR MAIS LONGE E VOAR MAIS ALTO

Nunca ouvi alguém negar a relevância do fator humano nos processos de inovação e desenvolvimento sustentável dos negócios. Você pode procurar, mas dificilmente vai encontrar quem diga o contrário. Quando se trata de gestão empresarial, a contribuição vital das pessoas tem sido um dos poucos aspectos unânimes hoje em dia. Até mesmo os gurus mais entusiasmados com a revolução causada pelas tecnologias da chamada Indústria 4.0[*] parecem estar bem conscientes de que é imprescindível desenvolver cada vez mais a inteligência humana para que, somada à excelência das máquinas, se possa realmente gerar ganhos de eficiência e perenizar o lucro. Em uma pesquisa divulgada recentemente, 38% dos CEOs entrevistados[**] afirmaram que um dos maiores desafios de sua gestão é dispor

---

[*] Ao falar de tecnologias 4.0, estou me referindo não apenas às fábricas inteligentes da chamada Indústria 4.0, mas ao conjunto de tecnologias digitais, integradas e interconectadas, que está revolucionando também o setor de prestação de serviços no mundo inteiro, cujos exemplos mais conhecidos são o Uber e o Airbnb.

[**] 21ª Annual Global CEO Survey — *The Anxious Optimist in the Corner Office* realizada pela PwC em 85 países, e que entrevistou 1293 CEOs. Disponível em: <www.pwc.com/gx/en/ceo-survey/2018/pwc-ceo-survey-report-2018.pdf>. Acesso em: 27 abr. 2018. Se quiser ter acesso ao estudo completo e trocar ideias a respeito disso, entre em nossa plataforma interativa: <www.wavefg.com.br/notas/fg28>.

de pessoas com as competências-chave para assegurar o futuro do empreendimento. Em empresas do mundo inteiro, a alta liderança sabe que nem com toda a Inteligência Artificial será possível produzir mais e melhor com menos sem contar com a contribuição das pessoas. Ou seja, ninguém desfrutará integralmente dos benefícios das tecnologias 4.0 sem contar também com Pessoas 4.0, as que chamo de Líderes da Nova Liderança (LNLs).

Por isso, as organizações têm dado ênfase estratégica à área de Gestão de Pessoas e investido milhões em programas de atração, desenvolvimento e motivação das pessoas. Parece tudo muito lógico: se todos concordam que o fator humano é vital para o empreendimento, então é fundamental investir cada vez mais nos colaboradores. Existe, porém, outro dado a ser considerado que desmonta essa lógica aparente. Quanto mais dispostas a DAR condições para o desenvolvimento das pessoas, menos as empresas conseguem o engajamento real dos colaboradores. Esse fenômeno já foi apontado por inúmeros estudos realizados ao longo da última década. E um dos mais recentes revela que 85% das pessoas não se sentem verdadeiramente engajadas no trabalho diário. Ou seja, na prática, as empresas investem pesado em programas de atração e retenção* das melhores pessoas e, mesmo assim, estão perdendo muito em produtividade. É que a maioria absoluta está lá apenas de corpo presente, gerando o presenteísmo, isto é, estão presentes, mas não producentes.**

---

* Já disse antes: ao investir em retenção, a empresa agride os valores e os propósitos dos colaboradores. O melhor investimento está na legitimidade de desenvolver a pessoa, promover sua participação e, enfim, encantá-la para que escolha conscientemente dar sua contribuição diária àquele negócio. Assim, não são necessários programas de retenção, que são antigos e nocivos para todos.

** Pesquisa Gallup — *State of the Global Workplace 2017*, realizada em 155 países e publicada em dezembro de 2017, revela que 67% dos entrevistados não se sentem engajados e que 18% estão ativamente desengajados no trabalho. Portanto, 85% das pessoas estão desmotivadas e, segundo o mesmo estudo, isso provoca 7 trilhões de dólares em perdas de produtividade. Disponível em: <news.gallup.com/opinion/gallup/224012/dismal-employee-engagement-sign-global-mismanagement.aspx>. Acesso em: 27 abr. 2018. Leia e converse a respeito com outros leitores em nossa plataforma interativa, em: <www.wavefg.com.br/notas/fg29>.

Quando avalio esse contexto, o paradoxo corporativo surge como uma das evidências de que o modelo de gestão aplicado até hoje pela maioria das empresas — no mundo e, é claro, no Brasil — já não é tão eficiente. Apesar das melhores intenções, não basta DAR condições de desenvolvimento e querer RECEBER em troca dos colaboradores toda inteligência, resiliência a pressões e alta performance. É essa lógica da moeda de troca que ajuda a perpetuar a relação empobrecida entre os "chefes" e seus "subordinados", entre empregados e empregadores: cada um segue em frente, mergulhado no círculo vicioso do dia a dia de trabalho — desmotivado, desengajado e muito distante da eficiência que poderia oferecer.

Para mim, o melhor antídoto para combater esse paradoxo é a implementação de uma NCO, ou, no mínimo, o aprimoramento da atual cultura, em sintonia com FGEP. De acordo com essa abordagem, o que falta na atual equação corporativa é OFERECER um ambiente participativo, de respeito e valorização da essência das pessoas, isto é, seus valores, sonhos, interesses e propósito de vida. É preciso estabelecer relações de CONFIANÇA e IMPARCIALIDADE, promovendo a convergência entre o propósito de cada colaborador e a RAZÃO DE SER da organização. Só quando o trabalho diário faz sentido, aí sim está sendo fomentado o engajamento mais profundo e verdadeiro das pessoas. Para isso, basta FACILITAR o caminho de forma que cada um assuma sua autonomia e empreenda em favor do próprio desenvolvimento, inclusive investindo seu próprio dinheiro para criar novas TRILHAS, que serão reconhecidas e valorizadas quando há convergência com a RAZÃO DE SER do negócio. A empresa deve facilitar (lembra?), permitindo caminhos diagonais, e não apenas as tradicionais carreiras verticais. É esse protagonismo que dá início ao ciclo virtuoso, fazendo tudo MELHORAR e gerando benefícios para TODOS — pessoas e empresas.

Para ajudar a romper a inércia dos antigos paradigmas da Gestão de Pessoas, neste e no próximo capítulo vou compartilhar com você algumas práticas comprovadamente capazes de ATRAIR, ENCANTAR e DESENVOLVER pessoas para torná-las grandes talentos, com interesse genuíno e mútuo. O objetivo, porém, não é sugerir que você apenas reproduza literalmente essas iniciativas. Cada empreendimento tem suas peculiaridades e cada CO enfrenta desafios específicos, de acordo com a fase de desenvolvimento do negócio, como já mostrei no capítulo 1. Os casos e as práticas da FGEP que vou descrever a seguir devem servir de inspiração para que você desenvolva um OLHAR inovador e aberto à mudança, criando e seguindo por suas próprias TRILHAS. É você, como LNL, que vai construir as melhores práticas para mudar, transformar, aprimorar e consolidar a cultura vivenciada diariamente em seu empreendimento — seja na sua vida, empresa ou na área em que hoje atua como gestor.

Como eu faço para progredir?

Em todas as organizações em que trabalhei em diferentes níveis hierárquicos e em diversos setores operacionais e corporativos, sempre me chamou a atenção o alto grau de desengajamento das pessoas. Não importavam as políticas empresariais tradicionalmente aplicadas, havia grandes grupos de colaboradores desmotivados e infelizes no trabalho. Comecei a refletir sobre isso em relação a meu próprio desenvolvimento: em quais momentos me senti mais angustiado e frustrado na carreira? Em seguida, com interesse genuíno, além de minhas próprias experiências, ampliei a percepção conversando muito com colegas e observando a relação mantida pelas empresas com seus colaboradores. Como resultado desse longo e amplo exercício, identifiquei dois momentos que considero críticos, pois afetam muita gente, em especial os mais jovens. É justamente no início da carreira que as pessoas ficam mais expostas e vulneráveis aos efeitos nocivos daquele paradoxo corporativo. Ou seja, mesmo quando consegue contratar os melhores talentos, em vez de FACILITAR a progressão de carreira, o ambiente da empresa pisoteia o brilho e maltrata a essência deles, obrigando-os a se enquadrar no modelo arcaico hierarquizado e inflexível.

Dessa forma, verifiquei que a primeira fase crítica ocorre quando o estudante consegue seu estágio ou primeiro emprego. A pessoa entra na empresa com a corda toda. Está eufórica por ter vencido o enorme desafio da seleção, conseguindo ser aprovada em um processo seletivo cujo crivo é nanométrico. É mesmo muito difícil passar na peneira, competindo com tantos outros jovens igualmente brilhantes. As empresas, especialmente as mais atraentes do mercado, costumam ser muito rigorosas na seleção de estagiários ou jovens entrantes, porque sabem que ali está o celeiro dos futuros líderes corporativos. Mas o que costuma acontecer logo depois de a pessoa sobreviver ao rigor aplicado em seu processo seletivo? Dentro da empresa, como é canalizada toda aquela energia positiva?

O mais comum é que o estagiário acabe sendo tratado como mão de obra barata, apenas mais um braço para ajudar a cuidar de tarefas burocráticas. Muitos deles vão trabalhar na área de um "chefe", que, em geral, não tem o menor interesse no desenvolvimento dos outros. Especialmente dos estagiários: "Imagina, vou perder tempo ensinando essa garotada, e daqui a seis meses eles vão estar em outra empresa? Vão levar embora tudo que aprenderam aqui. É provável até que seja para um concorrente!". Então, com a justificativa de não desperdiçar o investimento de COMPARTILHAR conhecimento, o "chefe" encosta o estagiário. A maioria fica ali meses na estagnação. Chega na hora certa, vai embora na hora certa e não recebe nenhum estímulo ou desafio intelectual. Alguns gestores têm tanto preconceito em relação aos mais jovens que chegam a não querer estagiários em sua área. Alegam, por exemplo, que as atividades ali são "muito complexas e especializadas" e que o estagiário só vai servir para "tirar cópias de documentos". Sim, esse "chefe" ainda pensa em PAPELADA!

O apoio necessário para fazer germinar novas e mais prósperas gerações de líderes ainda não está em um plano estruturado e consciente. É ainda incipiente, mas aqui e ali tenho visto surgir atitudes mais positivas. Precisamos, porém, de medidas mais profundas e imediatas, porque — frustrados e impacientes com essa mesmice diária — alguns desses jovens já se atrevem a reclamar abertamente. É assim que a cultura do círculo vicioso vai se escondendo sob a desculpa do "conflito de gerações". É comum também ouvir "chefes" reclamando da arrogância e da pretensão dos mais jovens: "No meu tempo não era assim, não... A gente ouvia e só respeitava! Hoje, eles chegam querendo mandar!". Como você já sabe, sou um crítico dos modelos tradicionais, mas nesse caso acredito que esses jovens que já nascem querendo "mandar" são fruto da máquina de reproduzir "poderosos chefinhos"! Em vez de aprenderem a se tornar LNLS, absorvem o pior do mundo corporativo: a valorização do ego e a busca pelo "kit chefia". É quase como um contágio: quem ontem não aceitava os velhos trilhos hoje já começa a cortar o chifre do unicórnio e vai acabar virando o mesmo dinossauro assustado que alguns dos mais experientes e bem-sucedidos executivos e empresários do passado agora se declaram ser.

Também não é raro ouvir pessoas usando com demérito o termo "estagiário" para decretar incompetência. Recentemente, o presidente de um clube de futebol, que se sentiu prejudicado pelo técnico de um time rival, disse o seguinte: "Aquele estagiário acabou de assumir o time e já está fazendo coisas erradas por lá... Isso é inadmissível!". Independente do fato e de o presidente do clube ter ou não razão, ele aplicou a palavra ao técnico adversário para justificar sua condenação, pois se tratava de um ESTAGIÁRIO. Realmente, isso não contribui em nada para a valorização de uma das mais importantes portas de entrada no mercado de trabalho, já que milhões de moças e rapazes iniciam a vida profissional com esse título.

Não adianta nada, portanto, o processo seletivo ser extremamente exigente e o estagiário acabar num ambiente desestimulante sem o suporte de um LNL capaz de conduzi-lo ao ciclo virtuoso. É só mais do mesmo para todos. Depois do rigor da seleção, em vez de oferecer asas para novos voos, a empresa desperdiça todo aquele talento potencial. Pouquíssimos estagiários são efetivados e conseguirão chegar a ser futuros líderes daquela empresa. Percebe a contradição? O programa de estágio seleciona os mais competentes, mas essas melhores sementes se perdem no dia a dia, soterradas sob o peso de uma CO sem sol, sem luz, sem chuva. Nenhum jovem talento progride em tamanha aridez, pouquíssimos germinam e, mesmo entre esses, faltam os que desafiam o modelo. Ou seja, entre os poucos que avançam, a maioria é de mantenedores do statu quo, do mais do mesmo, seguidores do caminho mais óbvio e mais fácil: nada muda e a vida vai seguindo "feliz" ou nem tanto, mas beleza! Isso é TRISTE!

Ouvindo e refletindo em conjunto com amigos sobre as vivências de pessoas de várias gerações, pude identificar outro momento tipicamente difícil: a fase em que a pessoa já se sente pronta para assumir uma posição de gestor, quer TER* o cargo de "chefe" de uma equipe. Pode ser um analista ou engenheiro sênior, por exemplo, já com boa experiência profissional. Está com a bola no pé, na cara do gol e... não consegue emplacar o tão sonhado cargo de liderança. A pessoa se pergunta então: "Como faço para continuar a progredir?". Esse questionamento é muito positivo, mas pode ser também um alerta para o início de um ciclo de frustração e desmotivação. Dependendo da resposta e do comportamento do gestor (microcultura), a empresa pode estar, na verdade, abrindo a porta para perder mais uma pessoa competente e talentosa.

Antes de trabalhar numa empresa gigante, onde assumi meu primeiro cargo de gerente,** vivi esse momento crítico. Estava em uma empresa menor, com menos estrutura, e a flexibilidade dessa CO me possibilitou um aprendizado-relâmpago. Em pouco tempo, dominei tecnicamente as atividades operacionais e acreditava que já tinha desenvolvido a sensibilidade comportamental para liderar. Por isso mesmo, achava também que meu nível de consciência já tinha atingido o ápice. Era a hora certa para me tornar gestor — em minha opinião.

Meu "chefe", porém, não concordava muito com isso. Como me parecia ser um cara muito legal e próximo, conversava francamente com ele sobre meu desenvolvimento de carreira. Na verdade, só queria saber quando EU viraria gerente. QUANDO? Em que ano? Em que mês? Em que dia? E as respostas dele eram sempre muito

---

* Pela abordagem da FG para avançar no ciclo virtuoso e compartilhar de benefícios recíprocos, é fundamental buscar e manter o equilíbrio entre a dimensão do TER (efetividade) e a dimensão do SER (afetividade).

** Já contei no capítulo 2 como sofri para implementar a gestão do NÓS quando ocupei pela primeira vez o cargo de gerente.

evasivas: "Calma, você é muito ansioso" ou "Você é jovem demais ainda, tem tempo" ou "Você não está pronto ainda" ou "Tem que ter mais experiência" ou "Ainda lhe falta maturidade". Cheio de impaciência, em vez de querer saber QUANDO, passei a fazer perguntas mais objetivas: "O QUE eu tenho que fazer para ser promovido a gerente? Quais são os requisitos? Me dá a lista, por favor! O QUE eu tenho que fazer?".

Uma única vez, ele me respondeu com objetividade. Segundo meu "chefe", eu tinha ainda que melhorar em negociação. Hoje, acho que esse foi seu jeito de me despistar. "Me deu um perdido" para eu dar um tempo com aquela história de querer ser gerente. Talvez tenha achado que eu nunca fosse me capacitar em negociação. Olhando em retrospectiva, pode ser mesmo que eu estivesse um pouco afoito demais. Mas inquieto e corajoso, encarei como um desafio. Fiz um curso dos bons em negociação e, quando terminou, voltei à carga: "Já estou com um certificado top em negociação. Quer testar? Me dá uma meta de negociação?". O "chefe", então, me deu a meta, e eu gabaritei o resultado. Insisti mais uma vez: "E aí, quando vou ser promovido a gerente?". E as respostas voltaram a ser do tipo evasivo: "Calma, seja menos ansioso". Até que, pela primeira vez, resolvi olhar para fora da empresa e fui procurar outro emprego. Acabei contratado como gerente naquela gigante da qual já falei no capítulo 2.

Hoje entendo que aquele meu "chefe" não tinha interesse genuíno por mim. Estava me enrolando, porque nunca me falou toda a verdade. É bem provável que eu estivesse mesmo muito afoito. Mas o fato é que, naquela estrutura organizacional enxuta, não havia uma posição de gerente. Portanto, meu "chefe" não tinha o poder de criar essa vaga para mim. E, mesmo que a posição surgisse no futuro, o mais provável é que não fosse eu o promovido. Sabe por quê? Porque meu "chefe" precisava do meu braço forte — e ainda barato — para ajudar a fazer a área dele funcionar direito. Além de não haver vagas ali, ele não fazia esforço por mim, pois eu era um ótimo faz-tudo. A vida dele estava boa demais daquele jeito. É uma flagrante injustiça, mas, aos olhos dele, eu trabalhava bem demais para sair da equipe e me tornar gerente. A verdade mesmo é que, além da posição dele, não havia vagas desse nível na estrutura da empresa, nem em outras áreas. Então, a missão de me ajudar era realmente difícil. Nesse caso, olhando hoje com calma, acho que ele poderia ter pensado um pouquinho mais em mim e sido sincero: "Márcio, de fato, você já pode sonhar em ser gerente, mas aqui vai ser difícil. Pense em olhar para o mercado". Seria bem honesto, não acha? Mas isso é raro demais porque, como diz o ditado, "ao manco, a melhor opção é manter a bengala por perto".

Para mim, porém, aquilo era uma frustração enorme. Tomei a decisão de sair de lá e fui construir minha própria TRILHA. Ainda bem que não me conformei. O mais triste é que aquele "chefe" ainda está naquela mesma empresa como gerente até hoje. Provavelmente, ainda segurando uma porção de profissionais talentosos debaixo das asas dele. O LNL não age assim: ele COMPARTILHA as próprias asas com os outros e, se precisar, até ensina como é que se faz para sair voando do ninho da inércia. Os LNLs agem com franqueza, não enrolam e não omitem. Não empurram com a barriga. Mesmo que doa, dizem a verdade, com respeito e carinho, mas sem poupar ninguém e sem postergar os fatos. Eu queria tanto acreditar que poderia progredir naquela empresa que não via nada além. Já meu "chefe", por suas próprias razões, me "protegeu" da verdade mais dura: "Aqui, não existe vaga de gerente para você".

Esses foram os momentos profissionais que mais me fizeram sofrer. Quando fui estagiário, também lutei contra a correnteza para ser efetivado. Depois, quando já era analista sênior e sonhava em gerir uma equipe, a frustração diária era enorme. Nossa, como foi difícil, porque não conseguia entender o motivo de não progredir. Justamente na fase em que meu engajamento deveria estar em 100%, involuntariamente, estava quase em zero. É ruim, mas eu ainda não tinha estrutura para lidar com essas fases complexas. Não é difícil constatar, porém, que esse tipo de situação continua a ser comum, causando dor em muitas pessoas até hoje. Em vez de FACILITAR o caminho do desenvolvimento, o modelo tradicional coloca os profissionais mais jovens nesse perrengue. O pior é que esses dois segmentos de colaboradores também têm missões críticas nas empresas: os jovens entrantes, em início de carreira, são os futuros líderes; enquanto os analistas mais experientes, mas que ainda não lideram ninguém, têm forte papel interno como formadores de opinião. Quando não encontram novas TRILHAS de desenvolvimento, costumam destilar suas frustrações pelos corredores, no cafezinho ou no almoço e no happy hour, contaminando as pessoas em volta com seu desânimo. Portanto, mais uma vez, todos perdem quando as portas de entrada e progressão ficam descuidadas.

Tutoria para quem quer voar mais alto

Parece até que alguns "chefes" se dedicam a desafiar a paciência dos colaboradores. É como se quisessem transformar o desejo de progressão na carreira da outra pessoa numa gincana, uma espécie de corrida de obstáculos. Dá a impressão de que estão testando a resiliência dos novos e futuros líderes, agindo como se fosse uma batalha: "Eu sofri tanto para chegar até aqui, então essa moçada também vai ter que sofrer!". Por nossa experiência na implementação da FGEP, uma das práticas mais eficazes para evitar esse tipo de situação é a TUTORIA. Não estou dizendo que a NCO seja capaz de acabar de vez com esse tipo de problema. Mas, além de ser gratuito, o programa de tutoria é um ótimo remédio para muitos males corporativos. Baseada em CVS da imparcialidade, a tutoria da FGEP derruba muitas barreiras preconcebidas existentes entre as pessoas, que, às vezes, por excesso de ego ou inveja, perdem oportunidades incríveis para COMPARTILHAR conhecimento. A sensibilização proporcionada pelas vivências diversificadas favorece a união e diminui a tendência que todos temos de julgar os outros. Nem conhecemos de verdade a outra pessoa, mas já temos opinião formada sobre ela — em geral, negativa.

Por isso, a TUTORIA CRUZADA promove o diálogo e a troca de experiências, especialmente entre gerações. Com humildade de parte a parte, os mais experientes aprendem, por exemplo, a usar melhor as novas tecnologias, enquanto os mais jovens desenvolvem aspectos de sua inteligência emocional, e os dois desempenham mutuamente o papel de líder um do outro. Juntos, agindo como LNLs e usufruindo de benefícios recíprocos, ambos podem ir mais longe e voar mais alto. Essa é uma prática que tem ajudado a pôr fim à camuflagem do "conflito de gerações", que, às vezes, serve só para acobertar a inércia. Quando um gestor tem recaída de "chefe", logo tutor e tutorado somam vivências e conseguem superar os obstáculos "artificiais" criados para bloquear o desenvolvimento deles todos, juntos.

No modelo de tutoria proposto pela FGEP, a vontade das pessoas é soberana. Dessa forma, tutor e tutorado devem atender a dois princípios básicos. Primeiro: para fazer parte do programa, deve ter interesse genuíno em apoiar o desenvolvimento de outra pessoa. E segundo: é fundamental identificar e fazer a convergência de interesses para que as duas pessoas consigam agregar valor uma à outra. À empresa, cabe apenas OFERECER a plataforma de aproximação entre tutorados e tutores e definir alguns CVs para FACILITAR o compartilhamento de conhecimento. Por exemplo, para o papel de tutor, não é permitido escolher o próprio líder. Isso é gestão de equipe, não é tutoria. Nem um amigo: quando ouvir um problema, em vez de dar diretriz, a tendência será passar a mão na cabeça do outro. Consolar os amigos também não é fazer tutoria, certo?

Além disso, o tutor não deve estar muito distante do dia a dia de trabalho do tutorado. Se você, por exemplo, acaba de ser promovido a supervisor, vai ser de pouca valia escolher o CEO da empresa como tutor. Ele não saberá nada ou muito pouco do contexto em que você atua diariamente. E, portanto, muito pouco terá a contribuir para seu desenvolvimento como líder naquela área específica. Além disso, sejamos razoáveis. Se todos quiserem o CEO como tutor, ele só faria isso, e ainda faltaria tempo.

Para evitar situações desse tipo, existem as chamadas regras diagonais. O tutorado deve escolher um tutor que esteja, no máximo, dois níveis hierárquicos acima dele. Os dois têm que estar próximos o bastante para conseguir compartilhar problemas e soluções. Outro CV é que você e o tutor sejam de áreas diferentes e tenham formações diferentes. Ou seja, engenheiro não deve ser tutor de engenheiro; médico não deve ser tutor de médico; e assim por diante. Senão, vocês dois vão conversar sobre as mesmas coisas de sempre. E quem é que se desenvolve na mesmice? Só a inércia. Quando a pessoa tenta escolher como tutor um amigo, o "chefe" ou o CEO da empresa, parece que está só querendo atender a seus interesses individuais. Quer se dar bem, bajular, virar "queridinho" do tutor e ver se descola um QI (quem indicou) para a próxima promoção. Pode esquecer: não é papel do tutor advogar em favor do tutorado. Como isso não é atitude de LNL, o RH faz a moderação, usando esses CVs para ninguém ficar de boa, só pensando no próprio umbigo.

O alvo da tutoria é exatamente o desenvolvimento de novas competências, o aprendizado mútuo, o aprimoramento de habilidades e a superação de dificuldades. Por isso, a recomendação estratégica do RH é que a escolha do tutor busque a diversidade e a complementaridade. O tutor não pode lhe dizer só o que você já sabe e gosta de ouvir. Deve ser alguém capaz de dar um feedback de que você pode até não gostar. Daí, é melhor abrir os ouvidos e fechar a boca para escutar com o coração (afetivo) e o cérebro (efetivo). Depois, vale sempre uma reflexão: primeiro, daquilo que o tutor acabou de dizer, qual é o ponto mais contributivo para seu desenvolvimento, e depois, a partir de amanhã, o que você pode fazer para SER melhor. Nunca esqueça, porém, do seguinte: o que seu tutor diz é sempre o melhor do ponto de vista dele. Isso não quer dizer que tudo o que ele fala é o melhor PARA VOCÊ. Não coloque o tutor num pedestal. Não entre na onda de "fazer tudo o que o mestre mandar" para fazer média com seu melhor aliado. Ele é o tutor, e você, o tutorado, mas você continua sendo o LÍDER de sua própria vida — e vice-versa. Ouça, reflita, decida e faça O MELHOR para você. Sem esquecer que vive em sociedade, ou seja, além de você, existem os outros. Hoje, seu momento é de tutorado, mas sua experiência vai transformar você em um maravilhoso TUTOR.

A prática da TUTORIA CRUZADA tem uma dinâmica estruturada de forma caórdica:* todos são tutores e tutorados. Assim, alguém

---

* O significado de "caórdico" está na página 89, no capítulo 2, fazendo referência ao livro de Dee Hock, *Nascimento da era caórdica* (São Paulo: Cultrix, 2014).

que acabou de se tornar líder pode ser tutorado por outro mais experiente de uma área subjacente à sua e ser também tutor, por exemplo, do profissional que está na cara do gol para se tornar líder também. Para fechar o ciclo virtuoso, esse analista sênior, por sua vez, pode tutorar aquele que está mais no início de carreira e que também precisa de um ponto de referência confiável e com interesse genuíno por ele. Seria um primeiro exercício como LNL. Legal, não é? Daí, então, o ciclo chega ao fim? Se entrar um estagiário, ele não vai tutorar ninguém. Bem, pode até ser assim, mas gosto da ideia de que não tem fim, não. O estagiário pode ajudar seu "bicho", o novato que ainda ficará na faculdade mais um ou dois anos depois que ele se formar. Ou ainda, pode ser tutor de um jovem aprendiz. Todos são LNLS e podem ajudar a pavimentar a TRILHA de progressão dos outros. No programa de Tutoria Cruzada, ninguém sofre sozinho, sem entender quais são os requisitos para o próprio desenvolvimento.

Como todas as práticas da FGEP valorizam e respeitam a essência das pessoas, caso você não queira TER ou SER um tutor, há também um critério para viabilizar isso. Está tudo certo. Não haverá julgamentos nem represálias. Como já disse, a vontade de cada pessoa deve sempre prevalecer. Nesse caso, a única sugestão do RH estratégico seria para você procurar conviver e conversar com pessoas de perfis diversificados e diferentes do seu.* Isso vale tanto dentro quanto fora da empresa. Tente almoçar, pelo menos uma vez por semana, com alguém que você ainda não conhece bem. Ou que até conhece, mas que, no mínimo, seja de outra área. Procure continuamente abordagens diferentes, perspectivas inovadoras e até visões das quais discorda. Lembre-se de que seu aprendizado também pode estar nos pontos que de início parecem divergentes, mas que acabam convergindo para o mesmo resultado: seu desenvolvimento e o das outras pessoas. Mesmo assim, procure não fechar questão no que se refere a tutoria. É uma bênção contar com

---

* Se você não quer ter um tutor, não deixe de ler logo a seguir COMO planejei e consegui progredir profissionalmente sem contar com esse valioso apoio. Dá para liderar o próprio desenvolvimento, mas é preciso estar aberto à contribuição de todas as pessoas que tenham interesse genuíno por você.

alguém que tenha interesse genuíno por você, e, se a empresa lhe oferece esse caminho facilitador, vale muito a pena investir seu tempo nessa prática de compartilhamento — por você e pelos outros.

A situação, por outro lado, pode ser a oposta: você QUER muito contar com um tutor, mas a empresa não oferece um programa organizado desse tipo. O ambiente é até agradável, mas não há abertura para ousar pedir apoio a ninguém. Você não se sente à vontade para desabafar com os colegas nem com seu "chefe", que faz o gênero muito ocupado e estratégico. Apesar de se sentir meio sem rumo e sem tutor, seria impensável pedir uma reunião com seu gestor para conversar sobre seu desenvolvimento. Na verdade, isso não acontece para valer nem nos feedbacks formais da Avaliação de Desempenho anual, não é? O que dirá no dia a dia? Na família e entre os amigos também não dá para conversar sobre trabalho e carreira? Você se sente sozinho, perdido na floresta das relações corporativas e não tem ninguém para um papo reto, que entenda seu contexto profissional e possa ajudá-lo a recolocar a bola no chão para seguir com o jogo. Pode acontecer e faz parte da vida. Mesmo assim, dá para tirar disso um bom aprendizado.

Durante muitos anos, eu também me senti nesse vazio. Queria desabafar, ouvir pontos de vista diferentes ou complementares aos meus. Queria compartilhar minhas dúvidas e receios, mas também ser acalmado, é claro, e desafiado com provocações e metas novas. Por isso, sonhava com alguém que fosse capaz de me dar respostas e ajudasse a me poupar dos tombos — que, já desconfiava, seriam inevitáveis! Vivi um período de muita angústia por causa disso e, como não tinha recursos para bancar um coach, tentei concentrar toda a minha energia no que mais merecia meu esforço: o trabalho e o estudo. Até que, finalmente, entendi que conversar com um tutor não me traria todas as respostas milagrosas que eu sonhava ouvir. Foi a partir dessa "primeira descoberta" que tracei meu próprio projeto de desenvolvimento de carreira com visão de longo prazo e comecei a estruturar melhor meus planos e objetivos profissionais. Com os pés bem plantados no chão, consegui controlar a ansiedade e passei a identificar as pessoas que tinham interesse genuíno por mim, captando de cada uma delas feedbacks e dicas que realmente eram valiosos. Então, em vez de ter um tutor, eu tinha vários — às vezes, até mais de um por dia. E daí, de repente, minha busca por um tutor acabou, porque fiz uma "segunda descoberta": Qual é a única pessoa do mundo que SEMPRE está disponível para me fazer pensar? Qual é a pessoa que mais tem interesse genuíno por mim?

Eu mesmo!

Por isso, o que foi realmente útil para mim — e também pode ser para você que não trabalha em uma empresa com TRILHAS de desenvolvimento tão organizadas — foi o exercício do autoconhecimento e a disposição de aprender com tudo e todos, inclusive com os próprios limites e frustrações. Você pode não ter um tutor de plantão — o que seria incrível, claro! —, mas já conta com o potencial de toda sua afetividade e efetividade para liderar a construção de seu SUCESSO NA VIDA. Em outras palavras, pode desencanar: assumindo toda a sua autonomia e protagonismo, seu melhor tutor pode ser VOCÊ mesmo!

Menos controle e mais confiança

Para OFERECER condições de desenvolvimento e FACILITAR o caminho das pessoas que têm interesse em continuar a progredir, a única coisa que a empresa não precisa fazer — necessariamente — é investir dinheiro. O programa de tutoria, por exemplo, não tem custo nenhum e dá ótimos resultados práticos. Mas não é o suficiente, claro. Outra prática da FGEP, que também é gratuita, é a revisão das regras e dos instrumentos de controle. O objetivo é manter um conjunto mínimo e imprescindível para o bom fluxo da gestão e abrir espaço para que os LNLS estabeleçam relações de CONFIANÇA com as pessoas de seu time. Já disse no capítulo 2 e vou repetir aqui: gestão caótica não tem nada a ver com a proposta da FGEP, que se alinha ao modelo de gestão caórdica.* O caos e o descontrole não

---

*   Referência ao livro de Dee Hock, *Nascimento da era caórdica* (São Paulo: Cultrix, 2014).

têm espaço na FG. Bem ao contrário. Os controles exagerados são eliminados e a burocracia é reduzida, mas tudo segue organizado e em fluxo de melhoria contínua. Só que sem as desconfianças e os custos exorbitantes frequentemente gerados em estruturas desunidas. Essa redução da burocracia e dos instrumentos de controle melhora muito o clima organizacional e fomenta a tolerância zero com os desvios atitudinais por autorregulação do grupo.

Nos eventos em que participo para disseminar a FG e a FGEP, quando abordo esse ponto do excesso de controle e da necessidade da redução da burocracia, alguém sempre comenta: "Ah, na nossa empresa estamos superatentos a isso! O objetivo é facilitar (?) a vida dos gestores, e para isso a gente usa muita tecnologia! A burocracia toda fica muito mais fácil e ágil...". Só que a questão não é colocar tecnologia na burocracia, mas sim diminuir ao máximo (possível) regras e políticas que criam barreiras à convivência dos gestores e seus times em um ambiente de CONFIANÇA. De que serve trocar a papelada por novos aplicativos que têm a mesma função de comando e controle? Quando a empresa usa a tecnologia para manter as rotinas burocráticas, não está FACILITANDO nada para ninguém. Está apenas automatizando as ferramentas antigas, isto é, está dando "nova roupa" para uma prática do antigo modelo de gestão. Ou seja, está só enfeitando a noiva — e que vestido caro!

Isso não é evoluir e se adaptar às necessidades da nova realidade do mercado de trabalho, fomentando o engajamento mais verdadeiro das pessoas. Isso é tentar modernizar o que já está ultrapassado. Em vez de se afogar em pilhas de papéis, os gestores agora vão mergulhar fundo em um oceano de aplicativos com a mesma finalidade antiquada de sempre: centralizar o controle e comandar o fluxo de trabalho das pessoas. Só que é a coerência persistente na prática de valores entre o LNL e o time que resulta na credibilidade e na confiança entre as pessoas. Isso é orgânico e dispensa tantos aplicativos. A digitalização pendente — a que falta fazer — é hoje o mindset das pessoas que ainda pensam e agem por obrigação, e não por opção. Em vez disso, para essa interação qualitativa acontecer, a empresa só tem que OFERECER os cvs da imparcialidade e da tolerância zero com a impunidade. Para mostrar isso a você, vou contar mais duas histórias da minha vivência profissional. Uma daquele tempo longínquo, em que me tornei "gerentão" pela primeira vez, e outra mais recente, quando era ceo de uma grande companhia.

Assim que saí da empresa com co menos estruturada e mais flexível, mas onde meu "chefe" me segurava debaixo das asas dele, consegui me tornar gerente em uma grande empresa multinacional. Ali, a co era bem diferente da que eu estava acostumado: era uma organização gigante com cultura consolidada, sólida e impermeável à mudança, exatamente do tipo que descrevi no capítulo 1. Havia políticas, regras e normas para tudo — ou quase tudo —, e a responsabilidade dos "chefes" era cumpri-las e fazer o time seguir à risca toda aquela burocracia. Por isso, antes mesmo de eu assumir o cargo, já fui enviado a participar de um programa de integração e capacitação em gestão. Foram dois dias ótimos, durante os quais quase naufraguei em um mar de informações sobre a corporação: missão, visão, valores, código de ética e conduta, governança corporativa, programas globais de responsabilidade social, kpis, políticas, regras e por aí afora... Só não me ensinaram o básico para ser gerente no dia a dia. Por exemplo, como fazer mensalmente o controle do cartão de ponto eletrônico dos colaboradores de minha equipe. Resultado: no primeiro mês, depois de perder um tempão tentando lidar com um sistema desconhecido, ainda acabei fazendo tudo errado. Quem tinha horas extras para receber não recebeu.

Eu era o "novo chefe", recém-chegado... Você consegue imaginar o que, nesse primeiro momento, o time pensou (e falou) de mim, especialmente numa empresa com uma co tão rigorosa e inflexível? Consegue imaginar a vergonha que eu sentia como "jovem gestor"? De cara, a desconfiança poderia ter se instalado em nossa relação. Como já queria implantar ali a gestão do nós,* sabia que era minha responsabilidade impedir isso. Mas, antes de qualquer coisa, tinha

---

* No capítulo 2, já falei um pouco sobre essa minha fase profissional, contando como consegui implementar a gestão do nós (o que não foi fácil!).

que consertar meu erro. Sempre fui adepto da frase "errar é humano", mas sempre acreditei também que reconhecer o erro, assumir a consequência e resolver o problema causado são capacidades de todo ser humano. Em resumo, todo mundo é capaz de errar, mas — até mesmo antes de pedir desculpas — todo mundo também é capaz de corrigir seu erro. Por isso, lá fui eu ao RH para explicar o que havia acontecido com o controle do ponto na minha área e pedir ajuda para resolver.

Essa minha franqueza foi muito boa, porque encontrei lá uma pessoa disposta a me ouvir e me ajudar. Mais do que isso, me mostrou no computador como fazer: entrou no sistema e me ensinou o passo a passo da tarefa. Anotei tudo para nunca mais repetir o erro. Aquilo foi tão produtivo e construtivo que tivemos ali mesmo a ideia de colaborar para escrever um manual. Sabe todos aqueles formulários e sistemas de liberação e controle de despesas, viagens, férias, adiantamentos, horas extras, reembolso, orçamento? Pois cada vez que eu precisava aprender uma nova burocracia dessas, aquela pessoa tinha toda a paciência de me ensinar e eu anotava o passo a passo. No fim do meu primeiro ano no cargo, ficou pronto nosso Manual Básico para Novos Líderes para COMPARTILHAR com todos os novatos — como eu — a fórmula da sobrevivência operacional do novo gestor. Num primeiro momento, esse resultado me deixou feliz.

Só que, apesar de já ter aprendido muito no dia a dia, as rotinas obrigatórias do "chefe" eram um desestímulo para mim. Desde que havia me tornado gerente, passava o dia inteiro empilhando papel. Não tinha mais tempo disponível para participar de nenhum projeto desafiador. Lidar com pessoas e me envolver com estratégia, então, sem chance! Não sobrava tempo. Como era difícil ser "chefe"! Se soubesse disso antes, pode até ser que nem quisesse ser gerente. Era uma enorme frustração. Parecia até que eu tinha voltado para o começo de minha carreira. Tudo que eu fazia era organizar papelada e cuidar mais do mesmo. Que desilusão! Mas, em vez de reclamar ou me conformar, abaixar a cabeça e seguir suportando, procurei alternativas.

Foi aí que busquei construir ativamente relações de proximidade com as pessoas da equipe. Em vez de me isolar, me tornei acessível e, mais do que isso, fui proativamente em busca de diálogo, de comunicação fluente, transparente e frequente. E o que encontrei foi colaboração, credibilidade e CONFIANÇA em cada pessoa. O time até tolerava almoçar comigo para conversar sobre novas possibilidades e projetos para a área. Foi assim que construímos juntos a gestão do NÓS, e, enquanto nossa produtividade e eficiência aumentavam, eu ia reduzindo os controles burocráticos. Dali em diante, livre do excesso de barreiras e controles, descobri que ser gerente é até muito legal. O mais importante é que o LNL tenha a humildade para ACREDITAR que todas as outras pessoas também podem ser superpoderosas e têm potencial para liderar.

Em minha área, por exemplo, o ponto eletrônico passou a ser validado diariamente pelo próprio colaborador. No fim do mês, eu só gastava cinco minutos para apertar um botão e liberar a planilha para o RH. Para um seguidor da gestão tradicional, isso é uma heresia:* "Márcio, se você confiar em alguém, pode ter certeza de que vai ser enganado". É verdade; sempre haverá oportunidade para alguém mentir, enganar, roubar. Essa é uma prerrogativa do exercício da liberdade, mas não justifica o excesso de controle. O líder não precisa saber em detalhes quantos minutos alguém atrasou por mês ou quantos clipes foram usados ou quanto café foi consumido. Na liderança de sua área, o gestor precisa ter uma visão aprofundada da contribuição de cada colaborador para que os resultados da equipe sejam crescentes e as metas do negócio, superadas. Hoje, o "chefe" centralizador e controlador acha que sabe de tudo. Tem a sensação de comando, mas é enganado pelas costas pela má-fé de uns, a conivência de outros e o silêncio omisso da maioria.

Já quando o LNL consegue construir relações de CONFIANÇA, qualquer desvio atitudinal acaba flagrante e, aí sim, ele não pode se omitir. O LNL tem tolerância zero com as falhas éticas e comporta-

---

* Esse esquema de validação do ponto, aliás, foi um dos motivos para eu ter recebido aquela carta de advertência, que conto no capítulo 2. Hoje, com minha experiência, sei que eu apenas confiava nas pessoas porque estava sempre muito próximo delas e não precisava fazer a conferência de tudo em detalhes. Como líder da equipe, meu tempo era muito mais bem aproveitado em outras atividades.

mentais. Aqui, no entanto, é preciso esclarecer um ponto: no ecossistema fomentado pela NCO, os erros "normais", que todo mundo pode cometer ao trabalhar, são encarados com a maior naturalidade. Só erra quem faz. Ninguém varre nada para baixo do tapete. É como já aprendeu minha filha do meio, de sete anos, que me disse outro dia: "Se não errou nunca é porque ainda não viveu, não é papai?" (achei o máximo!). Assim, não se perde tempo escondendo problemas do gestor porque ninguém tem medo dele. O sentimento geral é de respeito e confiança. Quando alguém comete um erro, assume publicamente com a maior tranquilidade. E, aí, o líder e o time buscam em conjunto a solução mais eficiente. É como disse antes: se "errar é humano", a capacidade de corrigir o equívoco também faz parte de nossa condição de SER humano. O organismo vivo é dinâmico e se ajusta sempre para garantir a sobrevivência, otimizando ao máximo o vigor e a saúde do corpo. Quando alguém me diz que isso é utópico, minha resposta sempre é: a soma de utopias cria uma nova verdade. Eu acredito que nascemos para viver bem com felicidade e democracia. Se o que reina hoje é a desconfiança, chegou a hora de repensar isso.

Tolerância zero com desvios atitudinais

Isso me fez lembrar que, depois do Manual Básico para Novos Líderes, aquela pessoa do RH e eu continuamos a colaborar para escrever um segundo material de apoio aos novos gestores: o Manual Comportamental do Líder. Naquela época, mesmo que não fosse totalmente consciente, já sabíamos que quanto mais alguém se desenvolve na carreira, menos tempo deve gastar com burocracia e mais tempo precisa investir na qualidade dos relacionamentos. Quando falo desse manual, não estou me referindo aos Códigos de Ética e de Conduta finamente encadernados que vão parar no fundo das gavetas. O importante é dar recomendações práticas — sempre válidas — para viabilizar a atuação imparcial do líder à frente de sua equipe, incorporando-as ao dia a dia de convivência e trabalho.

Hoje, esse manual é uma das práticas da FGEP e tem a seguinte regra de ouro: "Aqueles mesmos valores que o gestor quer ver praticados em seu país, ele tem que fazer valer para todos os integrantes de sua equipe — sem exceção, em especial para ele próprio". Isso quer dizer que não há nada de "jeitinho", nada de omissão, nada de tolerância com desvios éticos e, principalmente, nada de impunidade. Quando é que as pessoas usam mal o exercício da liberdade e aproveitam as oportunidades para mentir, roubar ou corromper? Em geral, quando imaginam que podem ficar impunes. Se o grupo for coeso e coerente na prática de valores, raramente alguém derrapa nos desvios éticos. E, se isso ocorre, não há polêmica nem longos trâmites burocráticos: como todos concordam que não deve haver impunidade para ninguém, o problema é logo identificado e sanado. E dificilmente volta a acontecer, porque as pessoas que se relacionam com base na confiança são capazes de se autorregular. Se alguém derrapa eticamente, ninguém é conivente, ninguém fica omisso.

Várias vezes tive a oportunidade de observar e vivenciar situações que comprovam isso. Um caso mais recente e marcante aconteceu quando eu era CEO. Por causa de especificidades da operação do negócio, tínhamos em muitas cidades pequenos armazéns, com itens de alto valor e fácil destinação em mercados secundários. Todos esses armazéns ficavam trancafiados e apenas um *ser* iluminado em cada local tinha as chaves. Eram verdadeiros guardiões de nossos estoques. Ocorre que, para o bom andamento dos trabalhos, aquele guardião deveria ficar 100% do tempo disponível para receber e atender de imediato as demandas de emergência, que não eram raras. Mas, como esse colaborador também tinha outras atividades, começaram as reclamações. Quando um item era necessário de imediato e ele não estava ali, na hora, o cliente poderia ficar esperando, e isso não era aceitável. Então, qual seria a opção? Deixar o almoxarifado aberto 24 horas por dia, sem ter um guardião de plantão, e colocar uma câmera. Simples, não é mesmo? Assim foi feito! Só que, por incrível que pareça, já na primeira semana, a câmera instalada em um dos armazéns foi roubada. Dali para a frente, a cada madrugada, sumiam itens de cobre e alumínio, que eram de fácil manuseio e alto valor. Nós nos sentimos bem frustrados. Mesmo com todo o trabalho de transformação da cultura que já havíamos realizado antes, estávamos sendo roubados. E, sim, era gente nossa, de dentro da empresa! Já pensávamos até em desistir e ter de novo os "guardiões".

Até que numa segunda-feira, assim que cheguei para trabalhar, recebi um telefonema pedindo que eu fosse a uma de nossas salas de reunião. E o que aconteceu ali renovou minha energia e me estimulou muito a persistir com coerência nas práticas da FG. Estavam ali cinco colaboradores de regiões diferentes, o líder do Comitê de Compliance e um de nossos gerentes. Assim que entrei, eles me disseram: "Temos uma boa notícia! Pegamos os bandidos que roubam nossos materiais!", e projetaram no telão as imagens do flagrante com a clara identificação dos culpados. E um deles explicou: "Depois que roubaram a câmera de segurança, trouxemos umas mais simplesinhas e, por nossa conta, instalamos nos estoques. Filmamos vários eventos para ter certeza e, em seguida, levamos as provas ao time de Compliance. Com a ajuda de todos que estão aqui, até agora conduzimos tudo confidencialmente. Agora que a investigação está encerrada, as medidas adequadas serão adotadas".

O assunto foi levado à polícia, abriu-se uma denúncia criminal contra os envolvidos e foram cumpridos todos os trâmites necessários para desligar os criminosos por justa causa. A partir daquele episódio, todos os almoxarifados continuaram abertos só na base da confiança, e não houve mais nenhum problema. Incrível, não acha? Foi um final muito animador para quem acredita nas pessoas. Compartilhando as virtudes de um ambiente de confiança, o próprio time agiu de acordo com seus princípios e valores, dando exemplo do que é o certo a ser feito. Na verdade, essa história não termina aqui. Foi só o começo de um novo ciclo de confiança compartilhada no qual ninguém compactua com a impunidade. É essa CONFIANÇA recíproca que estimula e autorregula a prática dos melhores valores entre o LNL e seu time, multiplicando-se para gerar e consolidar a NCO da FGEP. Qualquer pessoa pode agir como LNL e incentivar a confiança em seu ambiente. Nossa sociedade parece passar por uma intensa crise de desconfiança, mas, se praticarmos valores e confiarmos uns nos outros, vamos ver que a maioria absoluta de nossa gente é confiável. É isso que temos que valorizar.

Capacitar não é dar "mais do mesmo"

Além dos dois momentos críticos de que falei neste capítulo, há fases que podem se tornar especialmente difíceis no desenvolvimento de carreira. Mesmo bem-intencionadas, querendo sinceramente INVESTIR nos colaboradores, muitas vezes as empresas acabam criando novos obstáculos à progressão das pessoas. Uma dessas fases dolorosas costuma ocorrer com os profissionais especialistas já mais experientes. Assim que atingem um patamar de senioridade técnica, param de progredir. Pelo que tenho observado, é bem difícil para um especialista mais experiente assumir um cargo de liderança. A pessoa enfrenta tantas ou até mais barreiras do que um diretor para se tornar CEO. Isso, apesar de o número de vagas ser bem maior. A pessoa fica lá estagnada na própria senioridade técnica. Quer continuar a progredir, mas está invisível ao "chefe" e/ou fica refém da progressão vertical de carreira: júnior, pleno, sênior, coordenador e... Tudo obrigatoriamente na mesma área. Quem é engenheiro de produção tem que ficar na produção. Quem é do jurídico no jurídico. E quem é contador só pode ficar na contabilidade. Não dá para progredir em outra área? Pelos usos e costumes corporativos atuais, a resposta é geralmente *não*. Alguns amigos headhunters me disseram que isso até pode acontecer, mas é arriscado se a mudança de área for muito fora da sequência lógica da progressão de carreira.

Tenho um amigo que está enfrentando uma situação bem parecida com essa. É engenheiro sênior e, aos 45 anos, não sabe o que fazer para avançar mais na carreira. Ele quer se desenvolver em gestão e se candidatar a uma posição de liderança, mas — em vez de FACILITAR — a empresa só investe em novas capacitações na área em que já é engenheiro especialista. Como não é isso que ele QUER, então pensou em bancar um bom curso para si mesmo. Só que essa ideia de desenvolvimento autônomo acabou por lhe trazer outras dúvidas.

Quase como um adolescente, fica na inércia se perguntando: Que especialização fazer? Um MBA? Uma capacitação em gestão de negócios? Ou em gestão de pessoas? Está meio perdido e sem rumo, mas sabe que precisa dar um tiro certeiro. Afinal, além de exigir bastante dedicação de tempo, essas especializações não costumam ser nada fáceis de pagar do próprio bolso.

Na verdade, o que esse meu amigo gostaria mesmo é de poder ACREDITAR na empresa em que trabalha hoje. Isto é, ele bancaria a própria especialização em outra área, desde que tivesse certeza de que seu esforço seria reconhecido, considerando-o no próximo recrutamento interno para uma posição de liderança. É isso que chamo de progressão em carreira diagonal. No entanto, ele tem um receio justificado de pagar para fazer o curso e continuar estagnado como engenheiro sênior. Desencantado, o mais provável é que busque novos desafios em outra empresa. Por vontade própria ou porque vai acabar demitido por andar tão desmotivado e desengajado. Afinal, essa também é uma das causas da crescente falta de engajamento registrada nas pesquisas.

Esse exemplo talvez seja um pouco mais complexo, porque meu amigo QUER progredir fora de sua área original de especialização e experiência profissionais. Diante de pontos fora da curva, as barreiras corporativas se erguem com mais força. Então, vamos supor agora uma situação mais *normal*. A pessoa batalha anos e, com toda humildade e dedicação, se desenvolve na carreira a ponto de ser contratada como gerente em uma grande e sólida companhia. O que acontece? Mais uma vez, vou contar para você o que vivenciei. Gosto muito de ilustrar essas situações com histórias verídicas — especialmente as que doeram na minha própria pele — para mostrar que, de fato, os melhores aprendizados acabam surgindo dos obstáculos que enfrentamos, e não só das conquistas e das vitórias. Melhor dizendo: mesmo por trás das vitórias há sempre novos obstáculos — e mais aprendizados.

Quando me tornei "gerentão" naquela multinacional, já disse que quase me afoguei na avalanche burocrática, mas sobrevivi e consegui implantar a gestão do NÓS. O que ainda não contei foi que, no fim do primeiro ano, estava bem satisfeito e recebi uma notícia que me encheu de alegria: a empresa queria INVESTIR em mim. Pela primeira vez, tive a oportunidade de participar de um plano de desenvolvimento gerencial. A consultoria responsável pela capacitação era uma daquelas que têm até néon na marca de tão conhecidas e reconhecidas no mercado. Achei o máximo! Agora, eu era mesmo *o cara* e ia me tornar um líder ainda melhor. O curso foi dado in company e teve duração de dez meses com aulas dois dias por mês. Ali, aprendi demais: como fazer comunicação assertiva, contratar e demitir, dar e receber feedback, ser líder, coach... No final, dei uma avaliação nota dez para tudo, e estava realmente satisfeitíssimo.

Fiquei tão animado e empolgado que queria MAIS. E não é que veio mais? Em janeiro do ano seguinte, fui informado de que a companhia queria continuar a INVESTIR em mim. Ia pagar um NOVO curso de capacitação. Noooossa! Eu não queria MAIS? Então, veio mais! Foi ali que tive minha primeira decepção com esse tipo de treinamento "mecânico". A estrutura era exatamente igual à da capacitação do ano anterior. Os professores eram os mesmos, até as piadas eram iguais. As mudanças no estudo de casos eram tão sutis e previsíveis que não acrescentavam nada. Pois é, veio mais, mas veio "muito mais do mesmo". Pior é que fui obrigado a fazer o mesmo curso — igual, sem tirar nem pôr — por cinco anos seguidos. Na segunda vez, houve a decepção, mas ainda fiquei na minha. No terceiro, quando tive certeza de que nada havia mudado, comecei a "simular contusões". Sabe quando o jogador de futebol se joga no chão e faz cara de dor para sair de campo? Eu dava um jeito de "cair fora" e voltava para trabalhar com o time. Tanta coisa para fazer e eu lá, ouvindo repetições do que já tinham me ensinado e eu já tinha aprendido? Não há nada mais enfadonho do que repetições!

No quarto ano o controle aumentou e não deu mais para "simular contusões". A área de RH passou a registrar presença no treinamento e procurava o "chefe" de quem faltava para explicar o motivo da ausência. A justificativa parecia lógica: "A empresa estava gastando dinheiro para DAR treinamento e capacitação, e os líderes jogavam fora essa oportunidade?". Então, tive que repetir mais duas vezes essa capacitação — sem faltar nunca mais, porque os instrumentos de controle do RH andavam de olho em mim. Esse tipo de treinamento só é útil uma vez, para quem acabou de ser promovido ou contratado como gerente. A partir da segunda rodada do mesmo curso, aquilo vira aprendizado por osmose ou autoengano. É, infelizmente, um jogo de conivência: a pessoa finge que aprende; a empresa finge que ensina; e a consultoria finge que transmite conteúdos (e recebe os honorários). E, se a pessoa tiver coragem de reclamar, mesmo que seja com o intuito de colaborar para melhorar a dinâmica, acaba pegando mal para ela. Com certeza, vai acabar ouvindo uma resposta do tipo: "A organização se preocupa em DAR uma oportunidade única para seu desenvolvimento e você ainda reclama? Lá fora tem muita gente sonhando com uma chance dessas! Como você é ingrato!".

Lamentavelmente, esses programas tradicionais de Treinamento & Desenvolvimento não são estruturados para levar as pessoas adiante, incentivando-as a romper a inércia para MELHORAR. São feitos para dar manutenção (nem reciclagem) ao que você já aprendeu, não para FACILITAR a progressão autônoma na direção do que você QUER ser. Ou seja, o modelo atual de desenvolvimento, além de repetitivo em conteúdo, reproduz a lógica centralizadora e hierarquizada e não consegue ENCANTAR ninguém. Sabe por quê? Em primeiro lugar, porque geralmente esses planos são estruturados no já clássico Levantamento de Necessidade de Treinamento (LNT), que mapeia apenas QUANTAS pessoas precisam ser capacitadas em QUAIS competências necessárias à empresa. Raramente se discute COMO as pessoas devem ser desenvolvidas ou, melhor dizendo, COMO elas podem ser estimuladas a se desenvolver na empresa e também por conta própria.

Em geral, os programas de T&D partem de uma abordagem muito "técnica", como se mapear necessidade de capacitação de pessoas fosse igual a diagnosticar o grau de urgência de substituição de máquinas nas unidades de produção. O processo de renovação é muito lento e mantém por muito tempo tudo preso aos antigos TRILHOS da conformidade. Se você é júnior disso vai ser treinado para se tornar pleno, e, se não for promovido, pode esperar: ano que vem tem mais do mesmo. Para mim, felizmente, a decepção com esses treinamentos padronizados acabou trazendo resultados positivos. Foi por causa disso que "descobri" que eu mesmo podia ser meu melhor tutor. Rompi o círculo vicioso e decidi cuidar de meu próprio plano de desenvolvimento de carreira. Fazer isso por si mesmo é possível — mas não é nada fácil. Para a maioria das pessoas, pode se tornar um obstáculo intransponível. É por isso que as empresas precisam passar a FACILITAR essa jornada. E as pessoas, por sua vez, precisam buscar o autodesenvolvimento, e não ficar esperando a empresa pagar suas capacitações.

Trilhas com portas abertas e acessíveis

As práticas da FGEP que apresentei até agora são muito FACILITADORAS para a atuação e a progressão de Pessoas 4.0, ou seja, dos LNLS. Enquanto a redução dos instrumentos de comando e controle abre espaço para o protagonismo e a construção de relações de confiança, a tutoria oferece o apoio necessário para que cada pessoa enfrente os obstáculos — naturais ou artificiais — surgidos em seu caminho. São iniciativas simples e de baixo custo, que comprovadamente trazem resultados incríveis. Mesmo assim, essas práticas podem ser chamadas de acessórias. Para ATRAIR, DESENVOLVER e ENCANTAR colaboradores, com o genuíno interesse de conseguir o tão sonhado ENGAJAMENTO, o cerne da FGEP está nas práticas adotadas para estimular o desenvolvimento autônomo dos colaboradores, mantendo abastecido o pipeline da sucessão com prioridade no Recrutamento Interno. É que a FGEP parte do princípio de que as pessoas — sejam colaboradores, líderes ou clientes — preferem ser respeitadas, valorizadas e viver com imparcialidade, sendo atraídas por ambientes que possibilitam a participação e lhes permitem SER o que sonham com convergência de propósitos. É isso que ENCANTA as pessoas — e muito.

Quando falo em dar preferência aos colaboradores que já acreditam em nossa empresa e têm propósitos convergentes, estou me referindo ao Recrutamento Interno, como uma boa prática de reciprocidade. Geralmente, porém, algumas pessoas me questionam dizendo que as contratações no mercado são necessárias para "oxigenar" a empresa. Para mim, isso soa mais como um "mal necessário": é preciso chamar gente de fora porque aqui dentro já estamos sem ar, sem luz e sem energia. A CO do círculo vicioso está tão enraizada que são poucas as boas sementes que conseguem se desenvolver dentro da empresa. Então, é preciso buscar talentos externos e dar a eles o valor que não é oferecido àqueles que há muito tempo, diariamente, se esforçam e sonham com uma progressão de carreira.

Na NCO, essa "oxigenação" existe, mas é trazida pelos próprios colaboradores que progridem internamente em um fluxo contínuo. Para substituí-los em suas posições anteriores, existem portas de entrada estruturadas, organizadas e formais para iniciantes, pois é justamente nessa base que a concentração de "oxigênio" é mais alta. A trajetória de desenvolvimento e progressão de carreira é concebida e praticada com CVs participativos, claros e inclusivos, e a decisão prestigia sempre o atendimento aos requisitos públicos e objetivos. Só quando se identifica que o processo de desenvolvimento não está ainda 100% fluente é que é necessário ir ao mercado para fazer contratações. Essa é a exceção, não a regra. Convivendo diariamente em um ambiente próspero, que estimula o aprendizado mútuo e que OFERECE oportunidades inclusivas e igualitárias de desenvolvimento, as melhores propostas de inovação e de mudança são trazidas naturalmente pelos próprios colaboradores. Assim, a CO não sofre para ser injetada nas artérias de pessoas que não se vinculam ou se relacionam com a empresa naturalmente. Na concepção da FGEP, tudo é orgânico. É como crescer aprendendo e se desenvolvendo em uma empresa que se preocupa com seu potencial e — com ampla convergência de propósito — aposta em você! Portanto, há necessidade, sim, de "oxigenação". Só que isso pode ocorrer organicamente pelo recrutamento interno de forma meritocrática e imparcial a partir do respaldo dos caminhos iniciais oferecidos pelas portas de entrada estabelecidas.

Para atingir esse objetivo, as práticas da FGEP têm que começar a ser aplicadas desde o processo de seleção de estagiários e contratação de profissionais no início de carreira, ou seja, no que chamo de portas de entrada. Ali são escolhidas as melhores pessoas para as quais você vai OFERECER um ambiente propício a fim de que se desenvolvam com autonomia e protagonismo, abastecendo o pipeline de sucessão. Alguns CVS são chave, no entanto, para chegar a esse patamar de eficiência no recrutamento interno. Por exemplo: em vez de o processo de seleção priorizar entrevista por competências, na NCO um candidato se diferencia quando apresenta três atributos: capacidade de ACREDITAR em um propósito de vida; disposição para MUDAR; e BOA ÍNDOLE, que, para mim, resumidamente, significa agir com os outros de forma justa e imparcial, transmitindo o bem sempre. Além de ser persistente na coerência com a verdade e a prática desses valores. É claro que a competência técnica é importante, mas, especialmente em início de carreira, não precisa ser um requisito decisivo. É uma vantagem, uma qualidade a mais do candidato. O conhecimento técnico será estimulado e adquirido ao longo do desenvolvimento do colaborador num programa próprio em que os educadores internos são voluntários e treinados para compartilhar conhecimento com o DNA da empresa.[*]

Na Gestão de Pessoas em sintonia com a FG, o ponto de partida do processo de ENCANTAMENTO é a identificação e a convergência de propósito entre cada pessoa e a RAZÃO DE SER da empresa. Não vou me estender aqui sobre esse assunto, porque detalhei as práticas para incentivar a convergência direta ou indireta no capítulo 1 de *O fim do círculo vicioso*,[**] e já falei um pouco sobre isso no capítulo 2 deste livro. A partir disso, entra em ação o RH estratégico, que prepara a estrutura de todos os cargos existentes — sejam dois ou 2 mil cargos diferentes, sejam dez ou 25 mil colaboradores — e descreve detalhadamente as funções desempenhadas pelas pessoas. Com

---

[*] Em *Felicidade dá lucro* (São Paulo: Portfolio-Penguin, 2015), explico o que é e como funciona essa iniciativa de compartilhamento construtivo chamada de Projeto Educadores, que também está detalhada em *O fim do círculo vicioso* (São Paulo: Portfolio-Penguin, 2017, pp. 203 ss.). Acesse o resumo desses dois trechos em nossa plataforma interativa, em: <www.wavefg.com.br/notas/fg30>.

[**] Em *O fim do círculo vicioso* (São Paulo: Portfolio-Penguin, 2017, pp. 45 ss.), (re)leia a seção "Como incentivar a convergência de propósitos", ou acesse nossa plataforma, em: <www.wavefg.com.br/notas/fg31>.

base na estratégia de negócios, são definidos o escopo e a abrangência de cada um, refletindo as necessidades atuais e futuras da organização. Ciclicamente, sempre que houver alguma mudança estratégica, é necessário revisar essa estrutura de cargos e funções para adequá-la às novas metas e objetivos do negócio. Caso nada se altere, entra em ação o CV da mudança: essa revisão deve ser feita obrigatoriamente a cada dois anos. Se houver algum cargo que nesse prazo não precise mudar em nada, encare como um sinal de alerta. Geralmente, quando nenhuma evolução ocorre em dois anos, é porque o cargo já está na inércia e pode ser desnecessário.

A essa estrutura de cargos são acrescentados os requisitos imprescindíveis de capacitação para o desempenho de cada função descrita, e tudo é publicado em detalhes em algum canal de comunicação interna — pode ser mural ou a intranet —, desde que possibilite o acesso de todos os colaboradores. É assim que as pessoas conhecem e podem alinhar seus sonhos com as oportunidades de progressão oferecidas pela empresa. Desde o início da implementação dessa prática, recomendo já deixar bem claro também que não é tudo que a pessoa sonha e QUER que ela vai encontrar ali. Pode ser que um colaborador sonhe com algo que ainda não é necessário na organização. Pode ser até que não vá precisar nunca, aquele sonho deva ser realizado fora dali. É fundamental ser verdadeiro sempre e bem claro com as pessoas, mesmo que elas não gostem muito disso. Lembre-se: a construção ou a revisão de uma CO não se refere a ser bondoso e paternalista, mas sim justo e coerente.

A convergência de interesses é o ponto de partida do processo, e isso também é baseado na verdade. Cabe à organização ser FACILITADORA, mas isso NÃO quer dizer que deverá fazer PERSONOGRAMAS, ao contrário. Ou seja, não vai criar caminhos de desenvolvimento só para atender aos interesses específicos de uma ou mais pessoas. Como já observei no capítulo 2, mesmo num programa de desenvolvimento participativo, inclusivo e imparcial, a conciliação de interesses envolve a pessoa, o líder e a empresa/empreendimento e também o que é comum entre as partes. É uma responsabilidade conjunta que vai resultar em benefícios mútuos.

Quer ver como isso funciona no dia a dia e consegue manter abastecido o pipeline de sucessão, priorizando o Recrutamento Interno? Vamos imaginar que a pessoa já trabalha na área X e seu sonho é ser promovido para o cargo Y, onde se tornará líder. Conhecendo a estrutura de cargos, funções e requisitos, ela assume sua autonomia e protagonismo para buscar seu próprio desenvolvimento. Conforme vai se preparando para ocupar outras posições, registra tudo no sistema para que todos — sem exceção — vejam sua progressão. O cargo que a pessoa sonha e QUER ocupar pode estar ao alcance dela com uma progressão vertical, lateral ou diagonal. Por exemplo, eu sou júnior em uma área e quero ser pleno em outra. Não importa: o que é relevante na FACILITAÇÃO da progressão de carreira é que EU quero e EU vou buscar a realização do MEU sonho. O que me tira da inércia e da desmotivação é o fato de EU ACREDITAR mais em mim e também ACREDITAR que a organização vai reconhecer meu desenvolvimento e me considerar — com total IMPARCIALIDADE — nos processos de recrutamento interno, em especial porque a progressão poderá ser diagonal, e não apenas vertical, como ocorre tradicionalmente.

Apesar de QUERER muito e estar bastante motivada, existe também a possibilidade de a pessoa não ficar satisfeita com o desenvolvimento diagonal. Progride e acaba descobrindo que de fato não gosta da nova área ou se dá conta de que suas novas competências ainda não são suficientes. Isso seria uma falha grave do processo de sucessão. A organização não pode correr o risco de promover, por exemplo, um engenheiro sênior para a área de RH e essa progressão diagonal fracassar. Então, qual é o CV da FGEP para pavimentar o caminho, mas evitar resultados negativos? Durante a preparação para ocupar a posição que QUER, a pessoa realiza "testes a frio" dessa possível mudança. Vamos voltar ao exemplo do engenheiro sênior que quer trabalhar em gestão de pessoas. Toda vez que houver uma folga ou férias no RH, será ele que cobrirá a posição — desde que já atenda aos requisitos (a propósito, o melhor líder de RH que conheci era um engenheiro eletricista). Funciona assim: todas as pessoas que cumprirem amplamente os requisitos, como esse engenheiro que foi para o RH, vão compor uma lista de "possíveis" sucessores para aquela posição. Se houver mais de uma pessoa, o critério de priorização será o nível de proficiência medido pela aderência técnica e comportamental para a posição. Caso uma ou mais pessoas estejam exatamente alinhadas em todos os fatores, elas se alternarão nas eventuais substituições por ordem de chegada. Quem se enquadrar nos critérios pode participar do processo enquanto considerar que aquela é a posição que deseja para seu futuro, e a empresa oferece chances equivalentes e justas a todos. Na verdade, é um duplo teste. A pessoa tem a chance de refletir se QUER mesmo aquela progressão diagonal; e a empresa tem a oportunidade de avaliar o desempenho da pessoa na nova área — sem grandes riscos. Quando abrir uma posição, cada um será candidato em igualdade de condições com todos os demais no Recrutamento Interno. Os critérios garantem a imparcialidade do processo, pois acabam com os preconceitos e neutralizam os "queridinhos" e os "poderosos chefinhos", que estão sempre atrás do QI de um "chefe já poderoso".

OFERECER essa estrutura com a descrição clara e objetiva de cargos, funções e requisitos prévios de competências e capacitações é QUASE tudo que a companhia precisa fazer para FACILITAR o desenvolvimento de seus colaboradores, incentivando o protagonismo em suas carreiras. Claro, outras práticas e CVs que já descrevi — e ainda vou apresentar no próximo capítulo — têm que se integrar ao sistema para possibilitar que cada pessoa construa suas próprias TRILHAS de progressão para além dos velhos TRILHOS da mesmice, e a organização consolide seu papel como FACILITADORA. Já mostrei como a imparcialidade no processo decisório do Recrutamento Interno, por exemplo, reforça o poder de atração dos talentos; que ficam encantados com a confiança e a credibilidade que podem depositar na empresa. Além disso, com o apoio de um programa de tutoria e de um gestor que age como LNL, em vez de se sentirem sozinhas e sem rumo, as pessoas terão muito mais chance de identificar e realizar seu propósito. Num ambiente com apenas o necessário de instrumentos de comando e controle e barreiras burocráticas, sentem-se mais respeitadas e valorizadas e estabelecem relações de CONFIANÇA, esforçando-se para também dar um bom exemplo, porque percebem que todos ACREDITAM e PRATICAM os valores da IMPARCIALIDADE e da tolerância zero com a impunidade.

Desde o fim da década de 1970,* muito se fala sobre a necessidade de as organizações usufruírem os benefícios da capacidade intraempreendedora de seus colaboradores. Mas a principal questão permanece a mesma até hoje: será que alguém consegue atuar como intraempreendedor, inovando em processos, produtos e serviços, quando a atual CO da empresa não consegue estimular nem o empreendedorismo em relação ao próprio desenvolvimento de carreira? Claro que não. É convivendo e trabalhando no ecossistema propiciado pela NCO que as pessoas são estimuladas a se tornar empreendedoras na gestão de sua própria vida e, claro, de sua carreira. Para entrar no ciclo virtuoso da FG, o requisito básico e inicial é que cada pessoa identifique seu propósito e seus interesses INDIVIDUAIS. Essa é uma etapa que não dá para pular.

Primeiro, cada pessoa ACREDITA, PRATICA e MELHORA em sintonia com o que QUER para si mesma. A empresa deve FACILITAR esse processo individual, oferecendo práticas inclusivas, participativas e imparciais, capazes de promover o engajamento mais profundo e verdadeiro. Só a partir daí será possível COMPARTILHAR os benefícios recíprocos, pois a energia da felicidade dos indivíduos estará em convergência com a RAZÃO DE SER da empresa. A pessoa atua como empreendedora da própria vida e progride, enquanto o negócio se torna mais eficiente e lucrativo. Isso é o contrário do que é imposto até hoje com a antiquada "decoreba" de Missão, Visão e Valores e as tentativas de gestão de mudança sendo feitas com a participação de poucos e sem o engajamento de ninguém.

O novo mundo corporativo 4.0 — com pessoas e tecnologias 4.0 —, possibilitado pelas práticas da FGEP, acaba de vez com esses processos de gestão da mudança e melhoria que não passam nunca

---

* O termo "intraempreendedor" (*intrapreneur*, em inglês) foi criado pelos especialistas norte-americanos Gifford e Elizabeth Pinchot, em um artigo escrito em 1978. Para saber mais sobre o assunto, acesse <www.pinchot.com/books/>. Ou, se preferir, entre em nossa plataforma interativa, onde publicamos esse conteúdo sobre intraempreendedorismo: <www.wavefg.com.br/notas/fg32>.

do estágio do "fogo de palha". A inércia e o círculo vicioso são rompidos, dando início à espiral infinita de benefícios do ciclo virtuoso. Essa é uma jornada definitiva. É que, depois de conviver e trabalhar em um ambiente próspero e estimulante, ninguém quer voltar atrás e abrir mão da possibilidade de continuar melhorando e progredindo. Bem o oposto: as pessoas querem continuar a COMPARTILHAR esse mundo MELHOR com os outros para torná-lo ainda MAIOR com empresas mais saudáveis e lucrativas, produtos e serviços de melhor qualidade e muito mais pessoas encantadas.

Portanto, depois de implementar a NCO com as práticas da FGEP, a organização consegue fechar as portas ao retrocesso. Acabou o "fogo de palha". Li outro dia uma frase que fortaleceu essa minha convicção: "Quando a mente de uma pessoa é expandida por uma nova ideia ou sensação, ela nunca mais retorna à sua antiga dimensão".* O que quero dizer com isso é que, quando uma pessoa experimenta viver e trabalhar agindo como um LNL, ela expande sua capacidade de resiliência, que serve de base para a elevação do patamar de consciência. Depois de conquistada essa RESILIÊNCIA EXPANSÍVEL, só existe progressão. Isto é, a evolução adaptativa e a mudança para melhor se estabelecem e não há mais espaço para a retomada dos modelos tradicionais e conservadores de gestão. Quando você sai da inércia e escolhe MUDAR, é o começo do ciclo do SEMPRE para MELHOR.

> Use o aplicativo leitor de QR Code do seu celular para ver antecipadamente sobre as demais práticas da FGEP, que serão apresentadas no próximo capítulo.
>
>

---

* Em vários sites, essa frase é atribuída a Albert Einstein, mas é de autoria de Oliver Wendell Holmes (1809-94). Foi publicada originalmente na revista *Atlantic Monthly*, porém acabou reunida a outros textos no livro *Autocrat of the Breakfast Table* (Rockville: Wildside Press Books, 2008).

4. O desafio do engajamento

COMO ATRAIR E ENCANTAR PESSOAS 4.0:
A ARTE DA CONVERGÊNCIA DE PROPÓSITOS

Já no século XIV, santo Inácio de Loyola, o fundador da Companhia de Jesus, fazia a avaliação de desempenho de seus jesuítas. Com um sistema de relatórios e notas, o potencial de cada integrante da ordem era acompanhado para identificar aqueles que seriam os mais competentes ao pregar o catolicismo pelo mundo.* A Companhia de Jesus investia na formação dos jesuítas e, claro, queria designar os melhores talentos para as missões de catequese mais desafiadoras. Três séculos depois, quando surgiram os primeiros empreendimentos em que os próprios donos não eram exclusivamente os gestores, nada mais lógico e natural que os investidores também buscassem como apreciar e questionar a atuação de seus administradores.** Mas foi só a partir da Segunda Guerra Mundial (1939-45) que começaram a surgir instrumentos formais e padronizados para mensurar o desempenho dos trabalhadores e dos gestores dos negócios.

---

* Esse e outros registros históricos sobre a evolução da Avaliação de Desempenho estão no livro de Idalberto Chiavenato, *Recursos humanos* (São Paulo: Atlas, 2002. p. 323).

** De acordo com Paul Frentrop em *A History of Corporate Governance: 1602-2002* (Bruxelas: Deminor, 2003, p. 84), a Companhia das Índias Orientais foi um dos primeiros empreendimentos com separação entre propriedade e gestão. Além disso, foi um dos pioneiros na divisão do capital em cotas iguais e transferíveis (ações).

De lá para cá, teoricamente, o objetivo dessas ferramentas tem sido sempre o mesmo: avaliar o atual desempenho para identificar o que precisa MELHORAR para aumentar a lucratividade do empreendimento hoje e no futuro. Mas, apesar de o objetivo se manter igual, do ponto de vista da abordagem, ao longo das últimas sete décadas, esses sistemas de avaliação passaram por mudanças profundas. O foco foi se deslocando da produtividade das máquinas para a eficiência das pessoas, e chegamos ao final da década de 1990 com o modelo de Avaliação de Desempenho (AD), que é aplicado até hoje (com pequenas variações) em grande parte das empresas em todo o mundo. Infelizmente!

Em meu segundo livro, *O fim do círculo vicioso*,[*] já tive a oportunidade de fazer algumas críticas a esse modelo de AD, que considero em tese muito bem-intencionado, mas bastante prejudicial na prática. Agora, como o foco de nossa conversa é a Filosofia de Gestão Estratégica de Pessoas (FGEP), vamos aprofundar essa análise, porque tenho verificado que o atual processo de AD acaba tendo uma enorme influência — negativa — sobre diversos aspectos da micro e da macro CO.[**] Embora tenha sido criado com o nobre objetivo de aprimorar e tornar mais justas as práticas de avaliação, remuneração e progressão na carreira dos colaboradores, hoje a aplicação da AD já não reflete o mundo em que vivemos. Há rótulos discriminatórios, curvas forçadas[***] e outras parcialidades inaceitáveis. Por isso, digo que a forma atual está muito deturpada.

Uma ou duas vezes por ano, de acordo com a política específica de cada empresa, depois de uma longa etapa de preenchimento de formulários individuais — de modo bastante padronizado e no pi-

---

[*]   (Re)Leia especialmente o capítulo 5, "Como melhorar e engajar pessoas – A arte de fazer querer", de *O fim do círculo vicioso* (São Paulo: Portfolio-Penguin, 2017, p. 155). Ou acesse um resumo desse trecho em: <www.wavefg.com.br/notas/fg34>.

[**]   Os conceitos de micro e macro CO já foram apresentados e detalhados no capítulo 1.

[***]   Com o apoio do RH, a curva forçada é o momento em que líderes aplicam um desvio padrão e definem quem está abaixo, acima ou na média do desempenho, fazendo um corte com muita subjetividade. Isso é tão desconfortável para todos que nem dá para culpar alguém. Estão apenas seguindo a prática vigente.

loto automático para não "perder" tanto tempo e não afetar outras entregas —, o "chefe" se reúne — obrigatoriamente — com cada pessoa de sua equipe para dar um feedback. Na linguagem dos colaboradores, na maioria das vezes, os dois "e" da palavra feedback são substituídos por um "o". Assim, a conversa obrigatória já começa tensa: de um lado, o colaborador muito preocupado; de outro, o líder, que quer apenas cumprir tabela para não ficar exposto com o RH se não seguir a definição corporativa. Em vez de ter interesse genuíno no desenvolvimento do outro, apontando o que precisa ser melhorado, em geral o "chefe" avalia no automático e, às vezes pior, sem nem perceber, coloca rótulos na testa das pessoas. "Ricardo é desmotivado"; "Luciana não tem visão estratégica"; "Armando não atingiu as metas do projeto X, ele nunca atinge suas metas"; ou "Marta é pouco reativa, lenta".

Esses rótulos só servem para nutrir preconceitos e discriminações. Muitas vezes, esses estigmas subjetivos são eternizados nos relatórios e acabam servindo de justificativa para travar ou até acabar com uma carreira. As ADs tradicionais geralmente são anuais, mas um rótulo pode durar muito mais que isso. Até décadas, e, em alguns casos, se tornam apelidos maldosos. Com toda certeza, isso só alimenta a microcultura do medo, pois não constrói relações de credibilidade e confiança entre o líder e seu time nem estimula o colaborador a ser protagonista de sua progressão de carreira. Por isso, no período em que acontece o processo de AD, em geral, todos ficam tensos e angustiados porque ali pode estar sendo criado o pretexto de um futuro NÃO — ou, mesmo que seja negado, de um futuro "Até breve! Você, não!".

Como na maioria das empresas, a AD serve de base para promoções e para a elegibilidade de aumentos por mérito e outros programas que derivam desse instrumento; ter uma avaliação parcial, subjetiva, alvo de uma curva forçada é, no mínimo, injusto. Mesmo que seja adotada a AD 360 graus, que é mais participativa, existem no modelo imperfeições graves que não conseguem evitar os personalismos. Por exemplo: para fazer as avaliações laterais da AD 360 graus, os "amigos" costumam escolher outros "amigos", e tudo vira um troca-troca, atendendo à conveniência dos interesses individuais. Na hora de fazer a avaliação do meu amigo, subo ao máximo as notas dele. Em troca, ele também faz isso por mim e, no final, nós dois conseguimos puxar para cima — pelo menos, um pouco — nosso resultado.

Inteligentemente, para tentar evitar essas distorções, são criados grupos de equalização para dar isenção ao processo em um fluxo de justiça e imparcialidade. Só que, em vez disso, esses grupos costumam incorporar advogados de defesa de seus preferidos e/ou promotores de acusação dos que são desconhecidos ou de quem, definitivamente, não gostam. Todos já conhecem o modelo e sabem que, em algum momento, vai ocorrer ainda o tal exercício da curva forçada que já mencionei. Por isso, é imprescindível já deixar tudo "meio cozido" antes. Sempre há exceções. Claro que existem pessoas comprometidas com o desenvolvimento do outro e que, com muita imparcialidade, conseguem fazer um instrumento de AD "funcionar". Mas a impedância imposta na prática pelo modelo tradicional de AD, mesmo nesses raros casos de coerência, ainda assim cobra custos exorbitantes para sua aplicação. São instrumentos sistêmicos caros, que exigem um investimento enorme de tempo dos líderes para executá-lo e do RH para tabular, planilhar e gerar relatórios, formar grupos de nivelamento e fazer várias reuniões de análises de curvas forçadas, gerir conflitos e legislar sobre múltiplos interesses — fora o paternalismo implícito no modelo — para pacificar o dia a dia, aplicando o remédio (errado) para as dores que mencionei antes.

De fato, acho que você já percebeu: não gosto de nada disso, nem do tempo exagerado que é gasto, nem do custo, mas, principalmente, não gosto dos rótulos e das parcialidades. Por exemplo, na curva forçada, do lado esquerdo do desvio padrão, costumam ficar os cerca de 5% com desempenho abaixo da média — e, por isso, tornam-se alvo. Na ponta oposta, ficam por volta de uns 5% de "iluminados", os colaboradores eleitos para ser capacitados e promovidos. Mas e os 90% restantes? Bom, todos esses ficam dentro da média. Por isso, passam a integrar o enorme contingente de pessoas "invisíveis",[*] que passam um ano inteiro amargando a neutralidade do mais do mesmo. Esses 90% tornam o feedback "fácil": "Olha, esse ano foi bom. Você está na média, nem ruim e nem bom, tá o.k.?". Triste é que muitos aceitam isso numa boa e ficam na inércia.

Como um todo, o processo da AD acaba virando um festival anual de pura politicagem, que depende de seu "chefe", da famigerada curva forçada e dos grupos ou comitês de nivelamento, onde, se você tiver bons advogados de defesa, vai conseguir entrar para o elenco dos "iluminados"; ou, se não estiver bem representado, será condenado a ficar estagnado na média. E, pior, se for mal relacionado com alguém, corre o sério risco de ficar abaixo da média, pendurado na parede para tiro ao alvo. Isso é o que fortalece o jogo de poder e da conivência. Afinal, tudo parece mais um jogo: aprenda a jogar ou corra o risco de sair do jogo. Sempre existem exceções, é claro, mas a esmagadora maioria vive o jogo, como se fizesse parte do elenco de *O jogador número 1*.[**] No filme, os personagens lutam todos os dias para encontrar o *easter egg*, que dará a quem achá-lo muito poder e muito, muito dinheiro. Não dá para não fazer uma relação direta com o que estamos falando, não é mesmo?

Lamentavelmente, como o resultado da AD é um dos fatores que vão definir o tamanho da remuneração variável (bônus) que cada pessoa vai receber e também as possibilidades de progressão de carreira, isso recoloca no pedestal a dimensão do TER (poder e dinheiro) em detrimento do SER (útil para o todo).[***] Portanto, o modelo tradicional de AD cultiva em larga escala rótulos discri-

---

[*] O perfil de atuação dos colaboradores "invisíveis" está no capítulo 2. Ali, também expliquei onde estão e como identificar as pessoas com potencial para atuar como LNLS.

[**] *O jogador número 1* é um filme dirigido por Steven Spielberg, lançado em 2018, que foi baseado no livro homônimo de Ernest Cline.

[***] Pela abordagem da FG para avançar no ciclo virtuoso e compartilhar de benefícios recíprocos, é fundamental buscar e manter o equilíbrio entre a dimensão do TER (efetividade) e a dimensão do SER (afetividade). (Re)Leia sobre isso na seção "Equilíbrio é a base de tudo", em *O fim do círculo vicioso* (São Paulo: Portfolio-Penguin, 2017, p. 142), ou acesse um resumo em: <www.wavefg.com.br/notas/fg35>.

minatórios, politicagem, inércia, frustrações, angústia; além disso, tem altos custos e requer o investimento de muito tempo de muita gente. É um processo longo, enfadonho e burocrático, como um "mutirão anual", que exige muito esforço e não traz nenhum benefício real — nem para o desenvolvimento das pessoas nem para a produtividade das organizações. Ao contrário. Nas empresas em que a aplicação da AD sofre dessas distorções (infelizmente, a maioria), nem parece que existe outra atividade fim. Parece mesmo é que os produtos, os serviços e os clientes ficam em segundo, terceiro planos... Enfim, jogo vicia.

A competência é diária e dinâmica

Há, porém, uma boa notícia: não sou uma voz solitária contra esse modelo de AD. Além de contar com aliados, como você, que QUER atuar como LNL, implementando as práticas da FGEP, mais pessoas estão mudando de mentalidade gradativamente no mundo corporativo. Felizmente, para MELHOR. Entre as maiores e mais conhecidas empresas, algumas já começam a desmontar o modelo tradicional de AD, algo que defendo desde 2011. Um exemplo disso é a Accenture. Em uma entrevista ao jornal *Washington Post*, o CEO da companhia, Pierre Nanterme, afirmou o seguinte:[*]

> Não temos certeza de que gastar todo esse tempo na gestão de desempenho esteja nos trazendo ótimos resultados. E, para a geração dos millennials, não é dessa maneira que eles querem ser reconhecidos, do jeito que desejam ser avaliados. Se você colocar essa nova geração dentro da

---

[*] A entrevista completa de Pierre Nanterme, CEO da Accenture, para o *Washington Post* está disponível em: <www.washingtonpost.com/news/on-leadership/wp/2015/07/23/accenture-ceo-explains-the-reasons-why-hes-overhauling-performance-reviews/?utm_term=.e13c27d542d0>. Acesso em: 3 set. 2019. Segundo essa publicação, a Accenture é uma gigante global com cerca de 330 mil colaboradores, atuando em 120 países e em dezenove diferentes setores da economia. Ou, se preferir, você pode acessar nossa plataforma interativa: <www.wavefg.com.br/notas/fg36>.

caixa da gestão de desempenho a que estamos acostumados nos últimos trinta anos, vamos perdê-los. Acabamos com a famosa avaliação anual, em que uma vez por ano compartilho com você o que penso a seu respeito. Isso não faz mais nenhum sentido. [...] Minha geração — quando comecei há 32 anos — era tediosa e simplista. Você buscava um bom emprego. Fazia seu melhor, era reconhecido, trabalhava duro e seguia em frente satisfeito. Isso acabou. Essa geração [dos millennials] está pronta para trabalhar duro, mas, ao mesmo tempo, quer ter a autoridade e a capacidade de organizar o próprio trabalho. É uma geração muito interessante. São mais focados no futuro. E são extremamente inovadores.

Pela minha experiência, o único ponto positivo do atual padrão de AD é o objetivo, o que se mantém desde os tempos de santo Inácio de Loyola: discutir a performance para colocar a pessoa diante de novos desafios que a tirem da inércia e a levem pelas TRILHAS do desenvolvimento, criando um ambiente de prosperidade que é benéfico para tudo e todos. Mas, como já vimos, o "mutirão anual" de AD fica bem longe de atingir esse resultado. Por isso, a proposta da FGEP é substituí-lo pelo Diário de Competências (DC). Já conversei sobre isso com você no livro *O fim do círculo vicioso*.* Lá, indico por que e como é possível estruturar uma solução específica de AD para sua vida, sua área e/ou para a organização como um todo. Então, para não correr o risco de me repetir e apresentar a você mais do mesmo, vou falar especificamente dos efeitos positivos dessa prática sobre as dimensões micro e macro da CO.

Partindo do mesmo objetivo construtivo, que é discutir o desempenho da outra pessoa para indicar os pontos de melhoria, o DC integra os interesses da empresa e do colaborador (convergência de propósitos) e traça a TRILHA do desenvolvimento de cada pessoa. Por geralmente ser uma ferramenta on-line e sempre dinâmica, possibilita registros imediatos e diários de cada evento, sentimento,

---

* Há uma seção dedicada ao "Diário de Competências" em *O fim do círculo vicioso* (São Paulo: Portfolio-Penguin, 2017, pp. 164-8). Você pode acessar esse trecho resumido em: <www.wavefg.com.br/notas/fg37>.

movimento ou inspiração das pessoas. Por isso, o DC aprimora — e muito — o relacionamento do LNL com seu time (microcultura). O líder não precisa mais ficar acumulando informações no caderninho ou em planilhas para uma ou duas vezes por ano despejar tudo na cabeça dos outros, provocando uma avalanche de desânimo e frustração. A melhor característica do DC é, justamente, que as oportunidades de dar feedback passam a ser diárias. A abertura ao diálogo é total e, além de 360 graus, as avaliações são em 4D: por exemplo, a pessoa se autoavalia e é avaliada por seu líder, por um líder de outra área e também por outras pessoas com quem se relaciona na empresa. Não há um direcionamento de quem dialoga ou avalia e como. Com interesse genuíno, todos têm acesso e fazem avaliações enquanto o prato ainda está quente, inclusive públicos externos de interesse, como clientes e fornecedores acionistas ou reguladores. Enfim, o processo é multidimensional, e qualquer pessoa pode agregar valor a você quando quiser. Bastam uns cliques, como se fosse uma breve interação em uma rede social.

Os pesos e as relevâncias são previamente parametrizados pelo RH Estratégico, que foca sempre o desenvolvimento otimizado do todo para todos. Cada um desses registros no DC tem, portanto, pesos ponderados, mas o mais importante é que a ferramenta é capaz de detectar vieses de parcialidade nessas interações. Por exemplo: caso um "amigo" faça o jogo político de conivência, elogiando muito frequentemente outro "amigo", um algoritmo mapeia a informação. E, na sequência, sugere a redução do peso desses registros, que não condizem com a imparcialidade necessária ao processo. Os vieses mais flagrantes podem chegar a ter peso zero. Dessa forma, o DC ajuda a neutralizar a politicagem e traz um benefício inegável para a macrocultura, melhorando muito até o clima organizacional, graças às suas bases fundamentadas na IMPARCIALIDADE. Da média ponderada dessas avaliações imparciais, resulta a curva natural de desempenho de cada colaborador, que é representada por um gráfico com atualização diária, como mostra a Figura 4.1.

A qualquer momento, cada pessoa tem acesso à fotografia do próprio desempenho e pode acompanhar, junto com seu líder e com seu tutor,* a performance diária e as médias semanal, mensal, trimestral, semestral, anual. Então, se hoje você não foi bem-sucedido em uma atividade ou não atingiu a meta definida com seu líder em um projeto, isso não significa que passará os próximos doze meses rotulado como incompetente. Já no dia seguinte, podem ser lançados novos registros que voltem a elevar a curva de desempenho de seu gráfico no DC. Vamos supor que alguém do time esteja atravessando um momento delicado na vida, como a perda de uma pessoa querida. É claro que, durante um período, isso pode influenciar negativamente o desempenho dele. Só que o LNL tem essa informação e a registra no DC. Não é para dar um alívio ou um desconto na hora do feedback, não. Esse diálogo é sempre franco, objetivo e verdadeiro, e tem como único propósito os passos necessários para o outro progredir na carreira e vencer as dificuldades da vida. O LNL sabe também oferecer uma dose extra de estímulo para quem enfrenta eventualmente uma fase mais difícil.

Nesse acompanhamento diário de performance, pode ser também que a curva de desenvolvimento de alguém encoste no limite inferior (Figura 4.1). Pelo modelo tradicional de AD, esse colaborador já se tornaria candidato a uma futura demissão — mesmo que todos digam que a AD não serve para isso, sejamos sinceros, uma performance pobre gera consequências sim. Com a aplicação do DC, é o oposto. Quando isso acontece, o LNL dialoga com a pessoa e juntos definem um plano de reciclagem ou auxílio imediato. Ou seja, a bola de neve não cresce. É dado suporte em casos pessoais (desde alcoolismo e outros vícios até auxílio psicológico) e profissionais, com formação e reforço técnico e desenvolvimento comportamental. Enfim, são feitos esforços específicos com o apoio do LNL e do RH. Com os subsídios oferecidos pelo DC, ninguém fica invisível e estagnado, pois a FGEP parte do princípio de que toda pessoa tem potencial para prosperar e até atuar como LNL. É o fim daquele enorme desperdício de talentos causado pelos rótulos; e também acaba com os custos exorbitantes e com uma montanha

---

* No capítulo 3, nós já falamos sobre a prática de Tutoria Cruzada proposta pela FGEP.

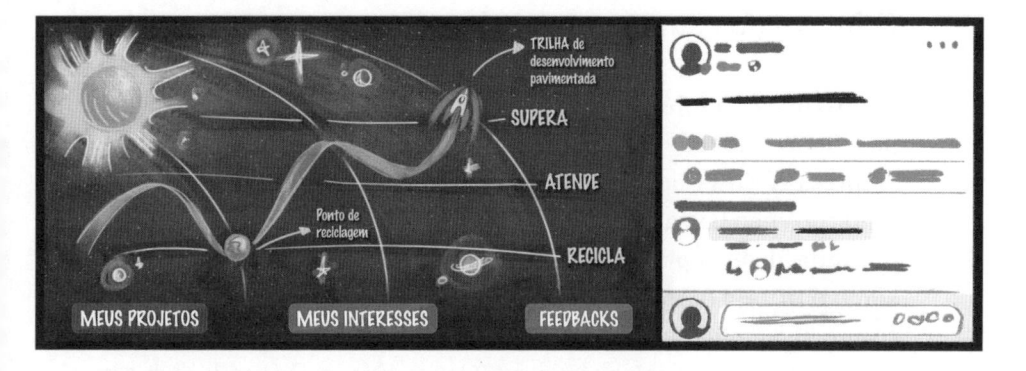

Figura 4.1. O Diário de Competências oferece uma fotografia diária do
desempenho de cada pessoa.

de tempo gasto por muita gente, basicamente para deteriorar as
bases mais nobres da CO.

Além do diálogo diário e com interesse amplo e genuíno, a comunicação entre o líder e as pessoas se torna quente, fluente, frequente e transparente, e assim vai sendo tecida a rede interna de
relações interpessoais de proximidade, credibilidade e confiança,
sem discriminações e com total imparcialidade. Com o coração
batendo forte e respirando mais aliviado, cada um avança bem
feliz da vida pela TRILHA das competências requeridas para seu
futuro NA empresa. E, principalmente, pode assumir o protagonismo na progressão de sua carreira, pois sabe clara e objetivamente quais são os requisitos para avançar na realização de seus
interesses, que são convergentes com os do empreendimento. O
DC é mais uma prática útil e inclusiva que a empresa pode OFE-
RECER para estimular o intraempreendedorismo, pavimentando
a TRILHA de desenvolvimento de cada pessoa e ampliando seus
resultados de forma natural e orgânica. É assim que o futuro brota
mais forte, a sucessão nasce e cresce sem vieses e oferece ondas
infinitas de talentos para hoje e amanhã.

O futuro do clima organizacional

Tudo o que falo sobre AD e agora sobre DC está diretamente relacionado à CO e se reflete no Clima Organizacional. Entretanto, para a empresa evoluir e adequar sua CO aos novos cenários em constante mutação, não basta aprimorar o processo de avaliação do desempenho individual, implementando uma ferramenta dinâmica e interativa como o DC. Há outras quatro dimensões que também precisam ser sistematicamente avaliadas — e aprimoradas: 1. o grau de engajamento do conjunto dos colaboradores; 2. a qualidade das práticas que a organização aplica para incentivar esse engajamento; 3. os CVS desse processo; e 4. a boa governança desse fluxo todo, o que chamo de GOVERNANÇA DA FORMA e vou abordar em profundidade no capítulo 5.

Esses fatores são fundamentais, porque não há projeto nota dez que chegue aos resultados esperados se o engajamento do conjunto de colaboradores for baixo. Segundo o professor Ludo van der Heyden, que conheci quando fiz minha especialização no Insead,[*] o grau de engajamento das pessoas é o fator determinante do sucesso — ou do insucesso — do planejamento estratégico das organizações e de iniciativas simples do dia a dia.[**] Atenta à relevância dessa questão, grande parte das empresas costuma avaliar especialmente as duas primeiras dimensões, fazendo todo ano uma Pesquisa de Clima Organizacional (PCO). Com essa excelente iniciativa, a organização consegue mapear em profundidade as práticas corporativas de A a Z, das mais básicas às mais sofisticadas, e pode identificar os pontos mais sensíveis, que necessitam de um plano de ação para implementar melhorias prio-

---

[*] Uma das mais reconhecidas escolas de administração no mundo, fundada na França e hoje com outros campi também na Ásia.

[**] Van der Heyden tem uma forma muito simples para comprovar isso. Para estimar a probabilidade de sucesso, ele atribui uma nota à qualidade do projeto e outra ao nível de engajamento das pessoas e, em seguida, multiplica uma pela outra. O resultado é a probabilidade percentual de o projeto ser bem-sucedido, como já mostrei em *O fim do círculo vicioso* (São Paulo: Portfolio-Penguin, 2017, p. 175). Projeto nota 10 × engajamento nota 3 = 30%; em compensação, se o projeto for nota 7 e o engajamento 9, a probabilidade de sucesso sobe para 63%. Você pode acessar esse trecho em: <www.wavefg.com.br/notas/fg38>.

ritárias. Não há dúvida de que essa fotografia anual é realmente um instrumento útil e poderoso para dinamizar e revigorar a CO.

Só que, paralelamente a isso, a PCO tem também o objetivo de mensurar o grau de engajamento dos colaboradores. É aqui, justamente, que temos uma ótima oportunidade de aprimoramento. Pelo modelo tradicionalmente aplicado até agora, uma vez por ano, as pessoas recebem um questionário padronizado e devem respondê-lo espontaneamente dentro de um prazo determinado — seja em papel (mais raro hoje em dia), seja eletronicamente. O problema é que as respostas podem acabar sendo influenciadas — positiva ou negativamente — por uma série de variáveis externas e momentâneas. Por exemplo, vamos imaginar o seguinte contexto hipotético: o país passa por mais uma crise econômica; são revelados sucessivos escândalos de corrupção política; e começam a pipocar greves em vários setores, como o dos transportes. Vivendo dia a dia nesse ambiente crítico, desmotivador e pessimista, é natural que as pessoas se deixem influenciar negativamente — pelo menos, um pouco. Então, na hora de responder à Pesquisa de Clima Organizacional, a avaliação das práticas corporativas e do próprio engajamento também tenderá a ser mais pessimista. Não se pode perder de vista o fato de que a inércia e o círculo vicioso são altamente transmissíveis, piores que vírus. São esses vieses pontuais, mas incontornáveis, do próprio modelo que podem distorcer a fotografia anual tirada pela PCO e reduzir sua utilidade para o ciclo de aprimoramento da CO.

Esse modelo de Pesquisa de Clima Organizacional "é o que temos para hoje".[*] Mas, como tenho certeza absoluta de que até o que já está muito bom pode ficar ainda MELHOR, faria toda a diferença se essa fotografia anual evoluísse para se tornar um filme de longa-metragem. Como é realizada agora, a PCO não possibilita a compreensão mais analítica dos vieses e das causas mais profundas da falta de engajamento dos colaboradores. Esse diagnóstico, porém, seria muito mais preciso se a pesquisa, em vez de ser um questionário anual, fosse feita de forma sistemática e recorrente durante as in-

---

[*] Referência à música "Cê que sabe", de Cristiano Araújo.

terações diárias dos colaboradores, vivenciando as práticas corporativas, convivendo com os colegas e na interface com os clientes. Isto é, além de o desempenho de cada colaborador ser acompanhado continuamente no DC, a avaliação das práticas da empresa e a mensuração do grau de engajamento também passariam a ocorrer natural e diariamente. Em meio à massa enorme de informações (big data)* gerada por esse sistema 24 horas on-line, um algoritmo inteligente permitirá dar uma "pausa" no longa-metragem, possibilitando a seleção e a análise em profundidade dos indicadores que sejam mais relevantes para cada empresa ou pessoa.

Com base nesse diagnóstico muito mais preciso, seria viável também criar soluções mais específicas para cada área ou indivíduo. Costumo brincar que, quando um dos filhos fica com dor de barriga, ninguém dá o mesmo remédio para todas as crianças da casa. Então, nas questões relacionadas à cultura e ao engajamento organizacionais, é igual: as ações e as soluções não deveriam ser genéricas e inespecíficas. Quando é diagnosticado um ponto sensível na área de finanças, por exemplo, o remédio — ou a vitamina — não pode ser o mesmo aplicado na área de vendas. Da mesma forma, o que me faz feliz pode não fazer você feliz. Hoje em dia, tudo é mais versátil, dinâmico, específico e personalizado, pois ninguém gosta de ser tratado em manadas, áreas, grupos. Somos diferentes como seres humanos, e cada um tem seus próprios sonhos, vontades e opções. Por isso, seja na empresa ou na vida, mais do que respeitado, isso precisa sempre ser considerado. Além de mais precisão no diagnóstico e da adoção mais ágil de ações mais específicas, esse novo formato de Pesquisa de Clima Organizacional ainda seria capaz de contornar os vieses negativos momentâneos, que descrevi anteriormente. Claro, essa proposta da FGEP não está na prateleira e também não pode virar um padrãozinho único, mas num futuro

---

* Big data é o conjunto de dados em grande volume e/ou com alta complexidade, armazenado a partir de cinco Vs: velocidade, volume, variedade, veracidade e valor, que podem ser analisados para melhorar o processo decisório e definir novas ações estratégicas.

breve será comum vê-la aplicada em todos os empreendimentos. Como dizia Einstein: "O futuro chega bem depressa".[*] Como não gosto de apontar oportunidades e deixar a temperatura morna, já procurei os maiores especialistas no assunto para aprender mais e, quem sabe, gerar o que poderíamos chamar de PCO 4.0.

Progressão de carreira sustentável

Quando a organização implementa ferramentas de avaliação inovadoras, imparciais e mais aderentes ao mundo atual, a consequência natural é fazer também a evolução adaptativa das outras diversas políticas corporativas. Deve haver persistência na coerência: se já consegue AVALIAR melhor, também será preciso, por exemplo, REMUNERAR as pessoas de forma mais aderente à FGEP. Na maioria das empresas, o modelo de remuneração ainda está preso à concepção ultrapassada do homem econômico,[**] privilegiando apenas a compensação financeira. Esse conceito, tão elogiado nas décadas passadas, já começa a sentir impactos graves, pois resulta no engajamento do tipo "fogo de palha", porque não há convergência de interesses entre o propósito das pessoas e a RAZÃO DE SER do negócio. É tão incrível quanto lamentável que empreendedores ainda pensem com a cabeça do tal homem econômico. Mas já há também alguns megaempresários mundiais vindo a público em redes sociais e jornais para falar da importância de contar com pessoas felizes contribuindo em seus negócios. Fica até estranho ouvir aqueles dinossauros assustados falando de gente, mas nunca é tarde para mudar.

No elenco de práticas que estamos atualizando na FGEP, as ligadas à remuneração são as mais polêmicas, pois buscam equilibrar

---

[*]   O físico alemão Albert Einstein (1879-1955), que desenvolveu a teoria da relatividade, em frase compilada em *The Ultimate Quotable Einstein*, de Alice Calaprice (2010).

[**]   Teorias econômicas do século XIX e início do XX criaram o conceito *Homo economicus*, uma idealização que supõe que o ser humano é racional o tempo todo e busca proativamente se informar para tomar as melhores decisões e atingir seus objetivos, entre eles a riqueza.

as dimensões do TER (efetividade) e do SER (afetividade),* considerando que TER um salário maior não é mais importante do que avançar no ciclo virtuoso para ser uma pessoa melhor, mais útil. Quando abordo esse conceito, porém, costuma surgir a primeira questão: afinal, o que quer dizer REMUNERAR MELHOR? É DAR um salário mais alto do que a média do mercado ou OFERECER condições para que cada pessoa assuma o protagonismo de seu próprio desenvolvimento e realmente progrida na carreira, conquistando um salário maior de maneira sustentável? Em geral, as respostas ficam bem divididas. Há quem admita abertamente que quer apenas TER mais dinheiro. Outros querem tudo: salário acima da média e oportunidades para continuar a crescer e ganhar mais ainda. Talvez esse seja o sonho secreto de todos nós, mas, do ponto de vista do negócio, se for aplicada, essa política de remuneração não se sustenta por muito tempo. Mas existem também pessoas que, com um patamar mais elevado de consciência, já conseguem lançar um novo OLHAR sobre essa questão da remuneração, buscando o equilíbrio entre as dimensões do TER e do SER. Compreendem o valor real de um ecossistema próspero para todos e fazem a escolha de QUERER SER parte disso. É exatamente com essas pessoas, que chamamos de 4.0, que queremos trabalhar. Todas as práticas da FGEP têm o objetivo de atraí-las e encantá-las, pois elas serão os LNLS, que, por sua vez, consolidarão no dia a dia a NCO.

Especificamente na política de remuneração fixa, nosso ponto de partida deve continuar a ser uma pesquisa muito bem-feita, utilizando uma amostra consistente qualitativa e quantitativamente para garantir que o resultado seja efetivo e aderente. É ótimo contar com uma base validada de dados médios para estruturar as faixas salariais. Só que, em vez de remunerar pela média ou acima da média, a régua da FGEP propõe o pagamento de salários iniciais em 80% da

---

* Em *O fim do círculo vicioso* (São Paulo: Portfolio-Penguin, 2017, p. 142), (re)leia a seção "Equilíbrio é a base de tudo", no capítulo 4, que detalha a importância de manter o equilíbrio entre as dimensões do SER (afetividade) e do TER (efetividade) para continuar avançando na espiral infinita de benefícios recíprocos do ciclo virtuoso. Você pode acessar esse trecho em: <www.wavefg.com.br/notas/fg39>.

mediana* do mercado. Essa é a contrapartida pelo fato de a empresa conseguir OFERECER a todas as pessoas um ambiente próspero e propício à progressão sustentável na carreira. Esses 20% abaixo são o que chamo de "preço do desenvolvimento", é como pagar uma escola. Há um ponto aqui, porém, que merece nossa atenção: como as práticas da FGEP são acessíveis e estão disponíveis, pois eu as descrevo abertamente neste livro, não há "preço" a ser pago — além, claro, do grandioso esforço estratégico de mudar para MELHOR a CO da empresa. Então, por que alguém deveria receber 20% abaixo da mediana do valor dos salários de mercado? Vamos analisar juntos o resultado dessa prática de remuneração fixa, porque há benefícios recíprocos, ajudando a viabilizar a sustentabilidade tanto da carreira dos colaboradores quanto dos negócios.

Quando apliquei pela primeira vez esse critério dos 80% da mediana, de fato, houve talentos incríveis que não quiseram vir trabalhar conosco para ganhar 20% a menos de salário, quando comparado com a mediana de mercado para a função (100% da mediana). Por outro lado, como nossa reputação já era de uma empresa FACILITADORA da progressão de carreiras, nosso poder de atração ficou cada vez maior. Sempre que era aberto um processo de seleção, havia uma multidão de talentos incríveis que queria muito fazer parte daquele ecossistema inovador e desafiador. Por causa disso, foi preciso mudar para melhor também nosso processo seletivo. Em vez de fazer entrevistas apenas por competências, um dos CVs da seleção imparcial passou a ser também a boa índole.** Ou seja, identificar as Pessoas

---

* Faz tanto tempo que estudamos estatística que, de vez em quando, é bom relembrar alguns conceitos. Mediana é o valor que fica exatamente no centro da distribuição de uma amostra. Por exemplo: em uma prova em que sete alunos tiveram notas 3, 4, 5, 5, 7, 8 e 9, a mediana é 5. No mesmo exemplo, a média simples dos sete alunos seria 5,8. A média é afetada pelos valores extremos registrados na amostra, o que não acontece com a mediana. Se as notas dos sete alunos na prova fossem 0, 0, 1, 5, 6, 9 e 10, a média seria 4,4, mas a mediana continuaria a ser 5.

** As competências técnicas podem ser treinadas sem custos com iniciativas internas como o Projeto Educadores, mas a boa índole, como costumo dizer, é um diferencial competitivo. Para saber mais sobre a seleção focada na boa índole, (re)leia a seção entre as páginas 103 e 107 do livro *O fim do círculo vicioso* (São Paulo: Portfolio-Penguin, 2017) ou acesse um resumo em: <www.wavefg.com.br/notas/fg40>.

4.0 que estão dispostas a SER OS LNLS. O objetivo delas não é TER, apenas e imediatamente, o maior salário. É, sim, poder ACREDITAR que existe uma TRILHA de progressão a seguir. E isso, com certeza, as práticas da FGEP oferecem a todas as pessoas — sem exceção.

Como afirmei antes, o salário inicial em um cargo é 80% da mediana do mercado e — por mérito — esse valor pode chegar a 120%. Parece até uma "cenoura" para motivar as pessoas, mas não é bem assim. Já no processo de seleção, com toda transparência e objetividade, o candidato é informado de que, ocupando o mesmo cargo, pouquíssimas pessoas conseguem chegar ao patamar salarial de 120%. Na verdade, os aumentos por mérito são bem raros e quase exclusivos dos colaboradores que fazem entregas incríveis e — por decisão própria — escolhem não seguir em frente na carreira, buscando preencher os pré-requisitos para conquistar uma promoção de cargo. Por seu ótimo desempenho, pode fazer jus a méritos, mas a pessoa vai estacionar quando bater no teto de 120% da mediana do mercado. Enfim, é opção de cada um e deve ser respeitada. Mas, se você quiser desenvolvimento sustentável na carreira, fuja dos aumentos por mérito. Para ficar bem claro o que estou querendo explicar, vamos analisar o mesmo exemplo em duas situações diferentes: de início, em uma empresa que adota o modelo tradicional de gestão e, em seguida, em outra que já implementou a NCO, baseada na FGEP.

Primeiro, suponha que José acabou de ser contratado como assistente e vai receber mil reais por mês, o que representa 100% da mediana do mercado. Como ele é bem motivado, dedicado e competente, ao final do primeiro ano, seu "chefe" decide que ele merece um aumento por mérito. José tem de fato um desempenho muito bom e, por isso, com a melhor das intenções, o gestor continuou a lhe dar periodicamente aumentos salariais por mérito. Ao longo de quatro anos, José passou a ganhar 1440 reais por mês e, aparentemente, ficou todo satisfeito, porque conquistou a "cenoura". Agora ganha 44% mais e acima da média do mercado, que, nesse caso, pelas pesquisas anuais, chegou a 1200 reais para o cargo de José. Portanto, ele acha que está sendo MAIS BEM REMUNERADO. Grande equívoco, não é? Com seu novo salário, José chegou ao teto de 120%

e, de acordo com a política tradicional de remuneração comum na maioria das empresas, ficou bem aparente na lista de remuneração, ocupando o topo da tabela salarial para seu cargo. Na primeira crise, se a empresa precisar reduzir o custo da folha de pagamento, o critério tradicionalmente adotado é: começar o corte pelas "moscas brancas", as pessoas que estão acima da média de sua faixa salarial. É que o corte de duas pessoas mais caras seria o equivalente ao corte de três ou mais pessoas de custo menor na folha de pagamento.

Por mais que seja competente e consiga se safar em um período de crise, José continuará a ser um dos fortes candidatos à demissão — com boa frequência e alta probabilidade, pois as crises e o estresse econômico sempre provocam esse tipo de "caçada". É irreversível e não é nada confortável viver assim. Este é o tiro no pé: ficar estagnado no cargo e receber aumentos por mérito para fazer muito bem todos os dias mais do mesmo. Há muitas razões que podem levar alguém a fazer essa escolha. Já contei em meu primeiro livro o exemplo do meu pai, que chamo de "engenheiro sem diploma": ele preferiu parar de estudar para poder oferecer essa dádiva a mim e a minha irmã. É uma decisão que precisa ser respeitada, mas também não há dúvida de que os caminhos da progressão na carreira ficam mais estreitos e difíceis. Há pessoas que escolhem parar de estudar e precarizam suas possibilidades de conquistar um emprego propriamente dito. Outras vivem no fio da navalha: por suas qualidades técnicas e operacionais, conseguem entrar nesse mundo do mérito, que também oferece altos riscos. Por isso, estude mais, aprenda tudo o que puder, evolua sempre, faça cursos de línguas, esteja SEMPRE aberto para conhecer e praticar novas técnicas e comportamentos. Torne-se elegível à progressão, mesmo quando os critérios não forem assim tão viabilizadores de seu desenvolvimento.

Dar aumento de mérito dessa forma, portanto, pode ser apenas valorizar o conformismo, a inércia e o círculo vicioso — e, por princípio, a FGEP é totalmente contrária a isso. O melhor mérito não é pago em dinheiro. É o reconhecimento e a valorização que geram desenvolvimento, aditivando, inclusive, a autoestima das pessoas. Justamente por essa razão, nas práticas de remuneração da FGEP, o colaborador só recebe aumento por mérito se conseguir andar sobre a água. É mesmo uma grande exceção! Pode acontecer, mas é bem pouco provável, porque o principal objetivo é estimular a progressão na vida e na carreira de modo sustentável. Em um empreendimento com práticas mais inovadoras, José faria uma jornada de desenvolvimento bem diferente. Tenho certeza disso, porque vi acontecer. Com proximidade, credibilidade e confiança e com base na dinâmica do DC, o LNL (nesse caso, eu mesmo) do time em que José era assistente teve com ele o seguinte diálogo:

"Zé, você sabe que é o menor salário de nossa área? Você tem méritos, é dedicado, competente no que faz, o que acha de ganhar mais?"

"Eu ia achar o máximo..."

"Mas você já conhece nossos Critérios Viabilizadores da progressão de carreira. Eu sei que você merece, mas não vou lhe dar aumento de mérito. Se fizer isso, você vai bater no teto da sua faixa salarial e estatisticamente vai virar 'mosca branca'. Para conquistar um salário melhor, minha sugestão é que você volte a estudar..."

De início, José chegou a ficar bravo comigo. Pediu inúmeras vezes que eu o deixasse em paz. Topava ficar com o que já ganhava:

"Márcio, não quero mais receber aumento de mérito. Está tudo certo. Sei que vou receber os reajustes pela inflação do período. Já está de bom tamanho. Trabalho numa 'firma' boa, a assistência médica é boa, o vale-refeição é top. Então, para mim, está bom assim, Márcio."

Mas insisti, porque a progressão na carreira faz muito mais sentido do que o valor inicial do salário. Existe uma NOVA TRILHA pela qual todos podem trafegar para se desenvolver. Em minhas conversas com Zé, porém, constatei que a família dele vivia uma realidade muito simples. Então, apesar de muito talentoso, ele precisava mesmo era sair da inércia e ACREDITAR mais em si próprio. Por isso, dei mais um empurrãozinho:

"Zé, se não voltar a estudar, vou acabar mandando você embora..."

Aí, a conversa esquentou e ele tirou da manga uma alegação bem tradicional:

"Não tem jeito, não consigo pagar. Não dá para encaixar a faculdade no meu orçamento. Tenho três filhos e já estou com 44 anos."

Quando alguém tem interesse genuíno pela outra pessoa, não desiste. Como resposta, argumentei o seguinte:

"Então, você tem que ser rápido. Vai ter que estudar e se dedicar muito para tirar uma ótima nota no Enem e conseguir cursar uma faculdade gratuita. Cancela já todos os seus compromissos menos importantes de fim de semana pelos próximos meses e pede ajuda dos seus filhos e da esposa. Esse é um projeto familiar."

Fiquei com pena? NÃO! Se alguém tivesse feito isso por meu pai, hoje é bem provável que ele tivesse conseguido ser o engenheiro que sempre sonhou — com diploma. Sete meses depois dessa conversa, o Zé me disse no corredor:

"CONSEGUIMOS! Passei!"

Sentindo uma enorme satisfação, respondi:

"Que orgulho de você e da sua família, Zé! Vocês saíram juntos da inércia e mudaram de patamar. A propósito, quando começarem as aulas, me avisa. Você cumpriu o critério para receber sua primeira promoção. Seu salário vai aumentar, e isso não vai ser um tiro no pé! Como universitário, mesmo iniciante, já consigo lhe dar um aumento porque isso viabiliza uma promoção. E, como seu talento é enorme, vai ser o melhor no processo de Recrutamento Interno e levar essa!"

Dito e feito! Tive mais de vinte conversas com José, mas fiquei bem feliz porque com interesse genuíno consegui ser bem-sucedido na arte de fazer o outro também QUERER mudar para MELHOR. Ele voltou a estudar, passou a ser aluno de uma faculdade de administração de empresas. Em quatro anos, estava formado. Empoderado com sua autonomia e protagonismo, nesse mesmo período, progrediu bastante na carreira. Foi de assistente para analista júnior. Formou-se e logo já era pleno e, em seguida, sênior; seu salário também evoluiu de mil para 6500 reais fixos por mês. É muito mais do que ele ganharia conquistando a "cenoura" dos aumentos de mérito e, o melhor, de forma sustentável. Com o suporte do conjunto de práticas da FGEP, as pessoas saem da inércia e se colocam em movimento porque QUEREM, porque contam com alguém que FACILITA o processo e ajuda por interesse genuíno. Por opção, voltam a estudar, buscam mais conhecimento e avançam para ocupar novas posições em carreiras verticais ou diagonais.

Além disso, mesmo com o salário muito mais alto do que antes, José não virou "mosca branca", porque não estava no teto da faixa, estava apenas com 80%. Ele é realmente fera. Depois de formado, preparou-se para avançar na carreira diagonal e se candidatou pelo Recrutamento Interno a uma posição de gerente em outra área. É bom sonhar, mas é ótimo realizar. É assim que funciona a progressão de carreira sustentável: em vez de receber mais por mérito, a Pessoa 4.0 conquista seu próprio desenvolvimento. Na empresa em que aconteceu essa história, todo ano em média cerca de 30% do quadro de colaboradores conseguia uma promoção. Houve um ano em que esse indicador chegou a 50%. E, claro, o engajamento era alto e o turnover, bem abaixo da média do setor, puxando para cima a taxa de produtividade. Como consequência, o crescimento do negócio era exponencial. Na política de salários fixos em aderência à FGEP, isso é o que quer dizer REMUNERAR MELHOR.

Variável não é fixo disfarçado

Já quando se trata da remuneração variável, pode parecer inacreditável, mas ainda hoje existem empresas que preferem não adotá-la. Com certeza, esse é outro jeito bem arcaico de desperdiçar talentos e dinamitar o engajamento. Sem a possibilidade de receber o variável, o colaborador é condenado a longos períodos de estagnação ou aos insustentáveis avanços por mérito no padrão de "algemas de ouro". E o que é pior, a companhia deixa de aproveitar toda a potencialidade da contribuição que cada um pode oferecer ao negócio — simplesmente por não poder PARTICIPAR dele. Na visão da FGEP, o salário fixo é apenas uma plataforma sobre a qual a pessoa pode estruturar as despesas de seu dia a dia. O variável, por sua vez, é uma forma de a organização COMPARTILHAR o valor agregado pelo colaborador ao resultado dos negócios.

Quando o desempenho da pessoa vai além do que está na descrição de cargo, ela recebe o bônus e/ou a Participação nos Lucros e Resultados (PLR), proporcional a seu esforço extraordinário. E, certamente, a empresa também se beneficia com essa performance diferenciada. Para se ter ideia, uma política estruturada de PLR, incluindo todos os colaboradores, pode ter incentivo oferecido pelo governo para o não recolhimento proporcional de Imposto sobre a Renda. Existem, portanto, bons motivos mútuos para adotar a remuneração variável e, por isso, é crescente o número de companhias — de todos os portes — que está aderindo a essa iniciativa como uma das práticas para estimular o desempenho e o engajamento dos colaboradores à plena participação.

Mais uma vez, entretanto, apesar de a intenção ser muito positiva, o modelo adotado até agora para o variável também tem seus efeitos nocivos. Em geral, as regras são rígidas, padronizadas e engessadas demais, gerando anomalias. Sem dúvida, entendo que essas regras existem para "tentar" evitar personalismos e eventuais distorções. Mas na prática não é o que acontece. O que costuma ocorrer são equívocos de parte a parte — tanto da empresa quanto dos colaboradores. Frequentemente, por exemplo, as organizações tentam prefixar o valor do variável, o que acaba por transformá-lo quase em um salário fixo. Mas não era para ser variável? E variar IMPARCIALMENTE na proporção do valor agregado aos resultados do negócio? Essa contradição fica flagrante, e os colaboradores deixam de ACREDITAR nos critérios da política de remuneração variável. Para que eu me esforçaria mais? Por que seria mais eficiente? Por que ter alto desempenho se, no fim, o tal "variável" é quase igual para todo mundo?

Essa descrença acaba levando também a outro equívoco. Para muitos colaboradores, o variável passa a ser visto como algo obrigatório. Mesmo que o negócio não atinja os objetivos definidos racionalmente no início do exercício, o "variável disfarçado de fixo" TEM QUE ser pago. Pior é que muita gente passa a considerar a entrada desse valor como líquida e certa, e gasta por antecipação. É um erro grave e recorrente. A pessoa se expõe a dívidas e, quando o variável não vem ou acaba sendo menor do que o esperado, começam as lamentações intermináveis. E, certamente, alguém endividado porque, na visão dele próprio, "a organização não cumpriu sua OBRIGAÇÃO de pagar o variável", não se sentirá profundamente engajado, nem produtivo e muito menos eficiente. E aos poucos o que era para ser um estímulo à motivação vira outro tiro no pé.

No que se refere à remuneração variável, talvez o mais importante seja implementar um programa na empresa que ainda não oferece esse tipo de participação aos colaboradores, mas especialmente garantir que a política nova ou a já existente seja baseada em algumas premissas da FGEP. Primeira: desde que pautada por critérios claros, inclusivos, transparentes e públicos, qualquer empreendimento pode — e deve — estabelecer uma política de PLR, realizar as homologações legais necessárias e receber o duplo benefício: reconhecer o esforço de seu time e dispor do incentivo tributário, típico desses programas estruturados. Segunda: a construção de uma boa política de variável se inicia com a participação dos envolvidos, ou seja, o time precisa participar da construção das colunas que darão sustentação ao programa. É fundamental que as pessoas participem para que não haja dúvida quanto aos objetivos que devem ser atingidos para que se faça jus, ou não, ao variável.

A equipe que já participou da estruturação do Planejamento Estratégico (PE) do negócio terá, de fato, muita facilidade para se encaixar nesse processo. Agora, você pode estar pensando: PE?; e TODA a equipe deveria ter participado? Como? Isso é loucura?

Então, vamos lá. Em relação ao primeiro ponto, não estou falando em contratar uma empresa daquelas bem caras e investir meses nisso. Estou me referindo a construir um PE simples, mas muito efetivo, no qual serão pensadas as diretrizes para nortear o caminhar de todos no próximo exercício e, quem sabe, até alguns anos mais à frente. Sim, é possível, você consegue. Leia sobre o tema e você verá que consegue fazer um PE, sim. Por outro lado, se a empresa já contar com um bom histórico de PE, com profundidade e maturidade, aí maravilha, vai ficar ainda mais fácil.

Quanto ao segundo ponto, reafirmo o seguinte: sim, toda a equipe deve participar, sejam cinco ou 50 mil pessoas. Ouço sempre alguém nas empresas falando que vão fazer o famoso rollout da estratégia e contratam uma baita consultoria para "cascatear" as diretrizes até o "chão de fábrica". Não sei do que gosto menos: de gastar dinheiro com rollout, de não achar possível a participação de todos ou de chamarem o time de "chão de fábrica". É duro, não acha? Além de caros, os tais rollouts quase nunca são efetivos. Ou seja, a big empresa faz jogos, palcos explicativos, teatrinhos, atividades vivenciais... Enfim, abre e usa toda a caixa de ferramentas, mas, ao final das atividades, a pessoa que não participou da construção de nada, quando capta a mensagem em geral, só diz: hã... hã... Do tipo, entendi. E sai pensando: "Meu Deus, eles acham que somos bobinhos. Nos deixam de fora da estratégia e agora gastam essa montanha de dinheiro para criar momentos ou dias inteiros de vergonha alheia em forma de programa de engajamento e querem que nós sigamos fiel e cegamente isso? PIADA!".[*]

Então, recomendo sempre que a participação seja total: sejam dez ou 10 mil ou 100 mil colaboradores, todos devem estar ATIVOS desde o início da construção. Mas não vale aquela coisa fake, só para falar que todos participaram, mas que, por fim, não tem nenhuma efetividade. O objetivo é construir juntos os caminhos em um processo muito fácil, divertido e barato. O ponto de partida é o diálogo, que oferecerá inúmeros efeitos colaterais benéficos a seu negócio. Sejam diretores ou equipes operacionais, todos terão participação, e juntos vão construir algo em que possam ACREDITAR, PRATICAR, MELHORAR continuamente e COMPARTILHAR com os novos colegas e até com suas famílias. A participação não é para lavar o estômago no tanque, expondo as vísceras. Mas, sim, para ampliar a perspectiva para poder ver e se posicionar melhor. Isso funciona, e já existem megacompanhias e pequenas start-ups fazendo assim.

Dessa forma, na construção do programa de remuneração variável, a empresa agora já contará com ótimas ferramentas adicionais: um bom PE e, o que é melhor, construído com a participação de todos. Aí, fica fácil, pois há onde respaldar as novas colunas da remuneração variável com indicadores coletivizados e seguidos por opção. Com essa aderência total, bastará incluir na parametrização

---

[*] Mais à frente, neste mesmo capítulo, na seção "Engajamento é o maior desafio", falo sobre os efeitos terríveis que a imposição de metas "desafiadoras" (inexequíveis) tem sobre o engajamento das pessoas.

de quanto será o percentual do resultado disponível para o programa e/ou o número de múltiplo de salários para cada cargo, fazendo a ligação direta desse fator individual ao gatilho do resultado que precede o indivíduo, o resultado coletivo.

Funciona mais ou menos assim: a empresa define que vai colocar até x% dos resultados disponíveis para distribuir ao time a título de PLR. Em geral, 50% desse montante será distribuído linearmente, pois reflete indicadores gerais coletivos e amplos como EBITDA, lucro líquido, índice de segurança no trabalho, satisfação dos clientes, entre outros. A outra metade do "bolo" vai ser alocada de maneira a refletir as entregas individuais ou, no máximo, por áreas, seguindo o múltiplo de salários previamente especificado.

Fiz aqui um resumo para oferecer a você um entendimento geral, mas, a partir dessa espinha dorsal, o céu é o limite. O importante é que dois componentes sejam bem endereçados: manter o grupo atuando coletivamente; e reconhecer TAMBÉM esforços e performance individuais. Um ótimo instrumento para apoiar esse segundo ponto é o DC:* um corte do acumulado no DC pode ser usado para refletir também no PLR a FORMA e a aderência a PROPÓSITOS e VALORES de cada indivíduo. A partir desse ponto, daria para tornar mais complexa e ampla a descrição de um PLR justo, atraente e engajador. Mas minha sugestão é que, partindo dessa matriz básica, você elabore a política de remuneração variável com seus próprios toques específicos e adequados à sua CO.

Na terminologia em inglês, muito utilizada no mundo corporativo, nós acabamos de falar sobre o Short Term Incentive (STI), também conhecido como Bônus de Curto Prazo (BCP) ou PLR. Mas eu não poderia encerrar este tópico sem tratar também do Long Term Incentive (LTI) ou Bônus de Longo Prazo (BLP). Nas organizações de maior porte, não é difícil encontrar políticas de BCP e BLP, e vou

---

* Entre as práticas de avaliação apresentadas neste capítulo, tratei do DC, que também está descrito entre as páginas 164 e 168 de *O fim do círculo vicioso* (São Paulo: Portfolio-Penguin, 2017). Se você ainda não tem esse livro, leia um resumo em: <www.wavefg.com.br/notas/fg41>.

falar um pouco sobre elas também. No entanto, para os empreendimentos de pequeno e médio portes, minha recomendação é a adoção do que chamo de Participação Direta sobre Resultados (PDR). Vou começar por aqui. Quando me refiro a PDR, não estou falando aqui de stock options.* A proposta da FGEP é oferecer participação direta e efetiva sobre os resultados do negócio, sendo totalmente variável e ligada ao retorno de longo prazo, em geral vislumbrando metas e êxitos com horizonte entre três e cinco anos. Como a divisão é realmente proporcional aos resultados obtidos, isso estimula muito o desempenho intraempreendedor. Afinal, quem é inteligente para valer prefere ter 50% de cem do que 100% de dez. Vou citar duas empresas que considero exemplares nessa prática.

Uma delas é a Promon, que atua nas áreas de engenharia e infraestrutura, e oferece, desde 1970, uma possibilidade semelhante a seus colaboradores. O mais incrível é que não se trata de um empreendimento pequeno ou médio. Ao contrário, é uma grande empresa que atua em diversos segmentos. Outro ponto interessante é que esse modelo de participação foi viabilizado por uma decisão que se concretizou em uma simples carta, escrita e assinada em uma reunião em Campos do Jordão.** É, ou não, um belo exemplo de LNLs, que agem à frente do próprio tempo — e mudam tudo para MELHOR?

Outro paradigma de variável com Participação Direta sobre Resultados (PDR) é a Comerc Energia. Seu presidente, Cristopher Vlavianos, decidiu manter apenas 51% da empresa e os demais 49% são divididos entre os colaboradores que mais contribuem e agregam valor aos negócios — que, aliás, são sempre prósperos e se multiplicam exponencialmente, mas mantêm a mesma filosofia nos no-

---

* Stock options é a denominação genérica para a remuneração variável baseada em ações da empresa, que pode incluir diversas e diferentes práticas. A modalidade é relativamente recente no Brasil e ainda não há legislação específica. Para saber mais, entre no site do jornal *Valor Econômico*, para ler o texto "Stock options: conceito, objetivo e abrangência". Disponível em: <www.valor.com.br/financas/4496244/stock-options-conceito-objetivo-e-abrangencia>. Acesso em: 3 set. 2019.

** Você pode ler a Carta de Campos de Jordão de dezembro de 1970 no site da própria PROMON, disponível em: <http://www.promon.com.br/images/holding-promon-sa-carta-de-campos-do-jordao-imagem.jpg?crc=136870818>. Acesso em: 3 set. 2019.

vos empreendimentos. Recentemente, fui convidado a conhecer a Comerc e o que encontrei ali, na prática, foi um grupo de sócios intraempreendedores, pessoas vibrantes e dispostas a construir e compartilhar um futuro melhor para todos. Resultado: me tornei amigo do presidente e de muitos sócios aos quais admiro muito pelo brilhantismo na forma.

Agora, quanto aos programas de BLP, já conheci e tive experiências com diferentes modelos. Alguns me empolgaram, mas viraram pó. Outros me entusiasmaram, mas não cheguei a recebê-los. E, finalmente, uns nem chegaram a me empolgar. Por outro lado, tenho alguns amigos — mais sortudos e competentes do que eu — que conseguiram lucrar um bom dinheiro com os BLPs. Vou contar para você três das minhas experiências pessoais com esse tipo de remuneração variável. Na primeira vez em que fui incluído em um programa de BLP, fiquei bem animado, porque fui agraciado com um stock option bem legal. Era um lote bem razoável de ações da empresa matriz e, de acordo com os resultados de cinco anos, eu poderia vender os papéis, embolsando uma boa grana. Ocorre que, mesmo cumprindo diversas metas, as ações caíram tanto que, assim como todos os meus colegas naquele momento, resolvi esperar e não vendi. Depois de alguns anos, quando o cenário mudou e tudo ficou um pouco melhor, realizei a venda e recebi na época o equivalente a um salário adicional. Como aquele dinheiro estava quase perdido e, de repente, caiu na minha conta, acabei achando bem legal. Só que um bom programa de BLP tem a missão — ainda que retrógrada — de RETER talentos. Ou seja, essa primeira experiência, além de patética, não conseguiu me incentivar a ficar na empresa. Saí assim mesmo.

Outra de minhas experiências com o BLP também não chegou a ser encantadora. Num programa de três anos batendo metas — muitas delas eu nem conseguia entender por que entravam em minha avaliação —, fiz jus a um montante de ações para sustentar o que é chamado de BLP base caixa. É assim: você recebe o valor equivalente às ações em dinheiro depois de três anos cumprindo compromissos globais e corporativos e, em seguida, pode receber um terço a cada ano seguinte. Achei legal, me empolgou, mas também não cumpriu plenamente seu papel, porque depois de muito tempo lutando para ser incluído no programa e ter um montante relevante, quando ia começar a ver o "faz-me-rir" (a grana), saí da empresa e perdi o direito de receber. Eu sei, você deve estar pensando assim: "O Márcio é ansioso mesmo! Devia ter esperado um pouco mais...". Às vezes, também penso isso. Mas só às vezes, porque, como você já sabe, não acredito em RETENÇÃO — muito menos nessas iniciativas que são baseadas somente nas recompensas financeiras. Acredito tanto em mim que estou sempre certo de que vou conquistar até mais dinheiro do que preciso. O que busco, de verdade, é encantamento e convergência de valores e propósito.

A terceira e mais divertida experiência com BLPS foi inusitada. A corporação global montou um programa tão complexo e rebuscado que, depois de trocar ideias com meus amigos tributaristas, resolvi não aceitar. Se aquela loucura toda desse certo, eu seria um baita sonegador de impostos. Quando me recusei a entrar no programa, imagina, foi uma bomba! A organização decidiu rediscutir as regras, e meus colegas mais ousados e arrojados, habituados a viver no fio da navalha, ficaram muito bravos comigo, porque acabou que a companhia resolveu não levar adiante a iniciativa, e o programa foi extinto antes de começar. Prefiro, de verdade, poupar você de detalhes mais sórdidos.

Em resumo, no modelo tradicional, a Remuneração Financeira Total é composta, entre outros, dos seguintes itens: Salário Fixo (SF), Bônus de Curto Prazo (BCP) ou PLR, Bônus de Longo Prazo (BLP), além de outros benefícios como alimentação, previdência privada, seguro de vida e, em alguns casos, carro, casa etc. Fiz questão de tratar desse tema aqui, não apenas para oferecer minhas contribuições com base nos conceitos e nas práticas da FGEP. O objetivo foi especialmente deixar claro que, seja fixa ou variável, pequena ou vultosa, a remuneração não conseguirá NUNCA RETER alguém para sempre. O que faz sentido para as pessoas é o propósito convergente e a possibilidade de seguir por novas TRILHAS que as levem para longe do velhos TRILHOS do círculo vicioso. Não importa qual seja sua política de remuneração, basta que seja JUSTA!

Engajamento é o maior desafio

Quando todas as práticas da FGEP são conectadas e postas para funcionar de forma integrada, a organização começa a OFERECER aos colaboradores um ambiente desafiador, onde todos se sentem continuamente estimulados, não apenas a cumprir metas, mas a superá-las com desempenhos extraordinários. As pessoas passam a gostar muito mais delas mesmas; gostam do que são e do que fazem. Sentem que podem sonhar e, principalmente, que são capazes de realizar. Sem essa adaptação da CO aos novos tempos, no entanto, o que se vê no mundo corporativo é a lamentável continuidade de mais do mesmo. Por exemplo: tradicionalmente, quando alguém É ESCOLHIDO para uma promoção ou passa em um processo de seleção — daqueles forjados a ferro e fogo para escolher quem tem mais sangue nos olhos —, a pessoa volta para casa contente e compartilha a boa notícia: "Nossa, FUI ESCOLHIDO para o cargo de 'gerentão das galáxias'. Eu vou TER isso, vou TER aquilo e ainda vou TER mais outros benefícios só para fazer isso". Não há nenhum desafio em foco. Parece algo como ganhar na loteria. Será que foi sorte?

SER ESCOLHIDO assim pode até parecer fácil, porque o Termômetro da Decisão* está todo voltado para as compensações financeiras. Para conquistar essa "cenoura", a pessoa lutou até matar ou morrer e, quando É A ESCOLHIDA, bingo!, chegou lá. Depois, o que costuma acontecer é que esse entusiasmo inicial logo passa e tudo volta à mesmice da inércia. De quebra, o ESCOLHIDO agora tem um novo território para defender com unhas e dentes. E a rotina diária fica chata e pesada. Levanta todo dia pela manhã, vai para o emprego, cumpre suas obrigações, torcendo para chegar o fim de semana. Mas, no domingo à noite, já fica deprimido só de lembrar que na segunda-feira a

---

* No capítulo 3, de *A felicidade dá lucro* (São Paulo: Portfolio-Penguin, 2015, p. 80), compartilho a metodologia que chamo de Termômetro de Decisão, que possibilita equilibrar melhor as dimensões do TER (efetividade) e do SER (afetividade) sempre que é preciso tomar decisões individuais importantes na vida e na carreira. Você pode acessar um resumo disso em: <www.wavefg.com.br/notas/fg42>.

guerra recomeça; se é que teve trégua! Vivendo nesse círculo vicioso, é claro que o grau de engajamento é baixo. O pior de tudo é que isso se reflete em todos ao redor, e a maioria acredita que é — e sempre será — assim mesmo. Ali, ninguém vê sentido no trabalho diário. O salário serve para pagar contas, talvez até algumas mordomias. Mas só consumir bens e serviços não deve ser o propósito de vida de ninguém. Todas as pessoas têm potencial para SER mais do que isso!

Recentemente, recebi um e-mail de uma profissional muito experiente, que tem uma postura exatamente oposta. Em vez de SER ESCOLHIDA em um processo de seleção tradicional — daqueles cunhados a ferro e fogo, o famoso sangue nos olhos —, ela QUER ESCOLHER a empresa em que vai trabalhar — mesmo que tenha que enfrentar o desafio da mudança de vida e até o de ganhar menos. Muito mais do que o salário, ela QUER SER parte de algo que esteja em sintonia com seus valores e propósito de vida — o que ela busca é o "brilho nos olhos". A mensagem dela para mim foi a seguinte:

Márcio, boa tarde!

Trabalho como executiva de RH na multinacional tal (currículo anexo) e meu propósito de vida tem sido apoiar o desenvolvimento das pessoas e dos negócios do grupo.

Já li seus livros, acompanho seu trabalho e sei exatamente como são as práticas da FG. É por isso que meu sonho é trabalhar em algum projeto com você!

Estou nessa empresa há mais de quinze anos, e hoje meu salário é X. Sim, sei que ganho muito bem, mas para participar de um projeto com você topo ganhar bem menos. O que eu preciso é ACREDITAR naquilo que faço.

Deu vontade de contratar na hora! Pode ter certeza de que minha meta é tê-la o quanto antes no time. Vou fazer todo o possível para que receba um salário até maior do que o atual, mas o mais legal foi a atitude, a coragem que demonstrou. Ela largou na frente, porque sua mensagem mostra que já tem o principal diferencial competitivo: a vontade convertida em atitude, a coragem de ganhar menos para se dedicar a seu sonho e também a tão valorizada boa índole, isto é, o desejo de oferecer aos outros o melhor que poderá prover com seu talento. O alvo das práticas da FGEP é justamente esse perfil de Pessoa 4.0, que confia no próprio potencial sem manter vínculo exclusivo com a dimensão do TER, TER, TER... Ter é consequência direta e proporcional da satisfação de SER, SER, SER todo dia mais útil, melhor e mais feliz como um todo.

A disposição de uma pessoa não pode se limitar às necessidades corriqueiras da vida ou às obrigações que estão descritas em seu cargo para receber o salário e pagar as contas no fim do mês. Fazer por fazer até as máquinas fazem. O diferencial está na FORMA de fazer, dar o toque pessoal e ir muito além da obrigação — com a maior naturalidade. Sem fazer força, algo realmente orgânico. Faz parte da natureza daquela pessoa SER assim. Ou seja, não precisa que ninguém fique dando corda, cobrando motivação e iniciativa própria. Proatividade não é algo para ser cobrado de ninguém. A Pessoa 4.0 faz e faz muito bem-feito* porque QUER. Não precisa de "chefe", dispensa comando e controle. Ela se autodesafia e segue em frente protagonizando a própria vida e o desenvolvimento da carreira. Os resultados positivos são a consequência. Em vez do tal "sangue nos olhos", o que elas têm de sobra é o BRILHO no olhar. Estou certo de que pessoas assim nunca vão ganhar menos; sempre vão ganhar muito mais — até mesmo dinheiro!

Como a maioria das pessoas ainda não está com esse nível de consciência mais elevado, as práticas da FGEP criam uma NCO capaz de OFERECER imparcialmente a todos as mesmas oportunidades de se autodesafiar e protagonizar a progressão sustentável na carreira e na vida. É um estímulo poderoso para fazer pensar, entender seu verdadeiro potencial e agir. Nas palestras, às vezes, conto uma história** que pode ser útil aqui. Quando se faz um convite às pessoas,

---

* Aqui, vale você (re)ler a seção "Bem-feito é melhor do que perfeito", em *O fim do círculo vicioso* (São Paulo: Portfolio-Penguin, 2017, p. 246). Ou, então, acesse esse trecho em: <www.wavefg.com.br/notas/fg43>.

** Essa história foi contada para mim por Olga Curado, uma comunicadora incrível. Fiz aqui uma adaptação para abordar a resistência ao engajamento nos processos de mudança.

mesmo que seja para conviver com o que é belo e próspero em um mundo de valores e propósitos convergentes, ocorrem três tipos básicos de reação, que podem ser comparados ao comportamento de três animais: o cachorro fofo, o gato safo e a cobra venenosa.

A reação mais imediata é a do cachorro fofo. Ele espera há tantos anos para ouvir esse convite que se engaja prontamente. Expressa na hora toda a sua fofurice. Coloca a língua para fora, abana o rabinho e pula de entusiasmo, dizendo: "Sim, queremos muito tudo isso!". Essa reação, em geral, representa uns 25% das pessoas.

O maior grupo, em torno de 50%, é formado pelos gatos safos. Você faz um discurso emocionado, mas, ao ouvir seu convite à mudança para MELHOR, o gato safo só fica de longe, olhando desconfiado. Como já ACREDITOU antes e se deu mal, agora ficou safo. Antes, vai testar muito bem essa NCO forjada pelas práticas IMPARCIAIS. O gato safo se protege, avalia antes de se engajar. Mas, se houver coerência, apesar de saber muito bem como distribuir arranhões, o bichano sobe na almofada e se torna um amigão... Só que essa reação vai depender totalmente da PERSISTÊNCIA NA COERÊNCIA nas práticas. Gato safo que se sente traído salta fora! Mas, se você for, de fato, justo e coerente, aí ele deita na almofada a seu lado no sofá e se torna um forte aliado.

O terceiro grupo é o das cobras venenosas, que, em geral, fica com os outros 25%. Ouvem o discurso apaixonado, o convite emocionado e ficam estáticas preparando o bote. No final, dão a picada e desaparecem depressa. Faz parte: a vida é dura mesmo, e a cobra venenosa vai se defender de tudo e de todos porque já não acredita em nada. Diante de um processo de mudança, de transformação e transição para melhor, a cobra só pensa: "Tô fora!". Na realidade, porém, o convite já vai estar contando com o engajamento dos cachorros fofos e dos gatos safos, o que dá 75% e, sem dúvida, é um bom começo. Mas não vale desistir: o objetivo da FGEP é fazer cobra venenosa miar! Temos que ser coerentes sempre! Mesmo que sejam gatos desconfiados ou cobras venenosas, não podemos desistir, pois todos nasceram para dar certo. Ser feliz está em nosso DNA. Não podemos desanimar no primeiro tropeço; temos que seguir e sempre

ACREDITAR em nós e no poder do bem em favor das pessoas e de negócios com razão de ser que nos façam sentido.

Quando falo em criar um ambiente onde as pessoas se sintam continuamente desafiadas, um dos primeiros passos do LNL deve ser buscar a resposta para a seguinte pergunta: "Até que nível posso me desafiar ou desafiar as pessoas a meu redor com relação a suas pretensões, objetivos de vida ou metas no trabalho?". A resposta ideal é: depende. Quando alguém se sente feliz, o engajamento no próprio desenvolvimento não tem limites. Cada desafio é encarado como um exercício de musculação, que só faz a pessoa mais forte até que ela mesma comece a se autodesafiar. Então, quanto mais momentos de felicidade eu tiver, mais meu desenvolvimento ocorrerá e mais engajado serei? Sim, isso serve para você mesmo e para aqueles que estão convivendo com você em casa ou no trabalho. Já quando a inércia domina, não adianta malhar em ferro frio. Antes de mais nada, a pessoa precisa voltar a ACREDITAR que é possível seguir por novas TRILHAS na progressão de carreira, e a empresa onde ela trabalha deve estar disposta a pavimentar esse caminho. Rompida a inércia, é preciso continuar em movimento para se manter no ciclo virtuoso. Caso contrário, a força de resistência do círculo vicioso vai acabar saindo vitoriosa mais uma vez. E a falta de engajamento voltará.

Para evitar esses retrocessos, o desafio contínuo é a chave do engajamento mais profundo e duradouro. Só que DESAFIAR alguém não é impor metas inalcançáveis.* Esse tipo de atitude de "chefe", lamentavelmente, ainda costuma ocorrer com frequência na maioria das empresas. É que, no molde inflexível usado na "máquina de criar poderosos chefinhos",** para ser gestor de um time é imprescindível SER DESAFIADOR — o que, em nosso imaginário, já transforma a pessoa em um super-herói que não tem medo de nada porque sabe usar seus superpoderes para "bater" todas as metas. Isso não existe.

---

* Não é preciso "reinventar a roda" para entender o limite entre desafio exequível e metas inalcançáveis; basta compreender e aplicar imparcialmente o modelo SMART, cujo objetivo é criar metas específicas, mensuráveis, atingíveis, relevantes e temporais.

** Já descrevi o perfil dos "poderosos chefinhos" no capítulo 2.

Mas, consciente ou inconscientemente imbuído dessa fantasia, o "chefe" representa seu papel: em geral, no dia do feedback anual da AD, ele impõe sua vontade, definindo o resultado do desempenho de cada pessoa de seu time e influenciando ao máximo na avaliação das outras equipes. Tudo para mostrar seu poder e influência. Ridículo!

O pior é que nem o "chefe" nem a empresa conseguem OFERECER algo que faça sentido (critérios viabilizadores e práticas imparciais) para que as metas sejam atingidas por opção e com esforço voluntário, sem que a cobrança seja o impulsionador diário. Em vez disso, os desafios são impostos "top-goela-down". Para mim, isso é o "câncer do engajamento": impor um desafio! É quase como ordenar uma alquimia, pois o que pavimenta a trajetória na direção da melhoria efetiva fica de fora. O colaborador se sente sem nenhum amparo emocional que justifique tamanha dedicação e, muitas vezes, além de não entregar o que foi imposto, boicota. Para ajudar a piorar, o "chefe" ainda se especializa em comandar e controlar, gerando uma microcultura em que imperam as pressões e o estresse desnecessários. Nesse ambiente dominado por táticas de ataque e defesa, é como se o "chefe" mandasse cavar trincheiras para a guerra, mas não colocasse pá nem picareta na mão de ninguém. E depois manda você lutar nessa guerra que não é sua. A vontade de fugir dali é enorme. Engajamento? Nem pensar! Quem é que QUER se engajar nessa luta? Ali, ninguém está motivado para nada porque nada está em convergência. Ninguém tem tempo nem vontade de ser protagonista e realizar o que faça sentido, pelo menos, para o desenvolvimento individual. Nada é feito por opção ou por esforço voluntário. Tudo é mero cumprimento de tabela, o que prejudica as pessoas e se reflete no resultado dos negócios — provavelmente já em deterioração.

Esse tipo de imposição de desafios despropositados e/ou inatingíveis — por falta de sentido ou por falta de imparcialidade nas práticas — também contamina a macrocultura organizacional. Com certeza, você já ouviu falar ou já esteve em um evento periódico em que a empresa anuncia seu plano de metas estratégicas de curto, médio e longo prazos. Os gestores são reunidos em um evento grandioso — luzes, shows —, e o "chefão" comunica a todos o "desafio" dos negócios para os próximos anos. Durante o evento, todo mundo fica entusiasmado — ou finge ficar. Cantam juntos o hino da empresa, recitam Missão, Visão e Valores, e repetem sem cansaço as tais metas desafiadoras e as diretrizes estratégicas para alcançá-las. E o que acontece no dia seguinte? E o que muda para melhor no dia seguinte? Absolutamente nada.

É assim que os famosos planos estratégicos de prateleira nota dez, que vão precisar de 100% de engajamento de todos os colaboradores, não decolam nunca e acabam não saindo do papel. Nenhum colaborador participou efetivamente da definição de nada. Portanto, é bem pouco provável que algum deles vá verdadeiramente ter motivação para cumprir as metas. O que dirá superá-las. Não é difícil entender o que as pessoas sentem: "Essas metas não são MINHAS; são da empresa e do interesse exclusivo dos 'chefes'". Com esse sentimento no coração (dimensão afetiva), o cérebro reage com a falta de engajamento (dimensão efetiva). Simples, não é mesmo?

Quando faço esse tipo de crítica, por favor, não me julgue com precipitação. Falo assim por experiência própria, porque também já me equivoquei na forma de definir, decidir e me comunicar com meu time. Talvez a única diferença seja minha persistente disposição de reconhecer e aprender com meus erros para MELHORAR os resultados presentes e futuros na vida das pessoas e, consequentemente, nas empresas. Logo que me tornei CEO, por exemplo, cometi uma grande bobagem em uma definição de metas da área operacional. Na avaliação do presidente global da companhia, um dos indicadores mais críticos no Brasil era o de qualidade. Quando comentou isso comigo, eu imediatamente me comprometi com ele: "No próximo exercício, o indicador de qualidade ficará 5% melhor". Como resposta, ele me deu um sorriso enigmático. Então, reuni os gestores e comuniquei a eles que, para o ano seguinte, EU QUERIA uma melhora de 5% naquele número. Como antes de me tornar CEO eu havia sido o diretor de RH da empresa, já tínhamos tido a chance de construir entre nós um relacionamento de proximidade, credibilidade e confiança. Por isso, ali mesmo, na hora, foi possível estabelecer um diálogo aberto, franco e construtivo. Um dos gerentes operacionais me perguntou:

"Márcio, você conhece o setor operacional?"

"Olha, conheço do ponto de vista das posições que já ocupei aqui, mas só estou mais próximo do operacional agora. Por quê?"

"Porque aqui as coisas são como manobra para atracar navio no porto. Se você não começar a manobrar bem antes, milhas náuticas mar adentro, não atraca. Então, não adianta você falar que teve uma ideia genial, típico de novo CEO, e que quer 5% de melhoria na qualidade de um ano para outro."

Bem depressa, assimilei aquele "golpe de realidade" e perguntei com humildade:

"Quanto é que vocês acham que conseguem fazer?"

Depois de uma rodada de muita conversa, os líderes da operação chegaram à seguinte conclusão:

"Vamos nos esforçar ao máximo para atingir SUA meta de 5%, mas para esse próximo ano vai ser mesmo bem difícil... Só para não falar desde já que é impossível."

Ao apurar o resultado do indicador de qualidade no início do exercício seguinte, o número melhorou apenas 2,8%, ficando bem na média dos anos anteriores. Especialmente naquela situação, para mim, aquilo era bem pouco. Deveria ser pelo menos os 5% com que eu tinha me comprometido. Por isso, eu, com o rosto todo vermelho, tive que explicar a meu "chefão global" por que tínhamos ficado abaixo da meta estabelecida por mim mesmo. Como resposta, ele deu de novo aquele sorriso enigmático e adicionou um tapinha em minhas costas. Eu disse antes que isso foi uma grande bobagem, e digo agora que foi também um enorme aprendizado: ninguém consegue DESAFIAR ninguém impondo metas "top-goela-down".

Depois desse episódio, continuamos a investir pesado na implementação das práticas da FG, uma proposta na qual eu já acreditava havia tempo, mas as tempestades do dia a dia estavam me levando por outros atalhos. Mergulhei com tudo na FGEP, descobrindo a melhor forma de apresentar desafios aos colaboradores, concatenando programas de desenvolvimento com aprendizados em inteligência emocional e princípios da psicologia positiva. No ano seguinte, depois de tantas lições aprendidas e postas em ação, reuni novamente os líderes da área operacional e perguntei:

"Pessoal, o que vocês acham? No indicador de qualidade, qual o desafio para o próximo ano? Qual é a meta viável para vocês?"

E um deles assumiu a palavra pelo grupo:

"Opa! Dessa vez, viemos preparados para essa sua pergunta: o que você acha de a meta de melhoria do indicador de qualidade ser de 15% para o próximo ano?"

"Peraí!", eu disse quase me beliscando para ver se não estava sonhando. "Isso aqui não é que nem atracar navio? Tem que começar a manobrar muito antes e ir devagar para entrar no porto em segurança?"

"É, sim, Márcio. Só que agora os práticos,* que sempre foram competentes, passaram a ter voz e participação efetiva, e sabem que podem sonhar e realizar algo assim. Essa é a NOSSA meta, e a gente considera exequível, sim. É difícil, mas possível."

E a melhoria no indicador de qualidade foi de 18,2%. Você imagina o "sorrisão" (nada enigmático) que eu dei quando soube desse resultado? Dali em diante um dos CVS da FGEP foi cristalizado: as metas — individuais e dos times — são sempre construídas de baixo para cima (bottom-up) em alinhamento com os direcionadores estratégicos do negócio. Assim, ao longo dos anos seguintes, fui sendo surpreendido positivamente por metas ainda mais ousadas. Até acima das que eu poderia ter "inventado" sozinho. Por exemplo: tentei impor uma meta anual de melhoria de 5% no indicador de qualidade e só atingimos 2,8%. No ano seguinte, eu nem sequer cogitaria em definir em 15% essa mesma meta. Mas foi exatamente isso que o time operacional fez. E ainda conseguiu bater no resultado de 18,2%. Ninguém é capaz de desafiar mais uma pessoa do que ela própria. Desde que acredite e se sinta parte atuante e decisiva no processo, o resultado será alcançado — e frequentemente superado. A fórmula

---

* Prático é o profissional que orienta o comandante de grandes embarcações para ajudá-lo a manobrar até atracar em segurança no porto.

é fácil: desenvolver pessoas e maximizar seus momentos de felicidade + desafiar com algo que faça sentido para elas e que reflita uma RAZÃO DE SER com propósito e valores evidentes = Sucesso mútuo!

É claro: o LNL deve ter humildade para aprender onde plantar as sementes. Além disso, vai ter que cuidar do desenvolvimento: regar, adubar, dar apoio para guiar e facilitar o crescimento da planta. Ele dá direcionamento estratégico para nortear o processo, mas as pessoas participam ampla e ativamente da definição das metas — tanto as numéricas quanto as comportamentais, sim. É essa participação efetiva na construção das metas individuais e dos times que possibilita o sentimento de propriedade e pertencimento ao grupo. Esse é o estimulante máximo do desempenho extraordinário, que supera o cumprimento das obrigações diárias. Para cada colaborador, a meta deixa de ser DELES, dos CARAS (dos "chefões"). A meta passa a ser MINHA ou a meta é do NOSSO time, porque EU participo verdadeiramente do processo. Com esse sentimento no coração (dimensão afetiva), como o cérebro reage (dimensão efetiva)?

Com total engajamento!

Nesse ponto, costuma surgir uma questão que parece complexa sob a ótica do modelo de gestão mais tradicional e conservador: para viabilizar essa prática de participação ampla na definição de metas ou de outros projetos e entregas, é preciso criar uma forma replicável e aplicável em larga escala na organização como um todo, que ative a vontade das pessoas em optar por levar aquilo adiante. Porém o ponto de partida é sempre cada uma das pessoas com seus interesses individuais e coletivos. Como é possível fazer, ao mesmo tempo, algo em larga escala e customizado para cada pessoa?

Em vez de complexidade, nossa abordagem enxerga aqui um processo orgânico e natural, que resulta do conjunto integrado das práticas da FGEP. Tudo começa com a construção de relações de proximidade, credibilidade e confiança, que possibilita ao LNL fazer a convergência entre o propósito de cada pessoa de seu time e a RAZÃO DE SER da empresa. A esses interesses convergentes, vão sendo adicionados os CVS das práticas IMPARCIAIS e, com muita persistência na coerência, é pavimentada a TRILHA da prosperidade mútua: a performance das pessoas melhora; os negócios ficam mais produtivos e eficientes. A palavra-chave aqui é DIÁLOGO — essa coisa que anda enferrujada e meio fora de moda —, mas que é a melhor ferramenta para expressar o interesse genuíno pelo outro.

Para a implementação bem-sucedida do conjunto de práticas da FGEP, que possibilita a geração dessa NCO de compartilhamento de benefícios mútuos, entretanto, ainda falta conversarmos sobre dois requisitos essenciais. No próximo capítulo, vou abordar o que chamo de GOVERNANÇA DA FORMA: é a estrutura de fluxos, processos e parâmetros necessários para que a transformação — para melhor — da CO seja fluida, natural e constante. E, sobretudo, se mantenha em ação independente da estrutura hierarquizada e/ou da atuação exclusiva de um ou outro indivíduo. A NCO é aberta a mudanças, mas avessa a retrocessos.

Por fim, no último capítulo, vamos consolidar nosso novo OLHAR, colocando a FGEP em perspectiva como um conjunto integrado de práticas capazes de ENCANTAR e ATRAIR as Pessoas 4.0, aquelas que são os colaboradores 4.0 na era das tecnologias da Indústria 4.0 e que certamente em breve serão os LNLS, consolidando e mantendo a NCO viva e dinâmica. É assim que nos tornamos mais flexíveis e adaptáveis aos DESAFIOS que o futuro já nos apresenta hoje: mais do que nunca, a adaptabilidade é uma competência primordial de todos.

5. Governança da Forma, vacina antirretrocessos

A ESTRUTURA QUE MANTÉM A DINÂMICA DO CICLO VIRTUOSO

Com todo interesse genuíno em seu desenvolvimento, quero começar este capítulo com um alerta: nunca subestime a força da inércia. Todo processo de mudança — mesmo que seja para MELHOR — corre o risco de sofrer retrocessos. Ou, no mínimo, sofrer de estagnação "temporária", o que vai acabar também em retrocessos. Nós já conversamos sobre isso em meu segundo livro, quando adaptei a curva de Oberg* para mostrar os altos e baixos normais do processo de implementação da Filosofia de Gestão (FG) — em sua vida e/ou nos negócios. Ao longo do tempo, é comum surgirem novos desafios que podem tentar minar sua persistência na coerência. Pela primeira vez, por opção, você consegue entrar no ciclo virtuoso, está em ação, começa a colher os benefícios e... corre o risco de parar no meio de sua nova TRILHA? É até contraintuitivo. Por que alguém iria QUERER parar de MELHORAR? Conscientemente, ninguém QUER isso. Mas pode acontecer mesmo sem querer. Existem forças corporati-

---

* (Re)Leia a seção "Toda mudança tem altos e baixos" em *O fim do círculo vicioso* (São Paulo: Portfolio-Penguin, 2017, pp. 134-5). Ajuda muito compreender as etapas normais dos processos de mudança para conseguir superá-las e minimizar o risco de retrocessos. Se você ainda não tem o livro, leia esse trecho em: <www.wavefg.com.br/notas/fg44>.

vas, por exemplo, que podem fazer sua vontade decantar, puxando você de volta — voluntária ou involuntariamente — para o fundo do poço da inércia. Faz parte. O que você tem a fazer é estar pronto para encarar essa fase crítica — totalmente previsível e contornável. É preciso estar consciente disso para superá-la e seguir em frente na direção de seus melhores objetivos. Em outras palavras, é hora de levantar a cabeça para não derrubar a coroa das novas possibilidades abertas em sua vida!

Com a implementação gradativa das práticas da Filosofia de Gestão Estratégica de Pessoas (FGEP), as mudanças ocorrem com naturalidade. Só que, especialmente na primeira rodada do ciclo virtuoso, o processo ainda não é orgânico. Alguns especialistas afirmam que esse é o momento em que você já conseguiu adotar atitudes positivas, mas ainda não mudou — de fato — seu mindset. Ou seja, aquele novo OLHAR ainda não faz parte de seu DNA, não está completamente incorporado, consolidado e enraizado em sua cabeça (efetivo) e em seu coração (afetivo). É que, no início, você ainda não atingiu o patamar de consciência que chamo de resiliência expansível. Nessa fase inicial, você já pode TER coisas melhores na vida, mas ainda não consegue SER uma pessoa definitivamente conectada com sua nova TRILHA, mantendo-se em equilíbrio nas dimensões da efetividade e da afetividade.* Vale destacar aqui que isso vale tanto para as pessoas como para os negócios, como você vai ver mais à frente neste capítulo, em que vamos conversar sobre a GOVERNANÇA DA FORMA (GF). Essa é minha proposta para evitar retrocessos — na vida pessoal, profissional, na gestão dos negócios e na transição da Cultura Organizacional (CO) para a Nova Cultura Organizacional (NCO), resultante do conjunto integrado de práticas da FGEP, a estratégia da participação total e por opção.

---

* (Re)Leia a seção "Equilíbrio é a base de tudo", no capítulo 4 de *O fim do círculo vicioso* (São Paulo: Portfolio-Penguin, 2017) ou acesse um resumo desse trecho em: <www.wavefg.com.br/notas/fg45>.

Primeiro vacilo: voltar a duvidar

Falando inicialmente sobre o comportamento dos indivíduos, pelo que tenho observado, existem duas situações básicas que ameaçam a consolidação do ciclo virtuoso com o novo foco na FORMA e podem até provocar o retorno do círculo vicioso. Isto é, a pessoa perde de vista seu propósito, e a falta de motivação e o desengajamento voltam a prevalecer. Uma delas é a dúvida. Quando ocorre, em geral, esse sentimento resulta justamente dos novos obstáculos enfrentados na primeira rodada no ciclo virtuoso. Em vez de continuar a ACREDITAR no potencial de sua autonomia e protagonismo, você começa a vacilar — apesar dos bons resultados que já estão sendo colhidos. Nenhum de nós é 100% racional o tempo todo. Nossa racionalidade é limitada* e, mesmo sem perceber, acabamos agindo guiados por vieses parciais da realidade — e também por nossas crenças negativas, que nos impedem de continuar a ACREDITAR em nós mesmos. Nessa hora, o que volta a atacar é a velha "síndrome de cachorro vira-lata", que mora lá no fundo de muitos de nós e só alimenta a insegurança, o medo e nosso "conforto" na inércia. De repente, você se pega pensando: "Ah, era tão bom antes, quando eu estava de boa, empurrando lápis... Agora eu me esforço um monte para ser efetivo e afetivo, e tem sempre alguém para me criticar. Sempre aparece uma pessoa para dizer que não vale a pena buscar novas TRILHAS. Dar exemplo o tempo todo cansa. O certo deve ser mesmo 'mandar', porque não dá tempo de SER melhor do que isso. Enfim, as cobranças só aumentam!".

Existem muitas situações em que você pode se sentir assim — e a maioria delas independe de sua vontade e racionalidade. A causa mais provável é que talvez você ainda não esteja vivendo e conviven-

---

* O conceito de racionalidade limitada foi criado por Herbert Simon, que recebeu o prêmio Nobel de Economia em 1978. Para saber mais, vale a pena ler o artigo "Herbert A. Simon and the Concept of Rationality: Boundaries and Procedures", de Gustavo Barros, publicado na *Revista de Economia Política*, jul./set. 2010. Disponível em: <www.scielo.br/pdf/rep/v30n3/a06v30n3.pdf>. Acesso em: 3 set. 2019.

do em um ambiente próspero e propício a seu desenvolvimento. Em geral, as pessoas a seu redor, que ainda não alcançaram um nível de consciência mais adequado e equilibrado, sentem medo, ciúmes e ficam inseguras, pensando: "Se essa nova atitude der certo, esse cara vai ser a estrela do nosso universo. Melhor puxá-lo para baixo para ele não ficar por cima de mim". Entende? São sentimentos negativos mas naturais em processos de mudança. Só que isso não pode impedir você de continuar a progredir. Como Líder da Nova Liderança (LNL), ao contrário: deve servir para você se fortalecer e superar tudo.

Por exemplo, você tem certeza de que há meses vem tendo um desempenho muito melhor do que antes, mas, no dia do feedback daquela tradicional Avaliação de Desempenho (AD) anual, seu "chefe" conclui: "É verdade... Nos últimos meses você anda até mais assertivo, mas esse resultado não basta para ser promovido". É um balde de água fria em sua motivação pelos próximos doze meses, não é? Ou tem ainda aquele amigo (ou vários) que deu para fazer bullying com você: "Caaaraa, você agora só pensa em estudar, trabalhar e tá focado nos outros... Tá tão dedicado que parece puxa-saco caridoso. Quer melhorar tudo e em tudo! Que papo é esse, irmão? Você tá chato demais!". Para piorar, no dia a dia de trabalho, não tem ninguém com proximidade e credibilidade em quem você confie de verdade para ter um papo direto e reto sobre tudo isso. Você se sente meio sozinho e acaba tendo recaídas em sua progressão.

Ou pior ainda: somado a tudo isso, em sua casa, seu pai, sua mãe, irmãos, marido, esposa ou outros parentes ainda não estão em convergência com seus propósitos. Assim que você começa uma dieta e a programação para sair do sedentarismo, sua mãe faz seu bolo predileto toda semana. Quando está todo convicto de que precisa estudar, seu irmão insiste em convidá-lo para a balada. Você conta para seu pai a participação superlegal que teve em uma reunião no trabalho, e ele aconselha com ar de preocupação: "Filho, o melhor que você faz nessas reuniões é entrar mudo e sair calado para não correr o risco de perder o emprego". Você tomou a decisão de romper a inércia, definiu seu propósito, entrou em movimento ACREDI-

TANDO em si mesmo, começou a PRATICAR com mais efetividade e, justo quando começa a MELHORAR, se vê diante de uma porção de pessoas que, em vez de apoiar seu desenvolvimento, parece que estão determinadas só a ajudar sua volta ao círculo vicioso? Eu sei, pode não ser por mal, é apenas mais um conjunto de círculos viciosos tradicionais a seu redor. É um enorme desafio para sua persistência na coerência, não é mesmo?

Mas, se e quando algo assim acontecer, não faça julgamentos precipitados e, principalmente, não fique chateado com sua família, com os amigos nem tampouco com seu "chefe", que só conheceu até hoje o modelo mais tradicional de gestão do tipo "manda quem pode", aquele baseado no medo e no conflito. Pode ter certeza: todas essas pessoas estão muito bem-intencionadas. Apesar da nova fase fitness, sua mãe só quer agradá-lo, fazendo seu bolo predileto. Já seu irmão quer sua presença para dividir a alegria da balada. E seu pai só deseja o melhor para você, o que, na concepção dele, é não ser demitido. Seu pai quer que você tenha a tal segurança que ele sempre buscou no passado — especialmente nas fases de crise econômica do país, que já viveu tantas vezes. Para ele, respeitar era ficar calado e não opinar ou ainda ser submisso e até omisso, pois o autoritarismo era o que dominava. Dominava? Quando agem assim, todos estão sendo apenas afetivos. O que talvez eles ainda não saibam é que só isso não basta: é preciso ter também o interesse genuíno de apoiar a progressão da outra pessoa com efetividade. Sua missão é lutar, nunca desistir e vencer, pois terá que ajudar todas essas pessoas queridas a ACREDITAR também. Essa é a arte de fazer o outro também QUERER* melhorar. Como LNL, sua missão está na empresa em que atua, mas também no ambiente em que vive.

Passando por esse tipo de situação, é bem compreensível, então, que você se sinta sozinho demais — e meio desanimado. Pode ser

---

* Essa missão de ajudar o outro a também QUERER melhorar é tão vital que, em *O fim do círculo vicioso* (São Paulo: Portfolio-Penguin, 2017, p. 155), dediquei o capítulo 5 inteiro à arte de fazer QUERER. (Re)Leia lá ou acesse um resumo em: <www.wavefg.com.br/notas/fg46>.

que bata um medo e até certo arrependimento, como mostrei na curva de Oberg adaptada sobre a qual falamos no começo deste capítulo. Sei bem como você se sente. Já contei que, no começo de carreira, vivi algo bem parecido. Eu também não tinha com quem conversar e trocar ideias — nem em casa nem no trabalho. Naquela fase de desânimo, seria uma bênção contar com um tutor. Foi essa minha solidão, porém, que me levou a fazer algumas descobertas sobre a FORMA de não retroceder — jamais — na busca de meu propósito. Enfim, seguir em frente para viver coisas que faziam mais sentido para mim.

A seguir, vou sugerir a você algumas iniciativas que foram muito úteis e me ajudaram a recuperar e renovar minha energia positiva. A ideia, porém, não é que você repita uma fórmula ou reproduza uma receita pronta. O mais importante agora é encontrar seu próprio jeito de fazer ajustes e correções de rota para seguir em frente em sua nova TRILHA de desenvolvimento — apesar de o ambiente ao seu redor não ser AINDA propício e próspero. Para construir sua própria governança antirretrocessos, vale muito a pena experimentar as seguintes atitudes:

- Para renovar a energia positiva e permanecer no ciclo virtuoso ou retornar a ele, lembre-se de sempre "ser profissional com a vida pessoal e viver pessoalmente a vida profissional".* Manter o equilíbrio entre efetividade (TER/razão/EU) e afetividade (SER/emoção/NÓS) é fundamental.

- Em vez de procurar as respostas para suas dúvidas na sabedoria e na experiência de um tutor — formal ou informal —, assuma definitivamente sua autonomia e protagonismo. VOCÊ é o líder, VOCÊ é seu melhor tutor.** Ter um tutor é um luxo

---

* Esse é outro mantra da nossa FG, que detalhei no capítulo 6 de *O fim do círculo vicioso* (São Paulo: Portfolio-Penguin, 2017, p. 191). Você pode acessar um resumo disso em: <www.wavefg.com.br/notas/fg47>.

** Para assimilar bem essa ideia, (re)leia os três últimos parágrafos da seção "Tutoria para quem quer voar mais alto", no capítulo 3 deste livro.

que pode não estar acessível todo tempo de acordo com suas necessidades, mas, quando houver, aproveite!

- Trace seu Plano de Desenvolvimento Individual (PDI) com visão de médio e longo prazos e metas desafiadoras — mas exequíveis. Utilize todas as ferramentas disponíveis: análise SWOT,[*] metas SMART e crie seu próprio Termômetro de Decisão.[**]
- Se o ambiente a seu redor ainda não é próspero e propício a seu desenvolvimento, crie sua "ilha da FG"[***] e siga com toda persistência na coerência, ACREDITANDO, PRATICANDO, MELHORANDO e COMPARTILHANDO para contagiar todas as pessoas a seu redor. Até formar seu continente de prosperidade onde tudo e todos melhoram sempre.
- Tenha sempre um plano B para seu PDI. Isso diminui a ansiedade, porque você sabe que não está dependente de uma única alternativa. Caso algo não saia tão bem como previsto, você seguirá tranquilo por outra TRILHA de desenvolvimento.
- No dia a dia, procure identificar exemplos inspiradores e úteis. Pessoas que foram capazes de superar circunstâncias adversas e conseguiram realizar seu propósito. Leia livros, veja bons programas de TV, assista a filmes, navegue na internet e nas redes sociais em busca de fatos vividos por pessoas simples, mas que podem lhe poupar algumas quedas. Neste e nos meus dois livros anteriores, conto inúmeras histórias verídicas de pessoas que acreditaram e realizaram seu propósito. De fato, o que mais gosto mesmo é de um bom diálogo, olho no olho.

---

[*] Ferramenta de gestão que auxilia no planejamento estratégico de empresas e novos projetos. A sigla SWOT, em inglês, significa "forças, fraquezas, oportunidades e ameaças".

[**] Para aplicar a análise SWOT e as metas SMART no seu PDI, uma pesquisa na internet vai mostrar rapidamente o que é necessário. A metodologia que chamo de Termômetro de Decisão é tratada no capítulo 3 de *A felicidade dá lucro* (São Paulo: Portfolio-Penguin, 2015, p. 80). O resumo disso se encontra em: <www.wavefg.com.br/notas/fg48>.

[***] Para criar a sua "ilha da FG", não deixe de (re)ler a seção "As ilhas paradisíacas da FG" no capítulo 3 do livro *O fim do círculo vicioso* (São Paulo: Portfolio-Penguin, 2017) ou veja um resumo em: <www.wavefg.com.br/notas/fg49>.

- Mantenha a cabeça e o coração abertos para tudo que é novo e, principalmente, que seja capaz de lhe trazer uma visão diversa da sua. Ouça muito, mas sempre use um filtro para escolher o que é o melhor para VOCÊ. A contribuição dos outros é muito importante, mas a decisão final é sempre sua.

- Periodicamente, em especial quando sentir desânimo, reveja seus valores, metas e critérios viabilizadores. Faça uma avaliação crítica e se questione: "Para mim, isso faz sentido? Eu realmente QUERO isso? Sim ou não?". Use nossa técnica: se SIM, quando?; se NÃO, por que não? Se a resposta dessa reavaliação for não, procure entender o que e por que houve essa mudança e identifique o novo propósito que é capaz de renovar sua energia, recolocando você em movimento no ciclo virtuoso. Se a resposta for sim, então, você já ACREDITA, PRATICA, vai continuar a MELHORAR e chegou a fase de começar a COMPARTILHAR com os outros, consolidando os benefícios mútuos do ciclo virtuoso. Então, se SIM, entre em ação! QUANDO? Agora.

- Ao COMPARTILHAR, você eleva sua consciência ao patamar da resiliência expansível, e é isso que muda seu mindset definitivamente, ou melhor, torna o processo orgânico, incorporando, consolidando e enraizando a mudança a seu DNA. Desse ponto em diante, você segue no ciclo virtuoso — sem esforço, com a maior naturalidade. E, muito provavelmente, sem novas dúvidas capazes de causar retrocessos. Para isso, um antídoto MUITO legal que sempre usei e também pode ajudar você se chama Felicidade Compartilhada (FC). Trata-se de uma prática simples, ligada ao grupo de Cultura e Estratégia, com foco nas outras pessoas e que ENCANTA quem recebe e gera um prazer ENORME em quem oferece. Funciona da seguinte forma: fique muito atento ao comportamento dos outros e identifique atitudes que indiquem convergências com todos os estímulos benéficos dos ciclos virtuosos. Assim, em vez das várias situações desestimulantes, você estará convivendo com pessoas com atitudes benéficas, que agem dessa forma naturalmente, porque são agentes positivos orgânicos, e não porque querem aparecer se fazendo de "legais". Se ficar atento a esses comportamentos e atitudes, conseguirá identificar inúmeras ocasiões e pessoas positivas. É aqui que entra em jogo a FC. Com muito carinho e dedicação, você deve organizar um reconhecimento emocional para essas atitudes e comportamentos, entregando àquela pessoa ou àquele grupo de pessoas um RECONHECIMENTO de altíssimo nível, mas sem base monetária, apenas emocional. É o que seria quase um SALÁRIO EMOCIONAL: um reconhecimento rico, público, sincero e com muito amor a alguém, envolvendo família, vida, amor, verdade, valorização plena e irrestrita do outro, especialmente surpreendendo, parabenizando e agradecendo. Pode parecer simples, às vezes até cafona ou piegas, mas isso cura dúvidas e alimenta sentidos. Vale a pena experimentar, e a melhor hora é, justamente, quando você se sentir muito apático, pensando muito em si mesmo e com vontade de retroceder. Talvez você considere meio maluco o que estou dizendo, mas a cura de seus medos, dúvidas e ansiedades não está apenas em você; está em como você age com os outros. Experimente a FC e me conte como foi neste link da nossa plataforma interativa: <www.wavefg.com.br/historia>. A propósito, a FC não tem contraindicações, ou seja, use quando sentir alguma dor, mas use à vontade também quando estiver se sentindo muito bem!

Segundo vacilo: as demandas do ego

Existem pessoas que acabam se tornando reféns do próprio ego e ficam apegadas à dimensão do TER. É o tipo que diz — ou pensa — assim: "Para mim, está ótimo. Dei muito duro para chegar até aqui. Agora os outros que tratem de lutar pelo que querem. Se eu pude engolir sapos, eles também podem". Dificilmente essa pessoa vai se tornar um LNL, porque sua consciência não atingiu o patamar de consciência da resiliência expansível. Em vez disso, pode acabar virando alguém como o "chefe" revanchista, que cria obstáculos à progressão dos outros ou segura as pessoas debaixo das asas dele. Dei vários exemplos desse perfil, quando falamos sobre os comportamentos mais nocivos que detonam a microcultura nas empresas.[*] A pessoa se isola em seu SUCESSO PROFISSIONAL[**] e acha que suas conquistas serão eternas. Que ilusão! A colheita dos benefícios individuais não tem continuidade nem é duradoura. Muito menos infinita e recíproca. No ciclo virtuoso que proponho, toda estagnação é inevitavelmente temporária. Sabe por quê? Porque a estagnação é a antessala do retrocesso, e isso não é aceitável. Se não se mantiver em movimento na direção da dimensão do NÓS, a transformação para MELHOR fica insustentável, como já expliquei em meu segundo livro, *O fim do círculo vicioso*, quando apresentei[***] a Figura 5.1 (p. 175).

Em todos os eventos de que participo para disseminar a FG e a FGEP, insisto bastante nesse ponto. A pessoa avança porque ACREDITA, PRATICA e MELHORA individualmente e daí se dá por satisfeita. Para de mudar e volta à inércia antes mesmo de começar a COMPARTILHAR os benefícios com os outros. Portanto, passa a TER mais coisas, mas para de melhorar como SER humano. As demandas do ego voltam a prevalecer, e ela deixa de colaborar na criação de um ambiente de prosperidade para todos. É assim que o ciclo virtuoso fica desnutrido, perde a força e míngua. É o fim da sustentabilidade do processo de mudança, quando tudo ficaria sempre melhor para todos.

Não existe vacina para prevenir esse posicionamento tão individualista e exclusivista, mas há uma FORMA de tentar mitigar os sintomas dessas doenças do ego. O melhor remédio que conheço para isso é o diálogo franco, aberto e sem prejulgamentos oferecido pelo LNL. Com seu relacionamento de proximidade, credibilidade e

---

[*] (Re)Leia, no capítulo 1, a seção "Cultura Organizacional macro e micro" e, no capítulo 3, a seção "Tutoria para quem quer voar mais alto".

[**] No capítulo 2, falamos sobre a diferença que existe entre ter SUCESSO PROFISSIONAL e ter SUCESSO NA VIDA, lembra?

[***] (Re)Leia o capítulo 2 de *O fim do círculo vicioso* (São Paulo: Portfolio-Penguin, 2017, p. 61), onde explico detalhadamente como chegar ao ciclo virtuoso. Se você ainda não tem esse livro, acesse um resumo em: <www.wavefg.com.br/notas/fg50>.

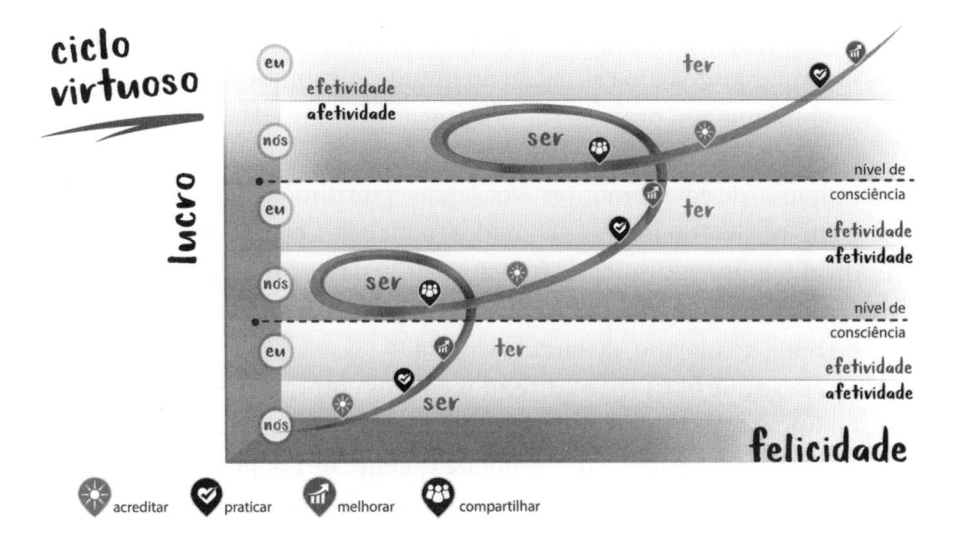

Figura 5.1. Sem a dimensão do nós, o ciclo virtuoso é insustentável.

confiança, o LNL consegue estimular o outro a elevar seu patamar de consciência da dimensão do EU para a do NÓS. Somos cada vez mais interdependentes e interconectados e, por isso, sem compartilhamento e reciprocidade não haverá futuro MELHOR para NINGUÉM. Muito menos para quem sofre da ilusão do sucesso individualista, um assunto que já abordei em profundidade no livro *O fim do círculo vicioso*, apresentando, inclusive, a tradução da letra de uma música de que gosto muito, chamada "Lettera al futuro".*

A vacina corporativa antirretrocessos

Até aqui apresentei a você alguns comportamentos individuais que mais ameaçam a sustentabilidade do ciclo virtuoso e a FORMA que

---

* Essa música do cantor italiano Eros Ramazzotti está na seção "A ilusão do individualismo", em *O fim do círculo vicioso* (São Paulo: Portfolio-Penguin, 2017, p. 223), que você pode acessar também em: <www.wavefg.com.br/notas/fg51>.

encontrei para enfrentar e superar esses obstáculos. Agora, vamos imaginar juntos uma situação no mundo corporativo.

Suponha um processo de adaptação evolutiva da CO ocorrendo em uma empresa com centenas ou milhares ou até centenas de milhares de colaboradores. Você consegue dimensionar o possível efeito nocivo, quando são somados todos esses comportamentos individuais ameaçadores da transformação da CO? Imagine a força de resistência à mudança e o tamanho da ameaça de volta da inércia, do mais do mesmo, do círculo vicioso?

Não é que os CEOS, os diretores e/ou os empresários não estejam realmente bem-intencionados e dispostos a mudar. Nem tampouco que não enxerguem a necessidade urgente de adaptar a CO a uma nova realidade para usufruir das competências das pessoas mais talentosas. É que, no modelo tradicional de gestão, enquanto a alta liderança ainda está discutindo as diretrizes da adequação da macrocultura aos novos cenários, no relacionamento diário entre os "chefes" e seus "subordinados", ou seja, na microcultura, o processo todo já vai sendo revertido ao mais do mesmo, às parcialidades, ao "manda quem pode, obedece quem tem juízo". E, mesmo com muito esforço e todo o apoio de consultorias globais, nada muda.

Então, acaba acontecendo o seguinte: o processo de mudança da CO é anunciado com pompa em eventos realizados em alto estilo; a boa notícia é transmitida "top-goela-down" com a máxima agilidade; todos exibem sorrisos e energia renovada para oferecer o melhor em busca dos objetivos comuns daquele projeto e... dali a uns meses, o grau de engajamento das pessoas continua igual. Isto é, muito baixo — o que se mensura fácil nas pesquisas de clima e, principalmente, nos indicadores de produtividade, qualidade, eficiência e rentabilidade do negócio. Já vi acontecer várias vezes. E tenho certeza de que você também já viu — ou sentiu — esse engajamento fogo de palha, o chamado engajamento FAKE.*

Observo esse fenômeno, inclusive, nas start-ups mais inovadoras, lideradas por jovens empreendedores determinados a fazer diferente.

---

* Em inglês, a palavra *fake* quer dizer falso.

É só passar o entusiasmo com a boa notícia que tudo volta para onde sempre esteve — no círculo vicioso da inércia, do pessimismo, da descrença e do desengajamento. É o efeito ioiô: avança, mas retrocede... E aí a mudança não vai além das boas intenções, apesar de realmente existir a vontade de viver o novo. Por quê? É que continuar no modelo tradicional nos poupa do medo de ouvir críticas. Errar fazendo mais do mesmo já traz o perdão incluído no preço. Mas errar tentando fazer o novo pode sair bem mais caro. O preço a pagar pelo protagonismo é semelhante ao do pioneirismo. Até agora, esses dois atributos eram opcionais, só que em breve o protagonismo será o básico essencial.

Deve ser por essa razão que alguns especialistas costumam afirmar categoricamente que são necessários cerca de dez anos para mudar a cultura de uma organização. Minha experiência na aplicação da FGEP, porém, me faz discordar disso com veemência: se for realmente para MELHORAR tudo para todos, o processo de mudança pode ser, sim, bem rápido, efetivo e definitivo. Não estou querendo dizer com isso que, ao implementar os CVs das práticas imparciais da FGEP descritas nos capítulos anteriores, a organização fique imune às ameaças de retrocesso ao longo do processo de mudança da CO. Nada disso. Essas ameaças continuam a existir e são igualmente poderosas. Por isso, além de desenvolver — e muito — seus líderes, nessa etapa, gosto de propor às empresas a criação do que chamo de GOVERNANÇA DA FORMA (GF). É com foco na formação conectada dos LNLS e em uma sólida GF que essas ameaças serão enfrentadas e superadas. Essa é a vacina antirretrocessos.

Inspirada nas melhores práticas de Governança Corporativa,[*] que têm dado inegável contribuição para a otimização da gestão e do resultado dos negócios em empresas em todo o mundo, a GF da FGEP dá estrutura ao processo de transformação da CO. Permeia

---

[*] Para conhecer melhor as boas práticas de Governança Corporativa, acesse o Portal do Conhecimento do Instituto Brasileiro de Governança Corporativa (IBGC), disponível em: <https://conhecimento.ibgc.org.br/Paginas/default.aspx>, e assista também a minha participação como debatedor no painel sobre Gestão de Talentos e Sucessão no 15º Congresso do IBGC: <canal-ibgc.mediagroup.com.br/webcast/congresso/15/>. Acessos em: 3 set. 2019. Ou acesse: <www.wavefg.com.br/notas/fg52>.

transversalmente tudo e todos — sem exceção —, assegurando que a transição seja rápida e sem retrocessos. E, principalmente, que a mudança seja incorporada, consolidada, enraizada e se torne fluida, natural, orgânica e constante na empresa. Para manter vivo e dinâmico o engajamento na NCO, é essencial dispor dessa estrutura de fluxos, processos e parâmetros que tem três objetivos:

1   Assegurar que a RAZÃO DE SER do negócio, seus valores e CVS da imparcialidade continuem a ser postos em prática com persistência na coerência dia a dia. Isto é, que os comportamentos individuais cotidianos na microcultura não frustrem a efetiva transição da macrocultura para a NCO.

2   Garantir que haja a participação efetiva de todos os colaboradores pela estrutura inclusiva, a coletivização das informações e o compartilhamento do processo decisório.

3   Sistematizar a revisão periódica da NCO e atualizar os fluxos e os processos, incluindo, é claro, a própria GF, que, além de promover a integração das áreas, desenvolve o apreço à mudança no DNA da organização.

Geralmente, quando me ouvem falar sobre a necessidade de abrir — e manter aberta — a cultura da empresa ao diálogo e à participação de todos, ou seja, à colaboração de todos os LNLS, executivos e empresários (em especial os mais apegados ao modelo tradicional de gestão) logo colocam um pé atrás: "Márcio, vai ser o caos! Não dá para ouvir a todos. Já é difícil chegar a um consenso hoje. Imagina assim, com total abertura aos palpites! Imagina, então, receber e processar esse volume enorme de ideias espontâneas, triando as poucas que podem ser realmente contributivas!". Quando me vejo diante de uma reação desse tipo, costumo apresentar quatro contra-argumentos:

1   A alternativa a não abrir a empresa ao diálogo e à participação de todos é seguir em frente com o modelo tradicional de gestão, apesar do baixo nível de engajamento dos colaboradores e do desperdício diário da contribuição que cada LNL pode oferecer

para a solução de problemas sistêmicos e também em inovação, em ganhos de eficiência e na qualidade de produtos e serviços.

2 Para romper com a rigidez hierárquica e com o excesso de "respeito", que chamo de autoritarismo ou exercício do EGO e que dificultam o diálogo e a colaboração no modelo tradicional de gestão, a FGEP não propõe a perpetuação de atalhos informais, muito menos a libertinagem comunicativa.* Em vez disso, a proposta da GF é a criação de uma estrutura capilar, flexível e transversal de coletivização das informações.

3 A participação voluntária dos colaboradores interessados em contribuir em projetos que agreguem valor estratégico ou identifiquem as já tradicionais oportunidades de melhorias, solucionando problemas operacionais sistêmicos, não poderá interferir na execução de suas atividades cotidianas. A GF tem regras claras para impedir isso.

4 A GF é uma estrutura da FGEP que já foi testada, aplicada e teve seus resultados mensurados e avaliados em empresas de todos os portes e dos mais diversos setores. É uma estrutura formal, mas com a necessária flexibilidade para ser continuamente aperfeiçoada. Ou seja, no primeiro sintoma de disfuncionalidade, a própria GF endereça a necessidade de mudança/atualização.

A forma: flexível e adaptável

Depois de ultrapassar esses temores e resistências iniciais, que também são naturais diante de processos de mudança — em especial quando são tão modernos e disruptivos como o proposto pela FGEP —, o primeiro passo para implementar a GF é criar um estatuto mínimo para organizar a coletivização da liderança. Claro, tudo sempre fundamentado em CVs da IMPARCIALIDADE. Essa nova

---

* No capítulo 1, em "Equilíbrio entre hierarquia e proatividade", apresentei um exemplo bem detalhado de situação em que foi feito mau uso tanto dos canais formais quanto dos atalhos de comunicação.

estrutura será aplicada sem impactar a governança formal estatutária já existente. Não confrontará nem competirá em nada com a estrutura societária. A GF é uma auxiliar que vai reger a comunicação bottom-up e top-down, mantendo a fluidez e organizando a participação e a coletivização das informações para gerar valor PARA TODOS. Por exemplo: vamos supor que a empresa já conte com Conselho de Administração (CA), seus comitês específicos de apoio ao processo decisório no CA e a Diretoria Executiva. Isso continua como está, e a atuação no dia a dia dos negócios será de apoio a essa estrutura vertical como um reforço à coletivização horizontal e diagonal, como está apresentado na Figura 5.2, que vou detalhar a seguir:

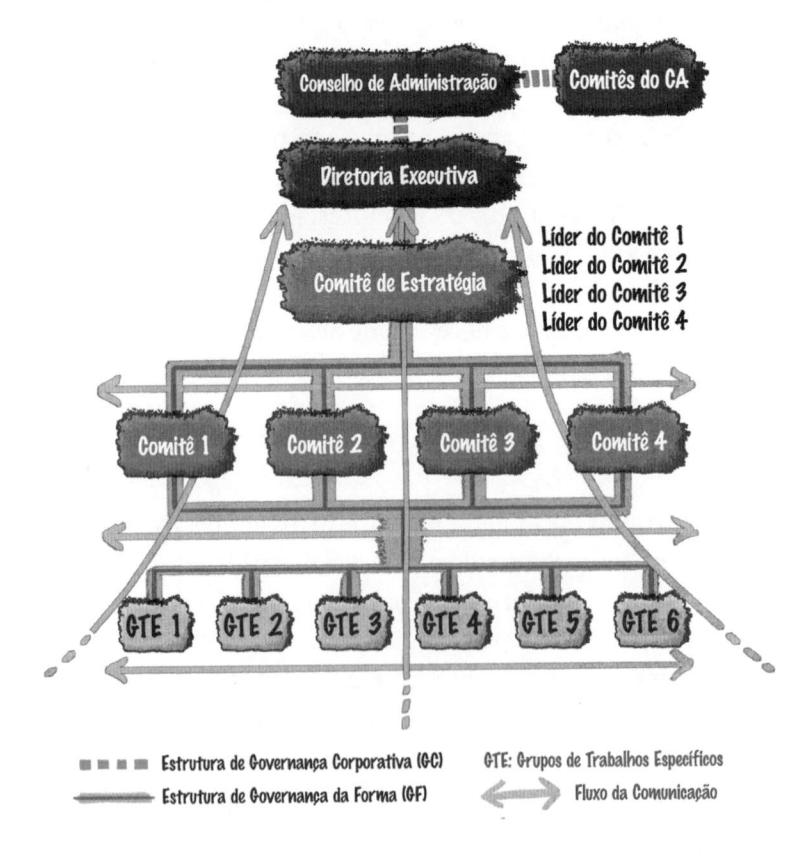

Figura 5.2. Sobre a estrutura existente de GC, é aplicada a GF da FGEP.

Os Comitês, que devem sempre contar com um número ímpar de integrantes com mandatos predefinidos e rotativos, têm suas áreas de atuação determinadas pela Diretoria Executiva, de acordo com a fase de desenvolvimento do negócio e/ou com as necessidades momentâneas mais específicas. Isto é, durante determinado período, o foco pode estar centrado em Desenvolvimento de Pessoas, Inovação, Clientes ou Gestão de Crises, mas há também questões sempre relevantes como Tecnologia, Riscos, Ética ou Segurança. O fato é que é atribuição exclusiva da Diretoria Executiva definir os temas-chave para a criação dos Comitês. Além do reporte e da atuação sempre alinhada com a Diretoria Executiva, outra característica dos Comitês é a multidisciplinaridade. Para isso, há duas recomendações:

1   O líder do Comitê <u>não deve</u> ser o especialista ou gestor da área de atuação do próprio Comitê. Por exemplo: no Comitê de Pessoas, o gerente de RH pode ser membro, mas não será o líder. Isto é, a coletivização da informação e do poder é uma premissa tão básica da GF que o melhor especialista na área específica daquele Comitê não pode — e não deve — liderar o grupo e as atividades realizadas. Veja, se o Comitê de Finanças for liderado pelo gerente financeiro, tudo continuará como antes, sendo feito do jeito "dele". E o jeito pluralizado, coletivizado e, por exemplo, a melhor solução que só alguém da área de Qualidade conseguiu enxergar continuariam desconhecidos. A multidisciplinaridade e a liderança cruzada fomentam o aprendizado contínuo e recíproco e nivelam a FORMA para evitar individualismos.

2   Porém, os integrantes da área específica do Comitê devem ser membros, e todos os demais, de outras áreas (inclusive o líder). A exceção é o Comitê de Ética. Caso seja criado pela Diretoria Executiva (recomendo fortemente que seja), a sugestão da FGEP é que o Comitê de Ética seja composto de um representante de Negócios, um com foco em Clientes, um especialista em RH e os demais atuem no Jurídico da empresa, sendo o líder responsável pelo tema na empresa.

É preciso que haja regras claras e bastante objetivas de elegibilidade aos Comitês, entre elas: além do número ímpar de integrantes, a mesma pessoa só pode participar de até dois comitês simultaneamente e, se for o caso, liderar apenas um. Os critérios de elegibilidade em geral prestigiam a participação dos líderes (gestores e especialistas), mas qualquer pessoa pode ocupar uma posição em um Grupo de Trabalho Específico (GTE). A participação é voluntária. O colaborador manifesta interesse em fazer parte de no máximo dois GTEs, sabendo de antemão que isso não poderá afetar suas atividades diárias. Além disso, sua contribuição estará sendo acompanhada e avaliada — com registros, inclusive, no DC,* exatamente como ocorre com a participação dos membros e dos líderes dos Comitês. Logo ao iniciar as atividades do Comitê, seus integrantes definem se há necessidade ou não da criação de GTEs para levar adiante projetos em três vertentes básicas:

- novas oportunidades e questões sistêmicas de grande abrangência e alto impacto estratégico na organização como um todo;
- novas oportunidades e questões sistêmicas com impacto em um ou mais processos da companhia com prazo de conclusão entre três e seis meses;
- e, finalmente, mudanças em processos de qualidade ou gestão em toda e qualquer área da organização que produzam resultados tangíveis e intangíveis.

As regras de composição dos Comitês têm, entre outros, o objetivo de estimular e viabilizar a contribuição dos líderes, que já estão à frente de um time. Já o Comitê de Estratégia é formado pelos líderes

---

* No capítulo 4, conversamos sobre as vantagens do DC da FGEP sobre o modelo tradicional de AD anual. Em *O fim do círculo vicioso* (São Paulo: Portfolio-Penguin, 2017, pp. 164-8), explico na seção "Diário de Competências" como e por que aplicar esse instrumento de avaliação. Você pode acessar um resumo disso em: <www.wavefg.com.br/notas/fg53>.

de cada um dos demais Comitês, como indica a Figura 5.2. Para os GTES, a recomendação é que seja estimulada a participação das pessoas que ainda não têm um time, mas que estão buscando caminhos para se tornar líderes. Isto é, nos GTES, estimula-se a participação dos LNLS ainda em formação e que em breve vão abastecer o pipeline de sucessão.*

O estatuto da GF deve prever também outras regras para a composição e o funcionamento dos Comitês e dos Grupos de Trabalho, como a duração e os critérios de rotatividade dos mandatos, periodicidade das reuniões, responsabilidades do líder, atribuições do secretário, formato básico das pautas e atas e também definição de prazos e reportes de acompanhamento das contribuições. Toda a documentação gerada pelos Comitês e pelos Grupos de Trabalho deve ficar concentrada em uma biblioteca virtual acessível a todos, com o objetivo de dar transparência às atividades e também possibilitar o aprendizado dos colaboradores que AINDA não estão diretamente envolvidos em nenhum dos projetos em andamento na estrutura da GF. Assim, todos podem compreender como funcionam os Comitês e os GTES e se posicionar proativamente.

Aliás, também é fundamental que o estatuto preveja a sistematização da revisão periódica de todos os fluxos e processos, além dos Critérios Viabilizadores e Práticas da NCO, incluindo, é claro, as regras e os pré-requisitos da própria GF. Isso é mandatório. Para criar um ambiente próspero e propício ao desenvolvimento das pessoas, é imprescindível estar sempre mudando tudo para melhor — mesmo o que já parece estar muito bom. Esse é o único jeito de estar todos os dias preparado e bem-disposto para se adaptar àquele futuro do qual Einstein** falava... O futuro que insiste em chegar cada vez mais depressa impulsionado pela revolução das tecnologias 4.0. Por isso, a adaptabilidade é a única competência que nos conduz à resiliência

---

* Note como a estrutura da GF é sinérgica com as práticas de desenvolvimento e sucessão de lideranças, que apresentei no capítulo 2.

** Segundo Albert Einstein, "o futuro chega bem depressa". Já citei essa frase com os devidos créditos na Introdução deste livro.

expansível, ou seja, ao patamar de consciência que nos assegura a sustentabilidade — na vida, na carreira e/ou nos negócios. Na FGEP, o mantra diário é: "Mudar é bom. Participar é ótimo!".

Aqui vale destacar outro ponto importante: nenhum Comitê serve de "filtro" de proposições. O critério que viabiliza sua atuação imparcial define que a atribuição de cada um deles é, acima de tudo, organizar, planejar e fomentar a geração de valor para a empresa de modo matricial e integrador. O objetivo primordial é aproximar pessoas e áreas que antes não se comunicavam e obter o melhor proveito das visões multidisciplinares e convergentes. A missão dos integrantes dos Comitês é dar direcionamento, validando as proposições em alinhamento com a estratégia definida, além de manter a persistência na coerência nas práticas imparciais. Eles dão uma recomendação positiva, mas não tomam a decisão final, que permanece como atribuição da Diretoria Executiva. Portanto, ao serem conduzidas através desses canais de diálogo, as proposições favoráveis ao resultado dos negócios vão se tornando mais embasadas e desenvolvidas, pois foram analisadas sob diferentes ângulos e validadas previamente por um time multidisciplinar de LNLS — os atuais e os futuros. Essa participação mais ampla evita a forma antiga de fazer tudo entre poucos e depois, em um grande processo de change management ou rollout, levar as diretrizes para o povo.

Assim, o fluxo da comunicação fica bem mais eficiente e eficaz: uma proposta sai formatada do GTE, passa pela análise do respectivo Comitê, sua aderência é verificada pelo Comitê Estratégico e só depois é recomendada à decisão final da Diretoria Executiva. Às vezes, esses caminhos podem ser mais curtos, pois nem tudo precisa partir de um GTE. Ou seja, qualquer pessoa pode levar suas propostas ou necessidades diretamente aos Comitês. Obviamente, esses percursos têm prazos predefinidos para não se perderem nos meandros das reuniões intermináveis. Quando chega à Diretoria Executiva, a resposta a cada proposição precisa ter o seguinte formato: "Se sim, QUANDO a proposta será implementada" ou "Se não, POR QUE NÃO". Há boas razões para que a resposta tenha que ser assim. A primeira é que o colaborador que teve sua proposta recomendada vai ser convidado a participar da apresentação da proposição à Diretoria Executiva. Se for aprovada ali, a definição do prazo de execução é o melhor agradecimento que pode ser oferecido pela pertinência do tema e pelo mérito daquela pessoa — que estará ali ao vivo e em cores para receber esse reconhecimento. Isto é, na prática, estará sendo dito o seguinte: "Parabéns, sua proposta é tão boa que a partir de TAL MÊS estará em execução e você vai participar dessa construção até o final. Muito obrigado por sua contribuição. Você também é um LÍDER". No caso da não aprovação, a explicação do motivo é um estímulo ao aprendizado e oferece a chance de uma próxima oportunidade de contribuição.

Há ainda outras tantas formalidades que precisam existir, mas não é necessário detalhar todas aqui — até porque o estatuto da GF deve ser customizado pela própria equipe, de acordo com as especificidades e as necessidades de cada empresa. Claro, desde que sigam sempre as regras básicas que já destaquei. O mais relevante agora é você compreender que a estrutura da GF materializa e viabiliza a gestão participativa, criando canais reais, fluidos, integrados ao dia a dia e, sobretudo, eficazes de comunicação interativa, transversal e bilateral. É por meio desses canais que são transmitidas as diretrizes e ocorre o alinhamento estratégico (top-down) e são recebidas as contribuições pertinentes para os processos de inovação e solução de gargalos e isolamentos sistêmicos (bottom-up). As pessoas que cumprem com os requisitos definidos por CVs podem, ou não, querer participar, mas a maioria participa e adora. E isso se torna o aprendizado real do modelo de uma ótima governança formal, participativa de baixo até o topo, exercitando talentos em ações que os expõem à vivência de uma CO integrada — para valer.

O fim das decisões solitárias

Simples assim? Basta aplicar a estrutura da GF, e o processo de transição da CO para a NCO da FGEP passa a fluir com toda a naturalidade e eficiência? Claro que não. Já disse a você no início deste capítulo e repito aqui com toda a convicção empírica: nunca subestime a força da inércia. Exatamente como cada um de nós na sociedade, as áreas de uma empresa são interdependentes e interconectadas. Por isso, quando alguma alteração é feita em um ponto — mesmo que seja de melhoria —, é muito provável que surjam desequilíbrios ou disfuncionalidades em outras áreas. Os efeitos colaterais são diversos. Um deles, inclusive, é muito positivo. Logo que implementa a estrutura participativa da FGEP, a alta liderança costuma sentir um enorme alívio na sobrecarga de suas responsabilidades antes exclusivas — até mesmo no processo decisório.

No modelo tradicional de gestão, a demanda por decisões é grande, contínua e imediatista. Os "seres iluminados" da Diretoria Executiva são exigidos como se pudessem "saber sempre tudo sobre tudo e em profundidade". O time traz as questões e cobra decisões rápidas, mas raramente contribui na construção das respostas, pois não consegue passar do segundo "por quê?". Com a coletivização das informações e das decisões, além de as proposições serem escaladas já desenvolvidas e com prévia validação estratégica de um grupo multidisciplinar, as demandas de aprofundamento de conhecimento e análise podem ser enviadas para os Comitês e os Grupos de Trabalho.

Por exemplo: a diretoria precisa tomar uma decisão quantitativa, mas existe o risco de impactar qualitativamente a área de Desenvolvimento de Produtos. Na estrutura da GF, essa demanda pode ser encaminhada para aprofundamento multidisciplinar em um Comitê específico, com integrantes de diversas áreas, como Finanças, Produtos, Clientes, Pesquisa & Desenvolvimento, entre outros. Isso geralmente já ocorre, mas com objetivos pontuais e de forma desorganizada, sem buscar a participação de todos aqueles que possam ter interesse genuíno na construção da resposta. Lembra? Uma das virtudes dos Comitês é a transparência; todos os projetos são públicos. Assim, a GF põe fim àquele sentimento terrível de solidão: ninguém precisa mais decidir nada sozinho ou sem informações de qualidade que respondam até ao quinto "por quê?". O fluxo do diálogo acontece top-down, bottom-up, lateral, transversal e diagonal.

Porém até mesmo essa maravilhosa sensação de alívio da sobrecarga de responsabilidades pode ter um rebote negativo no processo de transição da CO para a NCO. De repente, o ego de alguém — ou de várias pessoas — começa a sentir falta de comandar e controlar. É a saudade de TER e exercer o poder. Antes, os colaboradores levavam uma questão aos "oráculos" e aguardavam passivamente a resposta. E, quando ousavam fazer alguma proposição, ficavam nervosos, com medo de ser destruídos já na primeira pergunta "divina". Na gestão tradicional, existe toda uma mística — com reverência e muita bajulação — em torno da ALTA LIDERANÇA. O poder emana quase exclusivamente do CEO e dos diretores executivos, e o Conselho chega a ser temido.

Já quando a GF é aplicada, o CEO, os diretores executivos e até o Conselho deixam de ser vistos como o paradigma inatingível da sabedoria do Olimpo. Nenhum colaborador se sente mais desconfortável ou desesperado quando vai apresentar proposições à alta cúpula decisória. Ninguém mais tem excesso de respeito — ou medo — por ninguém. É que, ao transitar pelos canais formais de diálogo da GF, cada ideia vai sendo discutida, aprimorada, desenvolvida e, quando é apresentada, é o "dono da proposição" quem sabe tudo em profundidade sobre aquilo e pode, de fato, participar. É que o conteúdo já está diversificado e aprofundado com tamanha credibilidade e abrangência que fica quase sempre maduro a ponto de satisfazer qualquer instância tradicional de poder. É essa preparação consistente que faz os monstros sagrados desaparecerem. É essa reconquista da segurança proporcionada pela autoestima em alta que alimenta a autonomia, o protagonismo e o engajamento. Gradativamente, as pessoas vão se assumindo como LNLS — com ou sem patente —, e os conselheiros e os melhores CEOs adoram esse perfil de profissional.

Existem, porém, pessoas que, mesmo nesse mundo MUITO mais participativo, ficam presas à dimensão do EU e do TER. Outro dia, ouvi o seguinte de um diretor executivo: "Olha, estou me sentindo a rainha da Inglaterra. É só dar parabéns para um, parabéns para outro. É só dizer quando NÓS vamos fazer as mudanças ou POR QUE

NÃO vamos fazê-las. Nessas reuniões, ninguém manda mais nada. Me sinto inútil". Neste capítulo, já falamos que, para as doenças do ego, não existem vacinas. O único remédio possível para diminuir os sintomas é o diálogo franco, aberto e sem prejulgamentos oferecido pelo LNL mais próximo da pessoa, que nesse caso era o CEO. Mas, se esse remédio ainda não estiver disponível, pode ter certeza: em um processo natural e tranquilo de depuração, pouco a pouco, as pessoas reféns do ego acabam indo "buscar novos desafios" em organizações onde vão se sentir mais adequadas e confortáveis. Ou seja, o profissional pede demissão. Ser do contra ou ficar travado no modelo retrógrado pega mal, e, na chapa quente da NCO, essas pessoas pulam. Chamo isso de "seleção natural da FGEP"* e também faz parte de um processo mais amplo que é o TURNOVER DO BEM.

Funil da hierarquia acirra a competição

Nesse processo de transição da CO para a NCO da FGEP, há, entretanto, um gargalo mais complexo, porque envolve um número consideravelmente maior de pessoas. Estou falando aqui de todos os que se voluntariam para atuar nos Comitês. Por recomendação do próprio estatuto básico da GF, os integrantes dos Comitês são todos líderes, mas com diferentes níveis gerenciais e de diferentes áreas. Isso significa que alguns estão na porta do gol, esperando ansiosos por uma promoção a diretor. Com certeza, deve haver vários gerentes seniores com essa mesma expectativa — apesar de a nova vaga na diretoria ser uma só. E muitos mais gerentes plenos, querendo se tornar sênior. E muitos mais ainda gerentes juniores fazendo o que for preciso para crescer... Logo, é exatamente nesse ponto que a tradicional pirâmide hierárquica se afunila e coloca cada vez mais combustível na competição. Às vezes, até com a "ajuda" de alguns

---

* No capítulo 4 de *Felicidade dá lucro* (São Paulo: Portfolio-Penguin, 2015), conversei com você sobre o que chamo de "turnover do bem". Você pode (re)ler no seu exemplar ou acessar um resumo em: <www.wavefg.com.br/notas/fg54>.

jogando lenha na fogueira, acirrando os ânimos com a desculpa esfarrapada de que "a competição tira o melhor de cada um".

Na verdade, porém, o que consegue "o melhor de cada pessoa" é o trabalho em equipe, a colaboração e a participação, e esta ainda diminui muito as resistências. No modelo tradicional de gestão, a maior parte das pessoas passa o dia em manobras de guerra, em ações de ataque e defesa. Mal dá tempo de fazer um trabalho muito bem-feito para os clientes ou melhorar a eficiência do negócio. O que dirá, então, "perder tempo" em atividades colaborativas, que são exatamente o objetivo dos Comitês da GF. É ali que esse conjunto de egos em disputa acirrada vai se instalar, e é claro que eles vão levar para dentro dos Comitês o padrão de comportamento a que estão habituados na microcultura. Em vez de buscar a integração e a união matricial — para colaborar na incubação, no aprofundamento e no endereçamento das proposições —, fica todo mundo travado. Nada vai adiante, porque não existem boa vontade, disposição e engajamento. Em vez de atuar como NÓS do Comitê X, cada um é só EU, competitivo, isolado e ineficiente. Não há causa comum, não há união em torno de nenhuma proposição. Ema, ema, ema... cada um no seu esquema. Por isso, é também ali nos Comitês que essa estrutura gerencial matricial, que chamo de GF, é mais necessária e pode ser até fundamental.

Sem a estrutura oferecida pela GF, é evidente que o tal Comitê X não vai conseguir apresentar resultados. Daí, nesse ambiente ainda tão adverso e competitivo, é provável que algum oportunista vá querer aproveitar a chance de reforçar o próprio ego, especialmente se for alguém do tipo que se sente a rainha da Inglaterra, quando não está 100% no poder. Na data de avaliação dos Comitês, prevista no estatuto da GF, pode ter certeza de que ele vai ser o primeiro a apontar: "E esse Comitê X, hein? O que está havendo ali? Que líder é esse que não fomenta nada, não incuba nada, não traz nada, não endereça proposições? Esse naufrágio tem que ser punido". E sai da sala de reuniões com o ego satisfeito, mas sem pavimentar o caminho de ninguém na direção do desenvolvimento e da prosperidade mútua.

Qual seria a reação mais indicada diante dessa ameaça de retrocesso na consolidação da NCO? Chegar à reunião, passar uma rasteira no líder do Comitê X, mandar todo mundo "obedecer às regras do estatuto da GF" e começar a remar logo? A atitude do LNL está no extremo oposto. Ele busca os instrumentos disponíveis e as práticas da NCO para fazer os outros ACREDITAREM que é possível conviver de modo colaborativo e alcançar os melhores resultados para todos. Lançando mão das relações de proximidade, credibilidade e confiança, o LNL toma a iniciativa de abrir o diálogo franco para estimular a superação desses novos obstáculos, que sempre surgem nos processos de mudança. É natural, faz parte. Mas precisam ser enfrentados e superados. Lembra? O LNL não se omite. Mas também não é ele quem deve dar todas as respostas e tomar todas as decisões intempestivamente. Sei que posso ter parecido meio simplista, mas ACREDITE: especialmente nesses casos em que algum indivíduo apresenta deformações comportamentais, a atuação dos Comitês é fundamental, pois a multidisciplinaridade nivela esses aspectos e impede a multiplicação dessas "minas terrestres" em algumas áreas nas quais ninguém ousa mexer para desarmar. É que, como padrão, o conjunto das pessoas forma uma força positiva, e os feudos e as estruturas de poder baseadas no ego acabam sendo desafiados e quebrados.

O primeiro comitê a gente nunca esquece

Vou contar uma história real, que aconteceu comigo, para exemplificar. Quando criei o primeiro comitê de atuação matricial, eu já enxergava o fim desde o começo: meu objetivo era fomentar o trabalho em equipe, coletivizar o conhecimento, compartilhar decisões e, é claro, abastecer o pipeline de sucessão. Além disso, seria ótimo poder parar de cobrar dos outros a execução de tudo que já havia sido decidido. Pode parecer incrível, mas nós sabemos que, no modelo tradicional de gestão, entre a estruturação de um projeto, a aprovação e sua execução integral há uma longa distância. Muitas vezes, a energia inicial daquela ideia vai se perdendo pelo caminho até acabar — e o belo projeto aprovado fica pela metade, dá um retorno pobrezinho ou, pior, nem sai do papel. Como executivo, uma das coisas que mais me desgastavam era isto: ter que ficar dando corda nos outros, cobrando cada etapa da execução. Tradicionalmente, as áreas não costumam se comunicar de modo eficiente, fica tudo dependendo das "ordens" do "chefe", que impõe suas decisões "top-goela-down". E, muitas vezes, os gestores também têm que assumir o papel de assistentes de seus "subordinados", lembrando o que foi combinado e precisa ser feito. Além de me desgastar muito, não conseguia me conformar com esse modelo. Para mim, o trabalho em equipe sempre foi muito mais do que uma competência. É um bem de primeira necessidade. Então, era estratégico fazer a colaboração acontecer na empresa — a começar pelos líderes. Foi aí que comecei a estruturar nosso primeiro comitê. Definindo alguns critérios iniciais, identifiquei quarenta líderes com aderência aos requisitos básicos para essa iniciativa e conversei com cada um. Nove foram voluntários.

Naquela época, apesar de já ter bem claros todos esses objetivos, o que eu não sabia ainda era dimensionar o tamanho do ego e o nível de competição entre as pessoas. Para ser muito sincero com você, foi uma experiência traumática. Imagina reunir em um mesmo comitê colaborativo nove pessoas totalmente diferentes, com perfis profissionais forjados na tradicional cultura do conflito e da competição. Não há diálogo, muito menos união. Foi o que aconteceu. Eles não se entendiam de jeito nenhum. Não se alinhavam, não concordavam, não tinham disciplina para participar das reuniões, e a agenda foi sendo consumida em brigas para tentar colocar em dia o passivo de antigas discussões entre as áreas. Fiquei assustado ao imaginar que era dessa maneira que atendíamos nossos clientes e concebíamos nossos produtos. Mesmo assim, tinha que seguir adiante e deixei o circo pegar fogo por um tempo.

Dali a três meses, o grupo marcou uma reunião comigo. Um deles tomou a palavra e pediu o fim do comitê, porque "aquilo" era uma ideia ridícula e utópica, não tinha nada a ver e não fazia o menor sentido. Outro fez um longo relato sobre as brigas infrutíferas e as reuniões que não levavam a lugar nenhum. Segundo ele, "aquilo" tudo era só desperdício de tempo. Um terceiro foi direto ao ponto que, provavelmente, era o maior incômodo de todos:

"Márcio, qual é a missão desse comitê? O que VOCÊ QUER que a gente faça? Diz, que a gente faz. Sem saber o que fazer, não dá!"

Com muita calma nessa hora, respirei fundo e expliquei a eles que, como era uma iniciativa inovadora também para mim, eu precisava de um pouco de tempo para refletir. E até já deixei marcada outra reunião para dali a uns dias, para eles não pensarem que eu estava só fugindo da raia. De início, senti um pouco de raiva. Eu estava cheio das melhores intenções. Estava compartilhando decisões e com o intuito de fazê-los se desenvolver, e o grupo reagia assim? Tão pessimistas e apegados à inércia? Só que, se eu ainda não tinha estruturado a FGEP, já havia feito a opção de ACREDITAR que existe, sim, um jeito diferente de fazer gestão — muito melhor. Por isso, busquei outros ângulos para avaliar a situação. Conversei com várias pessoas, inclusive trocando ideias com minha esposa,* que, com seu interesse genuíno por mim, sempre me dá ótimas contribuições. E foi assim que consegui encontrar um sinal de evolução naquela avalanche de reclamações: os integrantes do comitê ainda estavam no círculo vicioso, mas — PELA PRIMEIRA VEZ — o grupo estava começando a se articular para discutir problemas de funcionamento do comitê, em vez de retroalimentar a competição e as brigas do passado.

Cheguei à conclusão de que, como líder, eu tinha que dar mais espaço e tempo para que eles se articulassem para trabalhar em equipe e protagonizar projetos colaborativos. Afinal, havia ali uma prova inconteste de êxito no processo: eles conseguiram se unir e atuaram em sintonia CONTRA minha proposta. Mesmo que o conteúdo e a resistência deles tivessem me incomodado, ali estava nascendo um time. Na reunião seguinte, compartilhei com o grupo aquela perspectiva positiva. Na minha visão, havia evolução e por isso propus que

---

* Na seção "Coaching de vida", no capítulo 3 de *Felicidade dá lucro* (São Paulo: Portfolio-Penguin, 2015, p. 76), conto um pouco sobre a importância da minha esposa no meu desenvolvimento e progressão de carreira. Você pode acessar um resumo disso em: <www.wavefg.com.br/notas/fg55>.

investissem pelo menos mais dois meses na ideia do Comitê. De cara, a reação não foi das melhores, mas, por causa da minha proximidade e credibilidade com eles, toparam me dar um "voto de confiança":

"Tá certo, Márcio, vamos tentar mais dois meses!... Mas você podia, ao menos, nos dizer qual é a missão desse comitê? O QUE É QUE VOCÊ QUER QUE A GENTE FAÇA?"

Dessa vez, achei melhor endereçar a pergunta que se repetia e respondi:

"Pessoal, vou responder o que minha esposa sugeriu que eu dissesse a vocês. Não tenham raiva dela, mas achei a sugestão brilhante: USEM A IMAGINAÇÃO! Imaginem como se articular para trabalhar em equipe e criem o escopo desse comitê."

Aí a reação foi terrível! Um deles chegou a dar um tapa na própria perna e exclamou:

"Tem dó, Márcio! A gente lhe dá um voto de confiança, e você vem com enigmas? É brincadeira, né?"

Não era brincadeira, não. Nos dois meses seguintes, tive a oportunidade de verificar uma enorme evolução do grupo. Eles se articularam melhor: contra mim. Na reunião seguinte, foram preparados para me detonar com o maior profissionalismo. Apresentaram uma bela abordagem colaborativa para me convencer a acabar com o comitê. Terminada a apresentação, meu comentário foi o seguinte:

"Olha, quero parabenizar vocês todos! Estou impressionado com o nível dessa apresentação. O trabalho coletivo de vocês é excelente. Vocês analisaram o projeto do comitê pelo ângulo de cada uma das áreas e articularam o conhecimento multidisciplinar do grupo, chegando a um denominador comum. Essa é a exata missão do comitê! Fiquei muito orgulhoso por vocês terem encontrado sozinhos as respostas que buscavam."

Ficaram todos quietos e com os olhos arregalados. Silêncio total até que um dos executivos mais experientes, com 38 anos de empresa, disse:

"Entendi a sacada! A gente não conversa, não se entende e não se integra em nada... mas, quando trabalha em equipe por um objetivo comum, consegue estruturar uma abordagem coletiva sen-sa-ci-o-nal, capaz até de convencer o próprio Márcio!"

Os nove se entreolharam e depois viraram a atenção para mim, que, finalmente, me posicionei:

"Não sou eu quem pode dizer a vocês O QUE FAZER, qual é a missão do comitê. Quando um gestor diz a alguém o que fazer, está, na verdade, apenas 'alugando' o cérebro e, especialmente, os braços e as pernas do outro. A pessoa é inteligente, ouve a tarefa, vai lá e faz o que precisa ser feito. A inteligência dela está sendo 'alugada' para cumprir tarefas. Quando vocês se reúnem em um grupo multidisciplinar para trabalhar em equipe, está viabilizada a oportunidade de colaboração, usando a inteligência de cada um para empreender coletivamente em favor de um resultado comum. Mas hoje essa apresentação brilhante de vocês me convenceu do contrário. Então, vamos acabar com o comitê agora? Quem quer sair?"

Silêncio de novo. Então, mudei um pouco a pergunta:

"Quem QUER continuar tentando?"

Por opção, cinco se manifestaram porque tinham entendido o sentido do trabalho em equipe. O que os movia deixou de ser a competição e a raiva; eles passaram a usar mais e melhor a própria imaginação. Naquela mesma reunião, nasceu um novo comitê. Dessa vez, o Comitê de Estratégia com o objetivo comum de construir as regras e os critérios do que viria a ser nossa GF. Não foi fácil ouvir tantas críticas e observar nos nossos melhores talentos o poder destrutivo do círculo vicioso. Mas o aprendizado coletivo foi diretamente proporcional a esse sofrimento. O resumo que fiz aqui não retrata toda a frustração que senti na época. Mas foi grande. O mais importante, no entanto, foi ter a tal RESILIÊNCIA EXPANSÍVEL: quando me esforço para ensinar algo a alguém, aprendo até o que achava que já sabia.

Depois do caos, a ordem integradora

Para fomentar a participação e as relações colaborativas, o primeiro passo do líder é lançar as sementes e OFERECER espaço e tempo para que um pouco de caos se estabeleça. A seguir, é preciso criar uma espinha dorsal mínima, um tipo de estatuto de governança. Depois, são os próprios colaboradores que vão acrescentar ali valores, critérios e regras para tornar o estatuto sempre IMPARCIAL, viabilizando a comunicação transversal e bilateral e a coletivização do processo decisório. Ao construir o próprio ESTATUTO DA GOVERNANÇA DA FORMA, as pessoas criam novos vínculos entre si e se sentem donas da nova ordem que está sendo estabelecida. Em outras palavras, logo após a fase de caos, as pessoas definem a nova ordem comum, e todos passam a trabalhar em equipe de modo caórdico — com o cérebro e o coração firmemente equilibrados nessa estrutura ordenadora, mas sempre inclusiva, flexível e adaptável aos novos cenários.

Você percebe que essa estrutura caórdica, proporcionada pela GF, é exatamente o oposto do caos — tão temido pelas pessoas mais apegadas ao modelo tradicional de gestão? Cada ponto é arquitetado para pavimentar o caminho do diálogo, da participação efetiva e da continuidade sustentável dos ciclos virtuosos. Na macrocultura, a GF constrói um fluxo de comunicação que possibilita que cada pessoa encontre o canal para OFERECER sua melhor contribuição aos resultados da empresa e também RECEBER os estímulos a seu próprio desenvolvimento, gerando um ambiente de prosperidade. Quando todos ACREDITAM, se engajam porque faz sentido, PRATICAM por opção, MELHORAM por convicção e COMPARTILHAM tudo com todos apenas por AMOR, o nível de consciência geral se eleva, e isso é capaz de mudar o mundo.

Ao propiciar o compartilhamento das informações disponíveis e coletivizar imparcialmente a responsabilidade da tomada de decisões, a GF valoriza as pessoas e reforça a sensação de pertencimento ao grupo. É a inclusão imparcial — sem nenhum prejulgamento e sem nenhum preconceito. Além disso, na microcultura, as parcialidades vão sendo eliminadas, pois os gestores com recaída de "chefe" não conseguem mais proteger ou endereçar somente as ideias brilhantes de seus "queridinhos" — nem só as suas próprias. A visibilidade não é mais seletiva. As pessoas que no capítulo 2 chamei de "invisíveis" aos olhos do gestor passam agora a contar com oportunidades inclusivas para participar e colaborar. É dessa FORMA que se coloca fim ao desperdício de talentos dos 90% de "invisíveis". Eles também se tornam "visíveis" e, claro, sentem-se mais valorizados e motivados a assumir sua autonomia e protagonismo, liderando projetos colaborativos com resultados sensacionais. As pessoas percebem que a empresa OFERECE um ambiente propício e FACILITA de modo igualitário a jornada dos intraempreendedores, que investem em seu próprio desenvolvimento para atuar como LNLS. A retribuição espontânea dos colaboradores é seu engajamento mais profundo, real e duradouro e, consequentemente, a geração exponencial de valor para a organização.

A FGEP é um conjunto integrado de CVS e PRÁTICAS IMPARCIAIS,* que se apoia sobre a estrutura da GF. De início, pode ser realmente bastante desafiador levar adiante esse processo de adequação da CO. Mas, com persistência na coerência, depressa vão surgindo os LNLS, que gradativamente incorporam, consolidam e enraízam a NCO ao DNA da empresa. O processo fica orgânico e flui indefinidamente na espiral infinita de benefícios recíprocos do ciclo virtuoso, pois as práticas e CVS pavimentam as novas TRILHAS. É a integração simultânea de todo esse conjunto de valores e práticas que faz com que a organização consiga construir sua REPUTAÇÃO ORGÂNICA e se torne capaz de ENGAJAR, manter ENCANTADOS e ATRAIR novos talentos 4.0. É sobre isso que vamos conversar no próximo capítulo.

---

* Eu os descrevi detalhadamente nos capítulos 3 e 4.

6. Os pontos essenciais da Filosofia de Gestão Estratégica de Pessoas

AÇÃO SIMULTÂNEA DE VALORES, CRITÉRIOS E PRÁTICAS DÁ ORDEM EFETIVA AO CAOS CRIATIVO AFETIVO

Vamos lançar um NOVO OLHAR sobre tudo que está em volta de nós? Pare agora um instante, olhe, repare, reflita, invista um tempo para observar... O que você vê ao seu redor, de sua vida, de seu trabalho? É um mundo calmo, tranquilo, muito bem organizado e previsível, onde tudo acontece determinado por relações perfeitas de causa e efeito? Ou, ao contrário, o mundo lhe parece até bem desorganizado e imprevisível? É tudo muito dinâmico, complexo, sempre em movimento, sempre mutante e, às vezes, até difícil de entender? De fato, o que você vê a sua volta é um pouco dos dois: um pouco de ordem e um pouco de caos. Nosso mundo e nossa vida são caórdicos. Felizmente para nós, há uma boa dose de previsibilidade e certeza ao nosso redor, como os fenômenos descritos pelas chamadas leis universais da natureza.[*] Um objeto jogado pela janela cai no chão atraído pela força da gravidade; a água ferve a 100°C; e o gelo

---

[*] Para dar "alimento" a essa reflexão, leia o artigo "Determinismo, previsibilidade e caos", de Fernando Lang da Silveira, professor da pós-graduação do Instituto de Física da Universidade Federal do Rio Grande do Sul. O texto é curto e a linguagem, bem clara e acessível a todos. Disponível em: <www.if.ufrgs.br/~lang/Textos/Determinismo_previsibilidade_caos.pdf>. Acesso em: 3 set. 2019. Ou acesse: <www.wavefg.com.br/notas/fg56>.

derrete acima de 0°C — assim é e podemos prever que vai continuar sendo. Mas muito do que você observa, especialmente quando envolve o comportamento das pessoas, vai além disso, não é? É muito mais complexo. As variáveis são muitas e a diversidade, enorme. É tudo junto, misturado e ao mesmo tempo. O fluxo da vida é assim. Apesar de ter começo, meio e fim, nossa história não é linear. Não há relação direta, exata e proporcional entre causas passadas e efeitos futuros. Há muitos fatores aleatórios e imprevisíveis, que não conseguimos controlar. Além disso, não somos só lógicos e racionais o tempo inteiro. Nem que a gente queira.[*]

Por isso, quando nos organizamos em grupos para trabalhar, ou seja, quando trabalhamos juntos em uma empresa ou criamos o próprio empreendimento, há também um pouco de ordem e um pouco de caos. Nossas organizações são como seres vivos e dinâmicos. É como diz Dee Hock, fundador e até hoje diretor executivo emérito da VISA: "Caórdicos somos, caórdicos vamos continuar sendo, caórdico é o mundo e caórdicas as instituições devem se tornar. Esse é o caminho para um futuro vivível nos séculos que virão, enquanto a sociedade evolui para uma diversidade e uma complexidade sempre maiores".[**]

Exatamente por essa razão, gosto que este meu terceiro livro possa ajudar você a refletir um pouco sobre a possibilidade de contar com uma estrutura não tão arrumadinha e "chata", como muitas vezes desejamos que as pessoas, nossa vida e as empresas sejam. A ideia não é conformismo, mas trazer à tona a realidade dos fatos, sua beleza e as inúmeras alternativas que temos para aproveitar até mesmo nossos erros. É possível viver mais leve, com menos cobranças, e entender que a perfeição não é o paradigma a ser buscado. A proposta é SER

---

[*] Para aprofundar essa reflexão, sugiro o livro *Rápido e devagar – Duas formas de pensar* (São Paulo: Objetiva, 2012), de Daniel Kahneman, ganhador do Nobel de Economia em 2002, por sua abordagem do processo cognitivo humano, explicando suas falhas sistemáticas.

[**] *Nascimento da era caórdica* (São Paulo: Cultrix, 2000, p. 279), de Dee Hock. Além do livro, outra sugestão é o site de Dee Hock, onde ele publica regularmente novas reflexões sobre o modelo caórdico de gestão de pessoas e empreendimentos. Disponível em: <www.deewhock.com/#intro>.

FELIZ, mesmo vivendo uma vida complexa, com dificuldades, diferenças e desafios. Isso, afinal, é que é viver fora da caixa.

Não há por que ficar apegado a um raciocínio cartesiano e linear, quando muito do que acontece a nosso redor é diferente disso, diverso, variável e imprevisível. Entre o começo e o fim da própria vida, por mais que haja circunstâncias favoráveis ou desfavoráveis, cada pessoa tem sempre nas mãos a possibilidade de fazer sua história diferente. É possível escrever um enredo MELHOR do que aquele que os adeptos do círculo vicioso dizem que está predeterminado: filho de peixe pode não ser peixinho — se conseguir romper com a inércia, eliminar trilhos e criar suas próprias TRILHAS. Mesmo em condições adversas, a pessoa pode, sim, SER mais feliz, SER MELHOR para o todo, superando o determinismo da inércia e o pessimismo de crises alojadas pelo círculo vicioso.

Portanto, se por sua natureza intrínseca as pessoas e as organizações são complexas, dinâmicas e cheias de personalidade, então a Filosofia Estratégica de Gestão de Pessoas (FGEP) também não pode ser linear, cartesiana ou um modelinho padronizado, rígido e inflexível nem tampouco uma fórmula pronta para você seguir cegamente e aplicar na sua vida e/ou nos empreendimentos que realiza para chegar ao sucesso. A FGEP é uma abordagem orgânica, integradora da ordem efetiva e do caos criativo afetivo. É fluida, adaptável e natural. A partir dessa integração é que você vai conseguindo alcançar o patamar de consciência da resiliência expansível e entra na espiral de benefícios recíprocos e infinitos.

Por isso tudo, neste último capítulo, vamos sair um pouco da ordem "lógica e racional" e falar sobre os pontos que considero essenciais, ou seja, sobre as questões que precisam ser compreendidas em profundidade ANTES mesmo de você pensar em implementar a FGEP na sua vida e nos seus negócios. Você deve estar pensando: "Poxa, este capítulo deveria, então, estar no início, e não aqui como a conclusão do livro...". Realmente, faz sentido que você pense assim. No entanto, sem algumas práticas que apresentei nos capítulos anteriores, esses pontos essenciais da FGEP poderiam parecer meio UTÓPICOS — apesar de a utopia ser, para mim, apenas uma nova verdade ainda em construção. Mesmo assim, achei melhor deixar para o final essas questões que considero fundamentais. Se você for alguém que já ACREDITA, me desculpe por fazê-lo seguir por esses TRILHOS. Por isso, se for recomendar este livro a alguém que, como você, já tenha um Nível de Consciência FG, diga, então, para começar a leitura por este capítulo.

Nos cinco capítulos anteriores, já conversamos sobre a necessidade vital e urgente de transformar para MELHOR a Cultura Organizacional (CO) das empresas com foco nas pessoas. Hoje, cada um de nós e, claro, também nossa vida e nosso ambiente de negócios têm que evoluir na mesma velocidade das mudanças trazidas pelas novas tecnologias digitais e pela Indústria 4.0. Agora é a vez dos Líderes da Nova Liderança (LNLS), as Pessoas 4.0, as que vão construir juntas uma Nova Cultura Organizacional (NCO) muito mais flexível e orgânica, que garanta a TODOS e a TUDO um processo de desenvolvimento verdadeiramente sustentável com sentido para quem faz e também para quem consome. Para isso, já mostrei o passo a passo para fazer a transição sem ruptura da tradicional CO para a NCO, descrevi critérios e práticas imparciais e como aplicá-los e também apresentei a Governança da Forma (GF), a estrutura necessária para manter e consolidar a NCO no dia a dia da sua vida e/ou de seus empreendimentos.

Ter um motivo motiva

Mas, para implementar tudo isso na sua vida e/ou nos seus negócios de forma bem-sucedida, ANTES é preciso que você TENHA UM MOTIVO. Para mim, mais do que essencial, isso é vital. É o que gera movimento contínuo na direção da progressão ou pode levar ao retrocesso na inércia. Para todos nós, sempre existe aquela segunda-feira em que acordar e sair da cama é um enorme sacrifício. Pensar em ir para o trabalho, então, parece o início de outro pesadelo. É um desânimo forte, uma vontade enorme de que tudo seja diferente do que é. Dá até uma ponta de raiva, porque a pessoa só consegue pensar em tudo aquilo de que está abrindo mão pela obrigação de ter que trabalhar para pagar as contas do mês.

Às vezes, isso também me acontece. Só consigo me reanimar porque tenho muito claro meu MOTIVO, meu propósito de vida. Essa é minha melhor ferramenta para erguer a cabeça e seguir em frente. É uma pequena vitória que me dá energia, porque meu propósito não é só um sonho MEU, é a combinação de um sonho em família. Não é só sonhar, é sonhar junto com outras pessoas, em especial as que eu amo. Nesses dias de desânimo, esse é meu combustível matinal. É o que dá ritmo à caminhada, porque faz sentido para todos NÓS. Mesmo assim, nesses dias, não dá para dizer que estou com a bateria 100% carregada. Em uma manhã, passei por uma reflexão quase existencial: me questionei sobre o que estou fazendo com minha vida e senti vontade de resgatar tudo o que estava ficando em segundo plano.

Quando me sinto assim, demoro um pouco a pegar no tranco: meu desempenho e engajamento são só razoáveis. No início do dia de trabalho, é natural ainda estar meio contaminado por alguns fragmentos daquela reflexão, que não foram lá tão positivos. Conforme as horas vão passando, porém, o astral pode mudar para MELHOR ou piorar de vez, dependendo dos estímulos recebidos do ambiente em que estou atuando. Às vezes, durante o dia, acontece alguma coisa bem estimulante, que me reconecta com meu MOTIVO e me faz dar um salto para voltar a me sentir feliz e SER mais produtivo e eficiente. Mas também pode ser que o estímulo seja negativo, por exemplo, uma daquelas situações do tipo "manda quem pode, obedece quem tem juízo" ou apenas ouvir mais notícias sobre violência, crise econômica... Então, pode ter certeza, em vez de melhorar, o desempenho despenca de razoável para precário. Isso é real, acontece, porque não estamos imunes ao pessimismo e às crises — externas e internas a nossa própria vida.

Para a maioria das pessoas, essa percepção não costuma ser assim tão estruturada e consciente, como descrevi acima. É um sentimento vago, desconfortável, uma sensação de vazio, de chateação sem saber exatamente com o quê. Eventualmente, no fim do dia, a pessoa nem percebe que foi improdutiva. Só sente que está infeliz. Ou, às vezes, até percebe, mas não consegue identificar conscientemente a razão de tanto mal-estar, que lhe consome tanta energia vital. Se o dia já começou desanimado, nesse ritmo, acaba depressivo. É que o desejo sufocado de que tudo seja diferente está em luta com a necessidade inevitável de se conformar com a realidade.

Daí essa pessoa abaixa a cabeça e se torna "invisível". Sabe de cor Missão, Visão e Valores da empresa em que trabalha e se conforma que seu papel na vida seja produzir para saldar as contas. Mas, no dia a dia, vive apenas a obrigação de se sujeitar aos modelos que pioram tudo: das Avaliações de Desempenho (ADS) parciais, passando pelos feedbacks nada construtivos, até os "chefes" autocráticos e as regras engessadas de comando e controle, tudo parece feito para agravar e ampliar a sensação de vazio. Então, em vez de ter um MOTIVO para acreditar mais em si mesma, naquele propósito conjunto, e se engajar, a pessoa faz corpo mole ou passa a combater e — até sabotar — o que seria o melhor para a empresa, para ela e para a sociedade.

Vou contar para você um episódio para exemplificar isso. Como gosto muito de observar o comportamento das pessoas, costumo aproveitar meu tempo de espera em aeroportos pelo Brasil e pelo mundo para fazer esse tipo de exercício. Recentemente, em uma viagem a trabalho, o voo foi atrasado em três horas por razões meteorológicas. Lá fora, uma tempestade deixava o clima revolto, enquanto no balcão da companhia aérea o tempo também estava fechando. Já era noite, muitas conexões haviam sido canceladas, e os passageiros estavam sendo acomodados em hotéis, embora quisessem mesmo era ir para casa. No balcão, uma ÚNICA moça atendia a todos, frisando que a segurança dos voos é fundamental. Ela cumpria seu trabalho, mas, cansada e sozinha, interagia com as pessoas no "piloto automático". A maioria dos passageiros, por sua vez, não conseguia ver que do outro lado do balcão estava um ser humano. Para eles, era apenas alguém para depositar suas raivas e frustrações.

De repente, um executivo foi até o balcão e começou a ajudar a atendente da companhia aérea. A moça olhou para ele surpresa e, nitidamente, pensou em dispensar a ajuda, pois isso não deve ser permitido pelas regras da empresa. No entanto, em vez disso, apenas fingiu que não viu. Vestindo um terno com a mesma cor do uniforme da companhia aérea, em menos de dez minutos o executivo já estava sendo tratado pela maioria do público como se fosse mais um funcionário. Juntos, os dois resolveram caso a caso. Os passageiros que só precisavam de informações ficavam a cargo do "novo ajudante", e realocações e hospedagens em hotéis era a moça que encaminhava. Mesmo assim, eu, que já tinha me aproximado mais do balcão quando notei o que estava acontecendo, pude ouvir algumas reações das pessoas. A maior parte dos passageiros fez críticas do tipo: "Essa companhia aérea é ruim demais! Deveria ter mais gente para ajudar!". Mas ouvi também: "Alguém tem que fazer alguma coisa, isso é inadmissível!". Ou ainda pior, teve um passageiro que se virou para o executivo e gritou: "Quem você pensa que é? Fica aí fingindo que sabe tudo, se mete a besta, mas nem é da companhia!".

Eu, de minha parte, como observador, achei que foi uma atitude bem legal de ver. Por mais de trinta minutos, os dois que nem se conheciam protagonizaram um trabalho conjunto com um propósito imediato: ajudar aquelas pessoas e, no caso do executivo, ajudar também a moça solitária da companhia aérea. Dali a pouco o clima melhorou — dentro e fora do aeroporto. E ainda pude ouvir a moça agradecer ao executivo. Explicou que o dia inteiro tinha sido muito difícil com os passageiros, porque o mau tempo obrigou a companhia a cancelar muitos voos. A cada mudança dessas, segundo ela, era preciso acessar vários sistemas paralelos, e todos os colaboradores estavam sobrecarregados de trabalho. Admitiu que, pelas regras da empresa, não poderia ter aceitado a ajuda dele, mas agradeceu e disse que se sentiu aliviada porque alguém conseguiu enxergar além da crise daquele dia e resgatar a essência do que a fez escolher aquele trabalho: ajudar as pessoas! Esse era o propósito daquela profissional de atendimento. Foi muito legal estar ali e ter a oportunidade de testemunhar isso. Pude constatar mais uma vez que sair do vazio, das frustrações e agir porque ACREDITA devolve sentido e pode ajudar a viabilizar reconexões de propósito entre as pessoas. O mundo não é simples e, portanto, viver um propósito também não será. Já julgar os outros é um caminho mais fácil. Reclamar e declarar suas raivas e frustrações também. A escolha é sua!

É especialmente nessas horas de crise e dificuldade que o vazio de cada pessoa se encontra com o vazio oferecido pelas organizações — e agrava o problema. Infelizmente, às vezes, sentimos um vazio em nossa vida. Mas sua vida pode ser plena ou vazia. Os estímulos positivos ou negativos estão o tempo todo disponíveis. É você quem faz a escolha, como no caso relatado, em que o executivo decidiu mergulhar em um problema para ajudar alguém a resolver um momento crítico. Basta você observar e agir na direção dos estímulos baseados na construção de relacionamentos, fazendo movimentos ligados a ações de solidariedade e até de diversão. Não importa, desde que seja algo que faça você se sentir parte de uma causa que lhe dê orgulho e resgate os bons sentimentos, devolvendo a plenitude a sua jornada — nem que seja apenas por alguns minutos de cada vez. A vida vai oferecer milhares de oportunidades a você, mude seu olhar para conseguir enxergar todas as chances incríveis de SER útil e, se conseguir ver, não desperdice nenhuma.

Esta é a diferença: obter ou oferecer reconhecimento são emoções positivas que você pode criar para si mesmo e para os outros. É assim também que se constroem momentos de felicidade. No que se refere às empresas, já mencionei a relação empobrecida que grande parte mantém com as pessoas, não só com os colaboradores. Muitas vezes, os clientes também sentem esse vazio de propostas e de sentido, o que massacra não apenas as pessoas, mas também as chances de êxito dos negócios. Só os estímulos positivos são capazes de resgatar a convergência de propósitos e proporcionar um salto de sentido e produtividade. Vamos conversar um pouco mais sobre isso mais adiante, neste mesmo capítulo, quando abordar o tema REPUTAÇÃO ORGÂNICA.

Enriquecer o sentido e convergir propósitos

Às empresas que ainda mantêm pendurado na parede o quadro com a definição de Missão, Visão e Valores, recomendo a atualização e, principalmente, a revisão do conteúdo desses conceitos corporativos. Esse é mais um ponto essencial da FGEP: lançar um novo OLHAR sobre a CO e a Gestão, sobretudo a de Pessoas, para construir algo que faça muito mais SENTIDO para TODOS. Não me refiro aqui a criar um personagem para ser o líder ficcional de um programa de mudança para melhor. Também não se trata de buscar atributos extrínsecos para valorizar a marca de produtos e/ou serviços. Não estou falando de forçar a barra para "inventar" algo que não seja tangível, que, de fato, ainda não existe na CO e não está incorporado ao ambiente diário de trabalho de todas as pessoas.

Para ENRIQUECER O SENTIDO da existência de uma empresa, sugiro construir de forma participativa o motivo para a ação conjunta, o propósito, a RAZÃO DE SER do negócio, considerando, claro, os VALORES fundamentais nessa hora. As tradicionais Missão e Visão costumam ser ainda muito pobres, de prateleira e nada engajadoras. As pessoas — colaboradores, clientes, acionistas e demais partes interessadas — devem conseguir identificar que existe uma complementaridade entre elas mesmas e a organização. Não são mais os vazios que se encontram; são os motivos, que podem até ser diferentes, mas que se complementam em um sentido comum. O objetivo é resgatar e conectar as pessoas com o que mais combina com os valores da vida delas, porque só somos capazes de ser espontâneos e voluntários em favor do que acreditamos e realmente faz SENTIDO para nós.

Infelizmente, porém, essa questão ainda não está bem resolvida pela maioria das empresas: na real, o trabalho diário mais parece uma luta pela sobrevivência na floresta corporativa, cheia de vazios. Às vezes, apesar dos desânimos momentâneos, a pessoa até consegue ter seu propósito e se agarra nele, como se fosse a um cipó. E, de cipó em cipó, vai superando os obstáculos até que chega à empresa para trabalhar e encontra lá só uma árvore fixa, nada frondosa, profundamente enraizada e sem nenhum cipó. Não dá para transitar com fluidez pela floresta corporativa. Pelo menos, o que a empresa consegue OFERECER aos colaboradores já é uma árvore, uma expressão da natureza, uma comprovação de que já existe ali dentro alguma reflexão dos líderes sobre a necessidade de se conectar e, quem sabe, mudar — para MELHOR — a CO.

Obviamente, há situações mais difíceis do que essa. Por exemplo: alguém que trabalha em uma mina a cem metros debaixo da terra — me lembrei daquele grupo de chilenos que passou dias preso depois de um desmoronamento. Mesmo sem tragédias desse tipo, deve ser muito duro estar todos os dias ali onde o sol não bate. Pelo menos de vez em quando, alguns devem pensar: "O que estou fazendo, meu Deus? Por que me enfiei aqui?". Também senti algo semelhante logo depois que meu primeiro filho nasceu e tive que viajar para representar a empresa em que eu trabalhava. No meio do voo, me ocorreu um pensamento: "E se o avião cair? Vale a pena eu fazer essa viagem?". Penso ainda em pessoas que todos os dias arriscam a vida para fazer seu trabalho, como os eletricistas, com os quais tive a honra de trabalhar por treze anos. Trabalhar em redes elétricas é realmente viver no fio da navalha, especialmente aqueles que ficam no que chamam de "linha viva" ou a rede ligada a 13800 volts. Quer dizer: errou, morreu. Além do risco diário, diversos ainda vivem longe da família, ou seja, são muitos sentimentos para gerir.

Percebe? Existem momentos e circunstâncias que fazem a pessoa se questionar se está fazendo o certo, se aquilo tudo vale a pena; por isso a RAZÃO DE SER da empresa precisa ser RICA o bastante para possibilitar a seguinte resposta: "Sim, eu ACREDITO nisso, trabalhar aqui FAZ SENTIDO para mim!". Quando consigo dar essa resposta para mim mesmo, entro em conexão com um SENTIDO que não é só MEU nem foi concebido por alguém que tem somente uma visão sistêmica do negócio. O SENTIDO da RAZÃO DE SER de uma empresa é enriquecido — essencial e intrinsecamente engajador — quando é capaz de transmitir a seguinte percepção aos colaboradores: "Eu estou aqui para trabalhar em algo que ajuda os outros, conectando necessidades, suprindo, alimentando, defendendo, salvando vidas ou desenvolvendo pessoas, sendo definitivamente útil sem causar danos colaterais socioambientais. Minhas escolhas de vida fazem sentido para a empresa, e vivo a empresa sem medo, participo e me sinto útil para o todo e juntos melhoramos a sociedade". É assim que, em geral, as pessoas se engajam — por opção — no trabalho diário: porque gostam da empresa e gostam ainda mais da ideia de participar da construção de tudo que tiver um sentido maior para a sociedade. Parece difícil? Não é difícil não, é simples e orgânico, porque nós fomos concebidos para viver assim. As empresas foram criadas para fazer sentido, mas esse mundo sofre com a deturpação de valores, a visão de curto prazo e uma dose enorme de desleixo.

É lamentável, mas o que a gente vê hoje costuma ser realmente fora do eixo em que deveria estar. Uma vez, alguém me disse: "Ainda bem que minha família é maravilhosa, as pessoas que eu amo me dão muita força, e isso é o que me ajuda a SUPORTAR o dia a dia no trabalho!". Essa pessoa levanta da cama todos os dias e encara o trabalho só por disciplina, efetividade e obrigação. Até hoje, ainda não ouvi o contrário: "Minha empresa é tão legal, encantadora e conectada com meus valores que, quando chego em casa, consigo ter energia e disposição para viver plenamente a relação com minha família. Consigo me dedicar à formação dos meus filhos, cuidar dos meus pais, que já são idosos, com muito mais carinho, respeito e valorização, porque aprendo isso todos os dias lá no meu trabalho". É claro que a vida de ninguém é tão perfeita assim, todos nós temos problemas também em casa e na família. Mas, mesmo assim, se quando chega para trabalhar a pessoa encontra um SENTIDO profundo, isso dará forças a ela para superar também seus problemas particulares. A questão está em um novo equilíbrio das coisas, que é possível, sim. Fico extremamente feliz por ver milhares de pessoas e empresas interessadas na FG, dirigindo seu foco mais especial para as pessoas, porque isso pode resgatar valores que devolverão o sentido e nosso ânimo.

A proposta da FGEP é, justamente, ajudar a tornar real esse equilíbrio: a empresa se tornar capaz de OFERECER um ambiente tão verdadeiramente próspero, participativo, integrado e inclusivo que as pessoas, tanto os colaboradores como os clientes, consigam ser todos os dias plenamente tomadas por um natural e incontrolável engajamento. Colaboradores são mais produtivos e eficientes e, por isso, quando voltam para casa, ainda têm muita energia para lidar com questões familiares. Hoje, as pessoas estão clamando por

SENTIDO. Atualmente, muitos clientes se sentem enganados e são totalmente infiéis porque não imaginam ser fãs de algum produto ou serviço. Enquanto isso, observo nas empresas um esforço sincero e bem-intencionado para desenvolver e engajar as pessoas e tentar mudar essa equação, o que considero fundamental: "Como é que eu engajo meu colaborador?" ou "Como é que eu fidelizo meu cliente?". É quase impossível engajar clientes sem conseguir antes o mínimo, que é engajar seu próprio time. No fim de cada dia, seu colaborador é o "cliente" que você paga para viver seu propósito — se ele não estiver engajado, imagine seu cliente.

Na prática, muitas empresas não conseguem ser imparciais, e o discurso normalmente ainda se prende apenas a indicadores básicos chamados de "chave" ou ao balanço das pontuações — algo arcaico, que apenas mensura, mas não oferece saídas. O resultado dos negócios só aumenta substancialmente quando a existência da empresa faz SENTIDO para TODOS — e TODOS ficam encantados e se engajam por livre e espontânea vontade. Essa readequação de mindset dos líderes empresariais é outro ponto essencial, porque não há como prosperar de modo sustentável se não houver a convergência entre os propósitos das pessoas e a RAZÃO DE SER da empresa.

Gerar movimento participativo e voluntário

Na FGEP, gerar MOVIMENTO é essencial. Esse ponto costuma parecer meio subjetivo, irrelevante para alguns e, para os mais céticos e conservadores, até mesmo perda de tempo ou ilusão. Ao longo do processo de renovação e readequação da CO, a FGEP propõe a realização de inúmeras iniciativas que estimulam as pessoas a voltar a QUERER — em especial, voltar a QUERER PARTICIPAR e SE VOLUNTARIAR em favor de uma causa benéfica para os OUTROS. A empresa deve ser o vetor disso — caso realmente tenha o objetivo de transformar para melhor sua CO, sua rentabilidade e suas projeções de desenvolvimento. No início de qualquer processo de mudança, costuma ser feito o mesmo convite: "Olha, pessoal, agora NÓS estamos abertos ao diálogo e à participação de TODOS para definir juntos nossos caminhos. Vamos revisitar nossos critérios, nossas práticas e nossa forma de gestão, o.k.?". E sabe qual é a primeira reação da maioria das pessoas? "Hum, que legal!" Mas poucos tomam a iniciativa espontânea de participar.

A razão disso é que a maioria está com a "musculatura" da participação enrijecida e atrofiada — por falta de uso. Quando você pensa só no perfil de pessoa que já tem oportunidade de comprar, viajar e desfrutar de alguns sonhos de consumo, é provável que considere que ela já tem muitas emoções positivas e chances de se movimentar por conta própria e participar e se voluntariar no que quiser. É fato, mas ainda assim não há registro de taxas de suicídio decrescentes na classe média ou entre pessoas ainda mais ricas. Agora imagine alguém que já vive em circunstâncias repletas de privações e, por fim, consegue um emprego em uma empresa, sonhando que vai encontrar um mundo novo e diferente e, em vez disso, dá de cara com o modelo tradicional de comando e controle, cerceador de movimentos e que faz com que ela siga — obrigatoriamente — pelos mesmos velhos TRILHOS rígidos. A pessoa se sente tratada como gado. A maioria se conforma e passa a viver como gado — sem sentido, sem vontade, sem opinião, sem participação. É a busca por movimento que pode ensinar as pessoas a refletir e conceber seus propósitos, o que viabiliza as convergências.

A empresa que gera movimento passa a OFERECER a oportunidade de as pessoas voltarem a QUERER. Isso aditiva a busca por um sentido e ajuda a elaboração de um propósito — primeiro, individual; depois, coletivo. Por isso, é necessário que o RH estratégico adote iniciativas que estimulem a "musculatura" da participação, recuperando sua força e flexibilidade. É o que chamo de FISIOTE-RAPIA DA ALMA. À medida que voltam os movimentos, renascem os protagonistas, as Pessoas 4.0 ficam visíveis de novo e se assumem como LNLS. Não basta a ALTA LIDERANÇA decidir, mandar mudar tudo para melhor e impor regras para que isso aconteça. É preciso gerar MOVIMENTO para que cada pessoa volte a QUERER mudar para melhor. Um ponto legal aqui é que ninguém acorda de manhã, mesmo nos dias de desânimo, olha para o espelho e diz: "Hoje eu vou piorar!". Todo mundo quer melhorar, mas, muitas vezes, esse desejo positivo fica anestesiado no fundo da nossa esperança.

No capítulo 2, quando conversamos sobre identificação e desenvolvimento de líderes, falei sobre a importância de sempre incluir o OUTRO no nosso processo de progressão. Às vezes, a pessoa consegue definir seu propósito individual: luta por espaço, junta coragem para querer subir ao "palco da vida", conquista mais dinheiro e status, mas tudo para si mesma. Vencer é muito bom, mas não apenas SOZINHO. O LNL ACREDITA* pela convergência de sentido, PRATICA por opção, MELHORA por convicção e COMPARTILHA por amor, que é o que faz o mundo MELHOR para TODOS.

Por isso, a empresa deve gerar movimento também para estimular a participação dos colaboradores em iniciativas diversas, desde o voluntariado para fazer o bem aos OUTROS até a construção do planejamento estratégico dos negócios. Só de ouvir isso, alguns executivos e empresários logo pensam: "Mas essa história de fazer o bem vai afetar a produtividade, pois o mundo não espera. Não dá tempo de fazer caridade no trabalho sem prejudicar a produção. Se esse movimento participativo for um sucesso, quem vai fazer o trabalho para valer aqui?". Posso responder baseado em indicadores mensurados em empresas que já implantaram a FGEP: o mais incrível é que, onde essas iniciativas são adotadas, o índice de participação em ações de voluntariado cresce de maneira exponencial — fora do horário de trabalho — e o lucro aumenta muito mais porque isso engaja as pessoas e transforma os clientes em fãs.

Costumo dar como exemplo um grupo de executivos que, vestidos de palhaços, vão a hospitais alegrar e encantar crianças nos fins de semana. Tive o prazer de conhecer Letícia Rosa, responsável pela formação desses executivos antes de ingressarem nessa carrei-

---

*   Os quatro pilares da FG são ACREDITAR, PRATICAR, MELHORAR e COMPARTILHAR. Nas páginas 64 e 65 de *O fim do círculo vicioso* (São Paulo: Portfolio-Penguin, 2017), apresento três ilustrações que mostram bem como ocorre esse processo orgânico de formação do ciclo virtuoso. Você pode acessar um resumo com essas figuras em: <www.wavefg.com.br/notas/fg57>.

ra voluntária de palhaços. Soube de um fim de semana inteiro de treinamento deles — o dia todo, sábado e domingo — e que todos estavam ansiosos para ir logo aos hospitais animar as crianças. São dirigentes protagonistas, diretores, gerentes, executivos ou não... Mas não são eles, justamente, que não têm tempo para mais nada? Ou assobia, ou chupa cana? Pense bem, cada um desses executivos, além de fazer tudo que é preciso no dia a dia de trabalho e cuidar da própria vida e família, consegue equilibrar afetividade e efetividade e daí ainda encontra tempo para se engajar em uma causa que ajuda crianças. Sabe por que eles fazem isso? Porque QUEREM. Esse nível de consciência, que já atingiu o patamar de resiliência expansível, é a expressão mais pura do foco em NÓS proporcionado pela FGEP; eles ACREDITAM. Com essa "musculatura" bem treinada para participar e compartilhar é que construímos juntos NOSSO sentido e NOSSA visão de longo prazo. O que, sem dúvida, também é um ponto essencial para a continuidade perene dos negócios. O MOVIMENTO contínuo aditiva vidas e oxigena empresas, fazendo crescer o propósito e gerando suas melhores convergências, sem perdas ou retrabalho, mas, sim, com amplo sentido e engajamento. A empresa que consegue se conectar por meio de sua RAZÃO DE SER com seus colaboradores terá clientes como fãs e, de quebra, ainda vai encantar seus investidores, acionistas e toda a sociedade. Como já disse em outros livros: é só fazer a coisa certa do jeito certo.

O RH estratégico pavimenta o caminho

Para falar sobre esse outro ponto essencial da FGEP, começo com o relato de um episódio que vi acontecer diante de meus olhos: uma multinacional com faturamento na casa dos bilhões adquiriu outra grande empresa e, como prioridade zero, estabeleceu o objetivo de formar uma CO que pudesse ser comum a todos os colaboradores. A ideia era excelente, e, para isso, decidiram fazer um evento de uma semana muito bem estruturado e com uma programação eloquente, vibrante e capaz de gerar o movimento inicial para encantar as pessoas, canalizando propósitos e transformando em energia convergente. Fiquei muito bem impressionado, pois a companhia parecia realmente disposta a mudar sua cultura para melhor. Afinal, estava fazendo um grande investimento para possibilitar a participação de centenas de colaboradores em um evento com duração de cinco dias.

Achando tudo aquilo o máximo, fiz a seguinte pergunta: "Escuta, e depois do evento? O que muda nas práticas dessa nova megaempresa? O que vai fazer com que o movimento gerado nessa semana não se torne um espasmo pontual? Não seja só 'fogo de palha'? Na semana do evento, as pessoas vão começar a ACREDITAR, mas e na segunda-feira seguinte, onde estarão as ferramentas para que todos os líderes comecem a PRATICAR a mudança? Quais processos e práticas tradicionais já foram revisitados e já estão com o novo shape aberto à participação de TODOS?". E a resposta que ouvi foi esta: "A gente não pensou nisso ainda. É só o evento mesmo para anunciar que a CO não é mais a da empresa A nem a da empresa B. A partir de agora, nossa cultura é a C". Ou seja, hoje, as empresas já estão conscientes de que devem fazer diferente do modelo tradicional de gestão, até já conseguem pensar e estruturar um discurso diferente, mas ainda não materializam as boas intenções em critérios e práticas que sejam instrumentos reais de mudança nas mãos de todos os seus líderes. Falta ainda um pouco de coerência prática. A vontade de mudar e empreender já me alegra, não posso deixar de reconhecer o esforço, mas apenas com a boa pavimentação é que a mudança terá o fluxo de gente de que precisa.

Lançando o novo OLHAR da FGEP sobre esse episódio, identifico que o que está faltando ali é abrir mais espaço para que a área de RH — ou Gestão de Pessoas — possa realmente atuar de forma estratégica. Com frequência, as pessoas me perguntam se considero o RH uma área estratégica ou não. E sempre respondo dando meu testemunho sobre a enorme contribuição que o RH deu em minha gestão como presidente à frente de uma grande empresa. Explico em detalhes como meu time de RH me ofereceu, com dedicação incondicional, seu talento e ampla visão estratégica. Juntos, conseguimos criar conexão com milhares de pessoas, colocá-las em movimento, melhorar sua autoestima, desenvolvê-las e engajá-las em um propósito comum. Para mim, este depoimento esclarece o que penso sobre o RH e declara minha admiração e agradecimento a esses profissionais. Não há dúvida de que a área de RH é MUITO estratégica, mas ainda precisa ter mais espaço na estratégia dos negócios.

Nos processos de mudança, então, a atuação do RH é essencialmente estratégica. É essa área que deve estar à frente, liderando a transição, iluminando e pavimentando a trajetória para que a mudança se efetive e não ocorram retrocessos. Quando afirmo que é preciso OFERECER ferramentas aos líderes, para que todos juntos construam a NCO, o RH é que tem que assumir o papel estratégico de viabilizar isso. Como? Antes mesmo de anunciar e dar início ao processo de transição da CO para a NCO, é necessário colocar em prática simultaneamente algumas iniciativas:

1 Mais do que convidar TODOS à efetiva participação, o RH deve eliminar as regras que inibem essa participação e criar canais de comunicação multilaterais e, de preferência, interativos. *Sinalização dada às pessoas:* abertura efetiva ao diálogo e à comunicação entre as áreas por todos os canais atuais.

2 O RH deve reduzir as regras de comando e controle ao mínimo possível, pois engessam demais a criatividade e a inovação em processos e produtos. *Sinalização dada às pessoas:* início da construção de relações de CONFIANÇA.

3 Convidar TODOS a participar da construção da RAZÃO DE SER do negócio e dos valores, critérios e práticas IMPARCIAIS e inclusivos. *Sinalização dada às pessoas:* a participação será viabilizada e a construção será conjunta.

4 Gerar MOVIMENTO contínuo com iniciativas de estímulo à participação de TODOS e ao voluntariado em benefício dos OUTROS. *Sinalização dadas às pessoas:* NOSSO sentido comum é o melhor para TODOS.

Se isso for endereçado antes pelo RH — eventualmente, com apoio de outras áreas — e já contar com a participação dos líderes de primeiro nível operacional,* os chamados líderes de não líderes, o primeiro trecho da nova TRILHA a seguir já estará pavimentado. As pessoas já terão como e por onde ir em frente. Em vez de se sentirem enganadas ou tratadas como tolas e ingênuas, vão pensar o seguinte: "É de verdade! Aquele evento não foi só um sonho. Já temos dados e fatos concretos que pavimentam nossa trajetória. E o melhor, faz sentido, eu acredito! Vamos lá, galera!". Dispor, desde o início do processo de mudança, das primeiras diretrizes práticas viabilizado-ras da participação e da imparcialidade é a única forma de disparar a CONEXÃO das pessoas em torno de um propósito comum. E fazer acontecer. Isso é responsabilidade de muita gente, mas quem vai capitanear é sim o RH, que conduz e ilumina o caminho de TODOS, principalmente no início do processo.

Nos últimos doze meses, tenho vivido intensamente minha "nova" carreira e, além de participar em encontros com RHS e CEOS de empresas de todos os tamanhos e setores, passei a atuar em Conselhos de Empresas (CES), ao lado de profissionais experientes, talentosos e determinados a construir valor para os acionistas, as-segurando a sustentabilidade e a perenidade dos negócios. Nessas reuniões, tenho observado os conselheiros direcionarem cada vez mais a atenção às PESSOAS. Com muita frequência, tenho visto os executivos de RH interagindo com os CES, nos Comitês de Pessoas ou por meio de conversas organizadas e estruturantes sobre Car-reiras, Desenvolvimento de Pessoas, Estratégias de Remuneração e/ ou sobre o Encantamento/Engajamento de talentos. Testemunhar a atuação dos executivos de RH nesses fóruns tem sido uma satisfa-ção, pois me faz acreditar que as práticas e os critérios para tornar mais FLUIDA, ORGÂNICA e IMPARCIAL a relação entre a Pessoa e a Empresa passarão a ser construídos em conjunto e terão a potência de CONECTAR todos na mesma direção e com um sentido comum. Se até há pouco tempo a maioria dos CEOS se originava do Financei-

---

* No capítulo 2, na seção "Por onde começar a transformação", apresentei minhas ra-zões práticas para que o processo de mudança da CO comece pela comunicação aos líderes do primeiro nível operacional.

ro, do Comercial e de Operações, ouso prever que a partir de agora também teremos muitos CEOS vindos do RH. Aos profissionais de RH, recomendo que comemorem: é a vez de vocês iluminarem o caminho estratégico das organizações, mas se preparem para ser esses protagonistas, os LNLS!

Critérios viabilizadores da imparcialidade

Nos capítulos anteriores, já falamos bastante sobre os VCS, que devem ser claros, inclusivos, transparentes e públicos — e nunca impostos "top-goela-down". Depois de o RH estratégico traçar as primeiras TRILHAS, abrindo a empresa ao diálogo e à participação de TODOS os colaboradores, começa a etapa de construção conjunta de critérios e práticas. Aqui, o ponto essencial é a persistência na coerência para viabilizar e perpetuar práticas JUSTAS e IMPARCIAIS — seja em processos, regras, políticas e normas documentados e tangíveis ou nos mais intangíveis, simples e aparentemente menos importantes, mas que, por fim, têm potencial para gerar a percepção de que "nem tudo aqui é imparcial e inclusivo, como ELES costumam dizer que é".

Com nosso mindset corporativo ainda muito formatado pelo modelo tradicional de gestão, a maioria de nós quer controlar tudo e fazer tudo do nosso próprio jeito. Afinal, mandar é uma delícia, e, se somarmos isso à responsabilidade que nós mesmos colocamos sobre nossas costas de que liderar é um fardo, tudo fica ainda mais difícil. Assim, a empresa se abre ao diálogo e à colaboração de TODOS, mas, enquanto isso, alguns menos convictos na ALTA LIDERANÇA já vão definindo regras e práticas apenas pela ótica de seus próprios critérios. O objetivo é até nobre: querem estruturar sozinhos algo de que todo mundo goste e aprove. Mas não é assim... Sem a participação efetiva e afetiva das pessoas, os critérios acabam ficando, no mínimo, muito chatos, pouco aderentes e ineficientes. Primeiro porque, se você reparar, vai notar que os critérios corporativos, em vez de estimular o que PODE, costumam frisar o que NÃO PODE.

Não pode isso, não pode aquilo. Segundo porque, sem a participação de todos na construção dos critérios a adesão dos colaboradores é restrita. E, terceiro, são as pessoas que sabem o que consideram os melhores critérios para elas mesmas. Quando são impostos de cima para baixo, é alta a probabilidade de que não atendam realmente o que as pessoas QUEREM e que depois elas não se engajem na hora de realizar. É claro que existem regras básicas de conduta, ética, segurança, cumprimento de leis, mas estou falando de coisas bem mais simples, que em muitos casos podem ser detalhes.

Vou dar um exemplo bem corriqueiro, mas que reflete muito bem esses pontos. Em uma empresa em que trabalhei, instalamos uma escola de formação técnica de profissionais iniciantes em uma cidade litorânea. Assim como já havíamos feito em outras regiões, a escola tinha o objetivo de atrair e desenvolver pessoas para trabalhar conosco. Mas, ao contrário do que acontecia em outras cidades, ali não havia muitas inscrições, e o aproveitamento dos poucos que frequentavam os treinamentos era baixo. Isso me intrigou e, é claro, fui pessoalmente ver como estavam as coisas por lá. Tive a feliz oportunidade de conversar com um dos líderes comunitários da cidade e disse a ele: "Vou aproveitar que estou tendo a chance de conhecer você para fazer uma pergunta, pois preciso de sua ajuda: aqui na região, nossa escola de formação não tem gerado muito interesse nas pessoas. O curso é gratuito, a pessoa sai de lá com um diploma e uma boa chance de emprego. Os que são contratados ganham um ótimo salário e têm benefícios de primeira linha. Acho que somos talvez o melhor empregador da região. E, mesmo assim, muita gente prefere continuar vendendo picolé na praia, como me informaram as pessoas que cuidam do projeto por aqui". E aquele líder, pessoa simples, mas muito astuto, me deu uma resposta intrigante e até bem óbvia: "Vendendo picolé na praia, posso trabalhar de camiseta regata e bermuda, tenho liberdade de horário, sou meu próprio chefe e faço outros bicos. Vivo bem, com dificuldade, mas sou feliz mais solto. Mas, se for trabalhar na sua empresa, vou ter que usar todos os dias um uniforme com calça comprida, botas, luvas, passar calor e ficar preso no seu modelo. Por aqui, todo mundo só anda de bermuda e é livre".

Em nossas escolas de formação, estávamos aplicando sempre práticas e critérios iguais — achando que eram justos e adequados para todos. Era isso que achávamos transparente, claro, inclusivo e participativo. Só que deixamos de considerar as peculiaridades das culturas locais. A regra do uniforme com calça comprida e botas era aparentemente "normal" para os profissionais das regiões mais frias. Refletiam padrões de segurança, mas estavam inibindo a adesão de mais pessoas daquela cidade com praia, sol e mar. Então, mudamos a regra e criamos uniformes que garantissem a segurança, mas mais leves, inclusive com bermuda para algumas atividades. Também explicamos melhor como seria a atividade EM CAMPO, sem chefe por perto, e que confiaríamos em nossas pessoas para que, mesmo sem um supervisor por viatura, realizassem o trabalho. Surgiu ali o conceito de "equipes sem chefe".

Enfim, mudamos muito ao OUVIR pessoas de todos os lugares e níveis hierárquicos, de dentro ou de fora da empresa, APRENDEMOS mais e, com uma boa dose de humildade, decretamos nossas fragilidades e pedimos ajuda. Com a participação de todos, melhoramos muitas outras coisas. Descobrimos depois que tínhamos outros critérios que nem sabíamos de onde vinham e que havia décadas eram pedras no sapato de nossa gente. Mudamos tudo para melhor, continuamos mudando sempre e, com plena participação — organizada, mas livre —, evoluímos. Fizemos uma comunicação específica naquela região litorânea, e as inscrições na escola aumentaram imediatamente e muito. Depois desse aprendizado, lancei um novo OLHAR com mais atenção aos detalhes. Um dia, reparei em um colaborador de uma grande empresa multinacional de entregas que estava de bermuda. Quando ele chegou à portaria da empresa, abriu a mochila, pegou um par de barras de calça e grudou com velcro as partes de baixo. Simples. Mas esses ovos de colombo só ficam em pé quando a empresa consegue OUVIR e aceitar a colaboração das pessoas. E muda o critério sem julgamentos e sem preconceitos.

Desde que pauto minha atuação pelos fundamentos da FG, só me lembro de uma única vez em que criei sozinho um critério. Quando a companhia em que eu era presidente recebeu pela quarta vez a premiação de Melhor Empresa para Trabalhar, queria estar lá com TODOS os nossos colaboradores — aquela conquista era NOSSA e, para ser sincero, muito mais deles do que minha. Mas levar milhares de colaboradores à premiação é simplesmente inviável. Então, conseguimos vinte convites e trocamos ideias pelos meios de comunicação interna para ver como poderíamos fazer. Chegamos ao seguinte: quem quisesse ir à entrega do prêmio bastava se inscrever e haveria um sorteio. Assim foi feito e, no dia da premiação, fomos em duas vans para a cerimônia.

De repente, no meio do caminho, pensei se poderia cometer ali um ato de autoritarismo criando sozinho um critério. Até aquele momento, imaginávamos que seríamos reconhecidos entre os melhores e com muita fé achávamos que poderíamos novamente ser a Melhor Empresa para Trabalhar no Brasil. Se fosse assim, como já havia ocorrido em anos anteriores, eu seria chamado ao palco para discursar. Então perguntei a todos: "Quem quer falar em nome da empresa em meu lugar hoje se ganharmos o prêmio?". Até aquele momento, existia o critério de que somente o CEO era o porta-voz corporativo. Houve um enorme silêncio até que Sueli, leiturista de medidores de energia (que chamávamos de agente de faturamento) em Itanhaém, me olhou com uma imensa vontade de se voluntariar. Daí, eu disse a ela: "Quer fazer, Sueli? Se prepare para seguir seu coração, fale o que quiser, do jeito que sentir...". A resposta dela foi a seguinte: "Sim, eu quero e sou capaz de fazer bem-feito". Tudo aconteceu como havíamos sonhado. Ganhamos o prêmio novamente. Na hora em que fui chamado ao palco, convidei Sueli e a apresentei, dizendo que era ela quem falaria em nome da empresa. Ela pegou o microfone e arrasou. Foi um verdadeiro show! De emocionar!

Mas por que considero que esse foi um critério autoritário? Primeiro, porque estava restrito às dez pessoas que estavam na van comigo. Saiu do coração, foi para a boca e nem pensei sequer na outra van. Portanto, não era totalmente inclusivo. Segundo, porque a participação também não estava aberta a TODOS, pois havia milhares de colaboradores que, se soubessem dessa oportunidade, poderiam ter manifestado interesse e se inscrito também para o sorteio. O único requisito era alguém naquele grupo QUERER assumir meu lugar de porta-voz, mas foi muito restrito. Bom, e se cinco pessoas quisessem? Aí, a gente resolvia por sorteio. Então, apesar de eu ter decidido sozinho, aquele critério novo tinha um fundamento muito forte de reconhecimento e valorização das pessoas que, de fato, fazem o MELHOR acontecer no dia a dia de trabalho, consolidando a NCO.

O grupo de diretores que também estava nas vans merece meu reconhecimento, porque nenhum deles se voluntariou para assumir minha fala na cerimônia de premiação nem ficou com o orgulho ferido. São pessoas muito sensíveis, conectadas, com um nível de consciência e controle de EGO que considero raro. Deixaram a oportunidade aberta para todos os demais e viabilizaram o nascimento de uma nova protagonista. Não chego a ficar triste por, nesse caso, ter quebrado a regra de um dos CVS, porque a causa foi tão nobre que a felicidade tomou conta e tornou o momento MUITO mais mágico e encantado. Sempre batalhamos muito para estar entre as Melhores Empresas para Trabalhar do Brasil — conseguimos por sete vezes, sendo três na América Latina e com 100% de satisfação de nossos milhares de colaboradores, algo inédito —, mas aquela vez foi uma torcida maior ainda, pois queríamos que nosso êxito desse a Sueli a chance de falar para aquele público de mais de mil executivos das melhores empresas do país. E deu certo, foi realmente incrível, encantador. A emoção foi tão contagiante que até hoje encontro executivos que estiveram presentes naquele dia e comentam comigo sobre a Sueli.

Dos grandes projetos estratégicos às pequenas atitudes cotidianas, é persistindo na coerência e na IMPARCIALIDADE que devem ser construídos os CVS de práticas tangíveis e costumes positivos que também podem ser intangíveis. Quando as pessoas participam efetivamente do processo, podem até se habituar e nem se dar mais conta da coerência e da imparcialidade praticadas pela empresa. Ótimo, quando alguma coisa não é notada é porque está funcionando bem. Alguns colaboradores ainda podem alegar que não sabem, mas será por ignorância e desleixo, porque o critério é público. Outros podem dizer que não entendem, mas é falta de interesse, porque o critério é transparente. Portanto, uma coisa é certa: ninguém vai ficar criticando pelos corredores e nas conversas no cafezinho, alegando que há parcialidades. Ninguém mais vai conseguir se esconder atrás de dúvidas ou comentários parciais, porque os critérios são coerentemente IMPARCIAIS. Todos sabem que, quando alguém não concorda com algum ponto, basta participar e propor algo novo. A afetividade viabilizada pela participação soma-se ao efetivo e equilibra nossa vida no trabalho e em todos os aspectos, gerando encantamento e aditivando nossos propósitos. Somos mais felizes vivendo assim, numa filosofia que inclui, encanta e FAZ SENTIDO.

Reputação orgânica é o melhor para todos

Ao fazer a transição para a NCO, adotando — apenas internamente — critérios e práticas mais adequados à sociedade do século XXI e às Pessoas 4.0, a empresa lança bases sólidas para tornar sua REPUTAÇÃO ORGÂNICA, passando a ser vista como JUSTA no mercado. Isso é muito mais poderoso do que apenas fazer o certo em favor dos negócios: o que a FGEP chama de reputação orgânica vai além da percepção externa de uma organização ilibada com atuação rigorosamente ética e focada nas questões de responsabilidade socioambiental, regida pelo tradicional *Triple Bottom Line.** A reputação orgânica não é simplesmente criar a percepção de valor; é criar valor de fato para todas as partes interessadas: acionistas, clientes, fornecedores, colaboradores e suas famílias e, portanto, para a sociedade como um todo. A REPUTAÇÃO ORGÂNICA é o ápice do ciclo virtuoso, porque reflete externamente o ambiente interno próspero e propício para que TODOS e TUDO estejam sempre se tornando MELHORES.

---

* *Triple Bottom Line* refere-se ao tripé da sustentabilidade (3Ps), que envolve Pessoas, Planeta e Lucro e foi criado em 1990 por John Elkington, um dos fundadores da ONG SustainAbility. Você pode se informar mais em: <http://johnelkington.com/>.

Para os *acionistas*, o melhor é o crescimento da rentabilidade hoje e futura, gerando valor e confiança. Nos casos em que a FGEP foi implementada, chegou-se ao dobro da rentabilidade média do setor, e o valor da empresa foi incrivelmente maior do que a média.

Figura 6.1. Rentabilidade perene, mas não apenas financeira.

Os *fornecedores*, por sua vez, não têm dúvidas de que o processo de compras é liso, isento, justo e capaz de desenvolvê-los e incluí-los. Então, não há sobretaxa nos preços, porque não há dúvida de que vão receber em dia. Portanto, o contrato será realmente cumprido. As negociações são mais simples, sem gorduras para cortes depois do "choro" do comprador. Como as relações são de confiança, podem ser praticados preços mais módicos para a empresa que tem reputação orgânica e aplica uma relação séria e justa.

Figura 6.2. Para os fornecedores: transparência, justiça e confiança.

Os *agentes reguladores* também verificam que ali está uma organização diferenciada e não medem esforços para reconhecer e viabilizar a consolidação de todas as práticas que nascem ali, pois o bom agente regulador busca fomentar essas filosofias. Em todos os casos em que trabalhei assim, os agentes passaram a nos tratar como pessoas do mesmo lado do balcão, e não como oponentes. Uma pessoa incrível com quem tive a oportunidade de trabalhar em conjunto por mais de treze anos foi o diretor-geral da Agência Nacional de Energia Elétrica (Aneel), Romeu Rufino, a quem agradeço profundamente por me ensinar muito sobre o setor elétrico, focando sempre no que realmente é importante: a nossa gente.

Figura 6.3. Agentes reguladores imparciais e justos, suprindo e viabilizando as necessidades da organização.

Quando os *clientes* compreendem o sentido e a RAZÃO DE SER de um empreendimento, eles se tornam leais à marca. A empresa não precisa mais investir um caminhão de dinheiro para convencer alguém de que seus produtos e/ou serviços são úteis e têm qualidade. Essa propaganda passa a ser viral. Na era das mídias sociais, esse caminho faz nascer uma multidão de fãs.

Figura 6.4. Lealdade à marca, clientes que agora são fãs.

E os *colaboradores*, quando encontram SENTIDO no trabalho diário, espontaneamente escolhem viver um propósito comum e convergente, revolucionando o negócio e gerando valor tangível em produtividade, qualidade, eficiência e, claro, rentabilidade — o que beneficia também os *acionistas*.

Figura 6.5. Propósito convergente, com equilíbrio e razão de ser, beneficiando a empresa e a si mesmo.

E por aí vai o ciclo virtuoso... elevando o patamar de consciência das pessoas até que cheguem à resiliência expansível e se tornem capazes de transformar para melhor a sociedade como um TODO. É um exemplo para um povo, um país, especialmente para os que sofrem com crises e ausência de valores básicos. Nesse sentido, transformamos pessoas comuns em protagonistas dessa boa-nova, melhorando a vida delas e a de suas famílias, com a valorização de quem investe em geração de emprego e renda, entregando prosperidade para todos.

Figura 6.6. Benefícios dos ciclos virtuosos.

Eu ACREDITO, PRATICO e COMPARTILHO a FG porque tenho certeza de que essa abordagem pode construir um futuro MELHOR para nossa sociedade. Inúmeras vezes, tive a oportunidade de testemunhar nossos colaboradores levando para casa nossas práticas e valores, contagiando a família, os amigos e os vizinhos com esse novo OLHAR. Isso acontece até na minha própria família, com as questões mais banais e até com as mais relevantes. Primeiro exemplo: passei treze anos dizendo para 4 mil colaboradores que era preciso segurar no corrimão, porque 70% das torções de tornozelo acontecem nas escadas, e levei esse hábito para minha vida. Por isso, na minha casa, nunca precisei dizer a meu filho e minhas duas filhas que devem segurar no corrimão. Os três adotaram essa atitude só porque veem o exemplo. ACREDITO fortemente na potência das pessoas empoderadas, e as empresas são as FACILITADORAS dessa jornada.

Outro conceito da FGEP que vejo praticado espontaneamente em casa por meus filhos é o hábito de não julgar e não falar mal dos outros. Nos programas de desenvolvimento de lideranças, uma questão inicial colocada aos colaboradores é: "Sobre o que você mais costuma falar?". Quando a pessoa ainda está no fundo do poço da inércia, ela costuma comentar muito sobre a vida alheia. Já quando começa a se desenvolver, nota que existe muito mais além das próprias fronteiras e passa a falar sobre lugares e coisas. E quando já está desenvolvida como LNL, o principal assunto se torna as novas possibilidades de progressão e aprendizado para si mesma e em favor dos outros.

Minha esposa e eu damos o exemplo, nos dedicamos muito a servir de modelo, e, quando um de nossos filhos tenta criticar um amiguinho, nós registramos: "Não, não... a gente não fala mal das pessoas. Podemos falar sobre coisas, lugares e possibilidades, mas não dos outros. Porém, se achar que tem algo a dizer a alguém, vai falar para a própria pessoa. E fale de forma justa, corajosa e construtiva, e não como um julgamento. Pergunte antes se pessoa QUER ouvir, faça um contrato explicando que seu interesse é ajudar". É incrível! Outro dia, ouvi minha filha mais velha repetindo quase as mesmas palavras para a mais nova. E a caçula adotou a atitude com naturalidade. Tudo de negativo que a pessoa leva do trabalho para casa alimenta a inércia e o círculo vicioso em toda a família. Em compensação, felizmente, quando o colaborador vive na empresa o

ENCANTAMENTO PROPOSITADO, o inverso também é verdadeiro: então, vamos investir no MELHOR!

Para você ver como — felizmente! — esses exemplos da prática de valores positivos são mesmo contagiosos, compartilho aqui a redação que minha filha de sete anos fez na escola com o seguinte título: *A cidade diferente*. O original, escrito com a letra dela, você pode acessar na nossa plataforma interativa, o.k.?

A CIDADE DIFERENTE

Era uma vez uma cidade, mas não era uma cidade comum; era uma cidade diferente porque ela tinha dois lados. O lado feio que não tinha nada feliz e o outro lado que era muito feliz. Um dia, um girassol cresceu no meio do lado bom e um homem do lado feio foi pegar a flor para ter felicidade, mas, quando ele pegou a flor, o lado legal começou a ficar triste e feio, e uma pessoa que era a mais alegre ficou normal, nem tão feliz, nem tão triste, e foi conversar com o homem que havia roubado a flor:

— Por que você não pediu uma semente? Essa flor é um girassol, e os girassóis têm muitas sementes. O que acha de dividirmos as sementes e semearmos nos dois lados da cidade e fazer a cidade inteira feliz?

O homem aceitou a proposta, e os dois juntos uniram a cidade, que ficou mais bonita e mais feliz.

FGEP integra a ordem efetiva e o caos criativo afetivo

Para encerrar, este talvez seja o ponto essencial, que mais diferencia a FGEP do modelo tradicional de Gestão de Pessoas: na teoria e na prática, essa abordagem é integradora da ordem efetiva e do caos criativo afetivo. A FGEP é caórdica, assim como são a vida, as pessoas e as empresas — que também são organismos vivos e dinâmicos. É exatamente por essa razão que o processo de transição da CO tradicional para a NCO acontece de maneira natural, definitiva e sem rupturas. A abordagem da FGEP fomenta a sinergia e a simbiose entre as partes e o todo. Sabe aquela frase que diz que "a soma das partes é maior do que o todo"?* Isso é o que a FGEP proporciona como resultado.

No capítulo 1, na Figura 1.1, tentei mostrar a você o funcionamento integrador da FGEP. Agora, na Figura 6.7, busco ilustrar de maneira mais orgânica e humanizada todos os pontos essenciais da FGEP em ação integrada e simultânea. Para isso, escolhi a imagem de uma árvore frondosa, em que as rochas na base são os valores, e o lençol freático representa a fluidez entre os valores e a cultura, que aqui está representada pelas raízes da árvore. A fertilidade do solo é dada pelos CVS e pela COERÊNCIA das práticas. O tronco é a imparcialidade, aquela que é típica dos LNLS ou que deve ser desenvolvida por eles em todas as atitudes diárias e práticas de gestão. Os ramos, que se abrem para formar a grande copa, são a GF, pois conectam toda a planta. A copa ampla, frondosa e frutífera é também o AMBIENTE PROPÍCIO À PROGRESSÃO de todos, oferecendo sombra, frescor, bem-estar, além da contínua produção de frutos, que representam ideias quando são flores e possibilidades, já como frutos maduros. Para se manter verde e frutificar, porém, a grande árvore precisa ser iluminada pelo sol, e suas folhas também necessitam da umidade do orvalho e das chuvas para formar assim a CONVERGÊNCIA DE PROPÓSITOS. Nesse ambiente próspero, o propósito não é único, e sim múltiplo: sombra, entretenimento e também frutos que alimentam novas possibilidades, levando oxigênio e água para todos no entorno da árvore. Sendo flexível e adaptável às condições externas do cenário, a árvore da FGEP oferece condições de prosperidade para as pessoas, que se sentem ATRAÍDAS, ENCANTADAS e ENGAJADAS. Ao usufruir desse ecossiste-

---

* Já ouvi inúmeras vezes essa frase e gosto muito dela, porque se aplica muito bem aos resultados alcançados pela FGEP. Tentei verificar a autoria, mas essa frase é atribuída tanto ao filósofo grego Aristóteles (384-322 a.C.) quanto a Fritz Perls (1893-1970), psicanalista alemão fundador da psicologia da Gestalt. Talvez Perls tenha aplicado o conceito aristotélico à sua abordagem. Leitores que tenham mais informações, por favor, é só falar comigo na nossa plataforma interativa: <www.wavefg.com.br/>.

ma instalado, iniciam a disseminação da REPUTAÇÃO ORGÂNICA e, assim, ampliam o grau de ATRATIVIDADE com respeito à diversidade, pois ali também há pássaros...

Figura 6.7. A integração da FGEP fomenta a sinergia e a simbiose entre todos.

Essa foi a maneira que encontrei para delinear essa ilustração orgânica e dinâmica da FGEP, mas existem várias analogias legais que podem ser feitas: envie-me a sua no fórum de discussões do capítulo, usando o QR Code ao lado.

Desde o início da nossa conversa neste terceiro livro, pudemos constatar nos diversos estudos e pesquisas apresentados que a maioria dos dirigentes empresariais — no Brasil e no mundo — reconhece a importância do fator humano para a sustentabilidade dos negócios, em especial num cenário tão mutante como o que está sendo trazido pelas novas tecnologias do século XXI. Além disso, eles se queixam do baixo engajamento dos colaboradores e da dificuldade enfrentada para conseguir atrair e encantar novos talentos. Diante desse quadro, em geral, tomam uma decisão estratégica muito lógica, racional e bem-intencionada: é preciso que a área de RH adote iniciativas urgentes e concretas para reverter essa situação. Daí, colocam em ação programas complexos de engajamento, retenção e atração de talentos e construção de reputação no mercado. E o resultado, na maioria das vezes, são outras reclamações:

- a mensuração do engajamento indica que aquilo tudo foi só "fogo de palha";
- os melhores talentos não estão sendo atraídos nem encantados para escolher ficar na empresa;
- o pipeline de sucessão de líderes ainda não está adequadamente abastecido;
- o processo de mudança da CO está na estaca zero ou ainda muito embrionário;
- os indicadores de produtividade, eficiência e qualidade não melhoraram;
- os indicadores de rentabilidade não apontam para a sustentabilidade do negócio;
- a reputação positiva no mercado ainda não é consistente e consolidada.

Por que isso costuma ocorrer com tanta frequência? Por que a inércia e o círculo vicioso continuam a ter essa força tão poderosa, capaz de fazer tudo retroceder ou ficar no mais do mesmo? É que nós ainda temos muito forte o viés tradicional de tentar estruturar processos de mudança organizacional, usando só nosso raciocínio lógico e racional: é o famoso "vamos por partes". Por exemplo: primeiro, é implementado um programa de engajamento e depois mensurado o resultado para saber se o esforço está valendo a pena. Em seguida, é desenhado e colocado em ação um programa de atração, retenção e abastecimento do pipeline de sucessão. Enquanto isso, muitas vezes, o Marketing está cuidando de ações para fortalecer a reputação e a imagem de marca da companhia investindo muito dinheiro. Quando, finalmente, se verificam os primeiros resultados de todos esses esforços, eles ficam abaixo do esperado. Aí, o RH é chamado para entrar em cena, definir com Treinamento & Desenvolvimento (T&D) um programa de capacitações mais específicas e liderar uma campanha de comunicação interna em favor dos ganhos de produtividade, eficiência e, claro, qualidade.

Não há nada que possa ser considerado errado na adoção dessas iniciativas. São todas positivas e têm excelentes objetivos. Só que essa FORMA tradicional de fazer mudanças não é natural. É reativa e busca remediar apenas. Enquanto uma área faz uma coisa, o outro departamento faz outra, e pouca gente se fala, não há comunicação integradora — o velho e bom diálogo entre as partes não existe. Dessa maneira, não se constrói um TODO melhor, tudo é muito fragmentado. E se isso acontece na macrocultura organizacional, imagine como deve andar lá na microcultura o diálogo entre os "chefes" e as pessoas das equipes. Imagine como chegaram aos colaboradores as "notícias" sobre o processo de mudança da CO, decidido num grande evento pela ALTA LIDERANÇA. Imagine como é feita a tradicional AD e como são realmente dados os feedbacks às pessoas. Pode ir imaginando, porque, enquanto isso, o que era para ser uma mudança para MELHOR já está em pleno retrocesso.

Por quê? Porque a maioria dos colaboradores não participou efetivamente de nada, ninguém se envolveu na concepção de ferramentas (critérios e práticas) para começar a construir a NCO nem conta com uma estrutura de governança para dar FORMA ao processo de mudança e assegurar que realmente ocorra e se consolide na prática, mas mantendo-se flexível e permeável às novas contribuições das pessoas. Com minha mais profunda convicção teórica e prática, garanto a você o seguinte: não se consegue aumentar o engajamento de maneira profunda e duradoura se a empresa não se abrir à participação de TODOS — sem exceção. Enquanto cada pessoa não se sentir como uma PARTE do todo, o todo não evolui, não fica MELHOR. É por essa razão que a FGEP tem duas premissas:

1 A mudança pode até ser uma decisão da ALTA LIDERANÇA, que, por sua vez, deve também definir as Diretrizes Estratégicas, mas o processo começa pelos líderes do primeiro nível operacional,* que estão em contato direto e diário com a maioria dos colaboradores e, dessa forma, já disporão das primeiras ferramentas oferecidas pelo RH estratégico para fomentar a participação de TODOS.

2 Antes de iniciar qualquer ação de marketing para ser percebida com uma reputação positiva no mercado, o processo de mudança tem que ocorrer porta adentro da empresa. Ninguém consegue comunicar com consistência o que AINDA não é.

É fundamentado nesses dois pontos-chave que o processo de transição da CO para a NCO da FGEP ocorre sem rupturas e com plena naturalidade. Só que, para ser naturalmente caórdica, a implementação dos critérios e das práticas precisa ser feita de FORMA simultânea e integradora. Não por partes. É como uma onda calma que vai permeando tudo e contagiando todas as pessoas. Não é um surto ou "fogo de palha" que logo se extingue. A imparcialidade, a persistência na coerência de valores, critérios e práticas, a convergência de interesses entre cada pessoa e a empresa, a abertura à efetiva participação de todos e a progressão do desenvolvimento dos LNLs formam o que podemos chamar de "núcleo" da FGEP (Figura 6.1).

É a ação sinérgica e simbiótica desse núcleo que faz com que cada colaborador volte a ACREDITAR: sim, ele é capaz de realizar o que quiser e, por isso, também pode ser um novo líder; basta acreditar e PARTICIPAR. Com a autoestima revigorada e com a motivação em alta, a pessoa começa a PRATICAR o que é melhor para si e, em seguida, para seu trabalho diário. Logo começa a MELHORAR e conquista as primeiras vitórias por ter tido a coragem de assumir o risco de romper a inércia e o círculo vicioso. A partir desse ponto,

---

* No capítulo 2, na seção "Por onde começar a transformação", apresentei minhas razões práticas para que o processo de mudança da CO comece pela comunicação aos líderes do primeiro nível operacional.

com o grau de consciência já um pouco mais elevado, faz a opção espontânea e voluntária de COMPARTILHAR o que tem de MELHOR e conquista a resiliência expansível que faz dela um LNL.

Com o suporte estruturado da GF, essa maioria de Pessoas 4.0 é que vai consolidar a NCO no dia a dia da empresa. Agora sim chegou a hora de a companhia começar a se comunicar com o mercado para construir sua MELHOR reputação, que já foi merecidamente conquistada diante de todos os seus colaboradores, além de processos que dão pleno lastro a esse traço cultural. Não será necessário fazer grandes esforços publicitários: são os próprios colaboradores encantados que vão se encarregar de viralizar a nova REPUTAÇÃO ORGÂNICA da empresa, ampliando — e muito — a força de atratividade de novos talentos e, certamente, de clientes.

Na próxima reunião de apresentação de resultados aos acionistas, em vez de reclamações e problemas de gestão e/ou operacionais, os executivos terão a satisfação de levar fatos reais e dados concretos para demonstrar que:

- a mensuração do engajamento está em alta;
- a NCO está se consolidando organicamente;
- os indicadores de produtividade, eficiência e qualidade estão em alta;
- a rentabilidade teve o primeiro crescimento acima da média do setor;
- a reputação no mercado é mais positiva e a lealdade dos clientes subiu;
- a atratividade de talentos e o abastecimento do pipeline de sucessão estão em alta.

Sinceramente, não pretendo deixar para as empresas um papel injustamente pesado. Nós cobramos de políticos e governos, em todas as esferas, que haja programas públicos de inclusão e a oferta de oportunidades mais igualitárias no país. A proposta da FGEP é apenas resgatar em todos nós a vontade de fazer o que é certo, isto é, sermos produtivos, fazer porque acreditamos que gerar valor para nós mesmos, para nossa família e para a empresa em que trabalhamos diariamente faz sentido. Acredito, pratico, melhoro e compartilho que as organizações de todos os portes e setores têm a responsabilidade de beneficiar os negócios e também TODAS as pessoas — ou seja, desde colaboradores e clientes até acionistas e agentes reguladores e outras partes interessadas. Esse objetivo da FGEP de buscar MELHORAR a sociedade como um todo pode parecer utópico, mas, se desde já organizarmos nossa trajetória de forma contínua, essa é uma visão viável no longo prazo. Para encerrar, lanço um apelo a você: é possível, sim, construir um futuro melhor para todos. Já temos os atores, o cenário encantador e dinâmico, alguns mocinhos e mocinhas e até os vilões... E, se mantivermos o foco para transformar os atuais coadjuvantes em protagonistas, vamos fazer um novo filme, muito melhor, que nos orgulhe como a história de nossa vida deve orgulhar.

Nenhuma pessoa cabe em caixas

DINÂMICO E IMPARCIAL, OUT-OF-THE-BOX (OTB) IDENTIFICA TALENTOS E DIRECIONA SEU POTENCIAL, COMBINANDO DESEMPENHO MULTIDIMENSIONAL E TRILHAS DE DESENVOLVIMENTO

Independente do porte e/ou do setor de atuação da empresa, quando converso sobre a FGEP com empresários e executivos, ouço duas queixas bem frequentes: a falta de engajamento dos colaboradores e a escassez de talentos. Outro ponto que costuma ser comum entre a maioria deles é que, apesar de identificarem esses dois problemas, todos têm plena consciência de que, quando se trata da Gestão de Pessoas, é preciso atender — com certo grau de urgência e sucesso — a três objetivos fundamentais:

1 identificar talentos potenciais;
2 investir no desenvolvimento desses talentos; e
3 dispor de novos líderes no pipeline de sucessão.

Essa visão estratégica de RH tem sido fundamental para o desenvolvimento das empresas. Sem isso não há futuro, porque nem a tecnologia 4.0 poderá manter a perenidade dos lucros sem um fluxo contínuo dos líderes talentosos que serão capazes de inovar e assegurar a sustentabilidade dos negócios. Em tese, não há nada aqui que possa ser visto como nocivo ou contrário às melhores práticas de Gestão de Pessoas. Mesmo assim, na prática, o que se observa é uma contradição: apesar das queixas em relação à escassez de talentos, observo nas empresas um enorme desperdício de pessoas. Cerca de 90% dos colaboradores permanecem "invisíveis" às ações de aproveitamento interno e desenvolvimento; por isso, boa parte deles submerge no conformismo e na desmotivação. E, claro, todos saem perdendo. Perdem as pessoas, que ficam na inércia por não encontrarem um ambiente propício a seu protagonismo e progressão; perdem as empresas, que, por não conseguirem receber a melhor contribuição de cada pessoa no dia a dia de trabalho, comprometem a sustentabilidade dos negócios em médio e longo prazos; e perdem os clientes ou a sociedade como um todo, porque, em muitos casos, passam a ter acesso apenas a produtos e serviços empobrecidos por uma relação também desidratada pela falta de interesse genuíno. O prejuízo é generalizado, mas, infelizmente, o olhar mais conservador e imediatista não consegue enxergar isso.

Em minhas palestras, nos textos que tenho publicado e especialmente neste terceiro livro,* conversei sobre os processos de identificação de líderes, desenvolvimento de talentos e Avaliação de Desempenho (AD). Sobre as distorções e prejuízos causados pela AD tradicional, falamos no capítulo 4, no qual, inclusive, apresentei o Diário de Competências (DC), a metodologia da FGEP que contempla o dinamismo e a multiplicidade de aspectos existentes no desempenho de cada pessoa. Tratei no capítulo 2 de como identificar o LNL que está dentro de cada pessoa — todas, sem exceção. VOCÊ é o líder e deve assumir o protagonismo na gestão de sua vida e carreira. Agora, nosso foco é refletir sobre como fomentar o desenvolvimento desse líder potencial que existe dentro de cada um de nós.

Como ponto de partida, vamos analisar as ferramentas que têm sido tradicionalmente aplicadas até hoje para avaliar o potencial das pessoas. Do ponto de vista da FGEP, o tipo de avaliação realizada atual-

---

* Minha sugestão é que você leia, antes deste Apêndice, o capítulo 2, onde falo sobre a "invisibilidade" imposta a 90% dos colaboradores e explico como a FGEP identifica cada pessoa com o potencial necessário para se tornar um LNL. Leia antes também o capítulo 4, que é todo dedicado ao tema da AD e ao processo de remuneração pela abordagem da FGEP. Lá, detalho todas as razões que levam à deturpação do modelo tradicional de AD, além de apresentar e exemplificar outras práticas da FGEP, como o DC. Neste Apêndice você também vai entender tudo isso, mas está bem mais resumido para que possamos falar mais sobre o OTB.

mente é um grande tiro no pé: são fórmulas prontas e inflexíveis que, em vez de pavimentar o caminho de progressão dos novos talentos, rotulam rigidamente as pessoas e as prendem em caixas, deixando-as reféns da inércia. Talvez sem nem se dar conta, mas certamente com a visão contaminada por vieses parciais e estereótipos antiquados e conservadores, os gestores aplicam essas ferramentas tradicionais e acabam por desperdiçar até 90% dos talentos disponíveis nas empresas. Como é que pode? Por quê? Como é que isso acontece?

Basicamente, porque esse modelo tradicional hoje já não faz sentido. Está preso a uma mentalidade (mindset) corporativa antiquada, que não dá conta de abranger as complexidades da era da colaboração, não reflete a diversidade de perfis existentes dentro das organizações nem considera a natureza multidimensional de cada pessoa. Em vez de se adaptar à evolução dos comportamentos e dos costumes e ao dinamismo dos cenários trazidos pelas novas tecnologias, o atual método de avaliação de potencial permanece inflexível e parado no tempo. Mas cobra seu preço: promove julgamentos parciais, coloca as pessoas em caixas, prega rótulos em sua testa — pública ou, até pior, confidencialmente, mas o fato é que, por fim, gera muita frustração e desmotivação. Ou seja, somando tudo, esses instrumentos são outra semente da falta do engajamento mais profundo e duradouro, que traz os melhores resultados para TODOS.

Ao adotar, entretanto, um mindset mais moderno, flexível e adaptável à sociedade do século XXI, fica mais fácil reconhecer que a capacidade coletiva e o trabalho colaborativo são o alicerce da prosperidade das pessoas, dos negócios e dos países. Não basta contar com alguns líderes talentosos; é a soma do talento de todos que constrói o futuro melhor. Não existe sucesso sustentável se a empresa não se tornar capaz de OFERECER condições para que as pessoas protagonizem a construção da própria trilha de desenvolvimento e passem a atuar como intraempreendedores. Para viabilizar essa mudança na cultura organizacional,* e consequentemente da mentalidade corporativa, é preciso mudar. Mu-

---

* No capítulo 1, já conversamos sobre os diferentes tipos de CO, a necessidade de promover mudanças internas e o passo a passo para a implementação desse processo de transformação para MELHOR.

dar TUDO para MELHOR — inclusive o atual e consagrado processo de avaliação do potencial dos colaboradores.

A FGEP objetiva deixar no passado esses instrumentos antiquados, que tentam enquadrar "top-goela-down" as pessoas em matrizes ou caixas binárias, propondo uma modelagem de avaliação de potencial humanizada, dinâmica e atual. Para isso, nosso sistema integrado de Gestão de Talentos, que chamamos de Out-of-The-Box (OTB), vai além dessas análises que seguem trilhos rígidos para oferecer à empresa um mergulho multidimensional no potencial de cada pessoa. Embora forme uma plataforma integrada com o DC, o foco do OTB não recai apenas nas competências, mas considera também, além da índole, as características atitudinais, como o grau de consciência e aderência às práticas de valores. Ou seja, leva em conta também COMO o colaborador procede para executar suas atividades diárias, buscando, ou não, o equilíbrio entre as dimensões do TER e do SER. Isso vai possibilitar que seja feita a convergência de interesses entre o que a pessoa QUER e o que a organização NECESSITA hoje — e pode vir a necessitar no futuro —, viabilizando a construção conjunta de uma Missão com Propósito (MCP), como mostra a figura A.1:

Figura A.1. Visão multidimensional: equilíbrio entre as dimensões TER e SER.

É muito raro encontrar hoje empresas que consigam distinguir e avaliar o potencial de alguém, analisando também o grau de equilíbrio entre Afetividade e Efetividade, pois os modelos utilizados supervalorizam o potencial de entrega e não abordam a natureza multidimensional de cada pessoa. A abordagem integrada do sistema OTB/DC, no entanto, parte do seguinte princípio básico: ninguém É agora e para sempre um rótulo; a pessoa ESTÁ desenvolvendo seu potencial para SER sempre MELHOR. Pode haver infinitas discussões teóricas sobre as circunstâncias capazes de predeterminar o que uma pessoa é hoje e será amanhã. Mas há também infinitos exemplos práticos de pessoas que QUEREM fazer diferente e ser melhores do que o que estaria predeterminado para elas. Basta olhar ao redor com atenção e interesse genuíno. Vou citar apenas dois exemplos de superação de circunstâncias, que poderiam levar a frustrações, mas que levaram à alegria dos sonhos realizados.

Para mim, Guilherme Nobre, de vinte anos, é um desses exemplos. Nascido em Santos, em uma família com condições socioeconômicas bastante adversas, ele decidiu QUERER ser médico. Durante três anos, com muita persistência na coerência, prestou vestibular, até que, no começo de 2019, conseguiu passar na Faculdade de Medicina da USP. Para pagar a bolsa que conseguiu no cursinho preparatório, Guilherme trabalhava como faxineiro da escola. Quando passou no vestibular, deu uma entrevista em que disse o seguinte: "Ela [a professora Eliane Limonti] me deu uma bolsa e, em troca, eu tinha que organizar as coisas, limpar as salas, passar um pano em tudo, trocar o lixo e lavar os banheiros. Eu dependia daquilo para alcançar meu sonho; então, se tornaram coisas simples".* Isso não faz você lembrar da frase de Nietzsche, citada por Frankl, que eu adaptei para a FG: quem tem um PORQUÊ enfrenta qualquer COMO?**

---

* Leia a história e a entrevista de Guilherme Nobre em "Jovem passa em medicina na USP após ficar seis meses estudando em banheiro", no site G1. Você também pode acessar esse conteúdo em: <www.wavefg.com.br/notas/fg58>.

** (Re)Leia, no livro *O fim do círculo vicioso* (São Paulo: Portfolio-Penguin, 2017, p. 31), a seção "Quem foi que disse o quê?", onde conto a pesquisa que fiz sobre a autoria dessa frase, ou acesse: <www.wavefg.com.br/notas/fg59>.

Mesmo assim, você ainda poderia argumentar que Guilherme é a exceção que confirma a regra da predeterminação. Mas ele não é só uma exceção, um ponto fora de todas as curvas. Há muito mais pessoas como ele que conseguem quebrar a predeterminação das "caixinhas" previamente impostas. E, para contra-argumentar, dou outro exemplo: você sabia que alunos "oficialmente" rotulados como carentes no Brasil conquistaram 1288 medalhas nas sete edições já realizadas da Olimpíada Brasileira de Matemática das Escolas Públicas (Obmep),* que dá visibilidade a talentos das ciências exatas de 47 mil escolas estaduais e municipais do país? Muito provavelmente, as circunstâncias que enfrentam não são as mais favoráveis, mas cada um desses alunos premiados está sabendo desenvolver o próprio potencial para se tornar o líder da própria vida, o empreendedor dos próprios interesses e propósitos de vida. Portanto, se, como eu, você não acredita em avaliações de potencial que colocam as pessoas dentro das caixas rígidas da predeterminação, então deve ser também alguém disposto a mudar TUDO sempre para MELHOR.

São apenas dois exemplos incríveis, mas que nos dão uma pequena amostra do que também podemos ajudar a fomentar no nosso mundo, o corporativo. Não há nada que nos impeça de usarmos nossa inteligência — ao menos — para não rotular, julgar, avaliar e enquadrar as pessoas. Esse é apenas o primeiro passo para pavimentar o caminho dos que sonham, lutam e nunca desistem de fazer o melhor para o todo. O que não podemos mais é travar em trilhos previamente concebidos a evolução de milhões de talentos, exigindo deles competências de que o mundo nem precisa mais. Por isso, convido você a vir comigo nessa ousada tentativa de abrir novos caminhos e já apresento os requisitos básicos para implementar o

---

* Leia mais sobre esses alunos premiados em "A trajetória de beneficiários do Bolsa Família na Obmep", publicado no site do Instituto de Matemática Pura e Aplicada (Impa). Você também pode acessar esse conteúdo em: <www.wavefg.com.br/notas/fg60>.

sistema integrado OTB para fazer a Gestão de Talentos em sua organização. Vamos em frente!

❖ O RH será o mediador estratégico de todo o processo, tendo como ponto de partida a estruturação muito bem fundamentada de uma grade de Descrição de Cargos, que deve ser divulgada publicamente. É com base nessa descrição que cada pessoa decide o que QUER e é feita a convergência com as necessidades da organização, dando origem ao que a FGEP denomina Missão Com Propósito (MCP): a cada dia, a pessoa sabe por que levanta da cama e vai trabalhar com o corpo e a alma cheios de motivação. E, quando bate o cansaço e o desânimo, é também em MCP que ela recarrega as baterias. É por isso que cada pessoa deve participar da construção de sua MCP e ser responsável por mantê-la viva e atualizada. Sistematicamente, também será o RH que ficará responsável por revisões, atualizações e manutenções da plataforma OTB.

❖ O OTB é uma plataforma on-line integrada às informações disponíveis sobre cada pessoa no DC, que é a ferramenta da FGEP para a avaliação sistemática e instantânea do desempenho diário dos colaboradores.* A qualquer momento — não em um ciclo anual —, os líderes, os pares e os colegas de trabalho, além da própria pessoa, podem acrescentar novos dados ao DC, atualizando também o OTB — e vice-versa. Como vamos ver nos gráficos mais adiante, isso oferece uma visão dinâmica da relação entre potencial e desempenho individual, o que possibilita feedbacks imediatos e traça um mapa para o desenvolvimento da pessoa. Com uma ponderação aplicada à análise desse conjunto de dados, o DC detecta os eventuais vieses de parcialidade e evita as generalizações subjetivas e os rótulos

---

* No capítulo 4, falamos bastante sobre o DC. Ali estão descritos, inclusive, os requisitos prévios e as etapas de implementação dessa ferramenta dinâmica de avaliação de desempenho.

preconcebidos. É muito legal contar com essa plataforma integrada, mas tudo isso dá para fazer também com ferramentas gratuitas de compartilhamento de informações: é mais trabalhoso e fica mais complexo, porém funciona também.

❖ Em sinergia, o OTB e o DC expõem muito mais do que uma fotografia anual estática; os dois apresentam à empresa o filme que narra a história do potencial e do desempenho multidimensional de cada colaborador. *Por exemplo:* o OTB/DC pode informar que um colaborador não alcançou suas metas individuais integralmente, mas vai indicar também se a pessoa agiu como um grande apoiador do time, colaborando para o atingimento das metas organizacionais no todo. Assim, não será automaticamente julgado e rotulado como um profissional com desempenho abaixo da expectativa. As empresas não podem correr o risco de perder ou desmotivar líderes com essa capacidade mobilizadora. Por outro lado, alguém que foi capaz de superar suas metas e fez entregas — mesmo que excepcionais — também não será considerado um "ser iluminado" acima do bem e do mal. Para determinar o grau de equilíbrio alcançado entre as dimensões do SER e do TER, o OTB também avaliará em profundidade "como" as entregas foram alcançadas, analisando quais valores estão sendo praticados no dia a dia por esse colaborador. Dessa forma, valoriza-se a efetividade no desempenho diário, mas também se estimula o potencial de afetividade de cada pessoa.

❖ À grade de Descrição de Cargos (MCP), devem ser sobrepostos os CVS das práticas IMPARCIAIS do novo processo realizado na plataforma OTB. Mas esses CVS são tão importantes que têm suas próprias premissas:

- Devem ser concebidos com a participação intensiva de todos os colaboradores.
- Têm que ser claros, inclusivos, transparentes e públicos, proporcionando oportunidades igualitárias de desenvolvimento para todas as pessoas.

- Definem os requisitos das competências básicas para cada cargo — não apenas as técnicas ou comportamentais de liderança e gestão, mas também os elementos ligados à índole e ao grau de consciência em relação a valores e engajamento social.
- Precisam sempre considerar o princípio básico da OTB: ninguém É, toda pessoa ESTÁ desenvolvendo seu potencial para se tornar um LNL. E, quando se torna, ESTÁ MELHOR, mas, para continuar nessa posição, precisa seguir MELHORANDO sempre — em especial no COMO supera as metas, se ACREDITA, PRATICA, MELHORA e COMPARTILHA suas trilhas com outras pessoas, fazendo a convergência com a RAZÃO DE SER da empresa.

❖ Para viabilizar novas TRILHAS de progressão para cada colaborador, os pontos de melhoria (gaps) são identificados, possibilitando a definição conjunta (convergência entre indivíduo e empresa) de planos de ação de desenvolvimento. O foco, entretanto, não pode estar apenas nos gaps: os talentos naturais e o engajamento também são valorizados para promover a convergência de interesses entre o que a pessoa QUER e o que a empresa NECESSITA hoje e/ou pode necessitar no futuro. Quem tem uma MCP trabalha com disposição para superar metas. Por isso, com base na psicologia positiva, assumimos que os pontos fortes são nossas alavancas.

❖ Muito além de fazer uma avaliação pontual e estática, o objetivo da metodologia OTB é entregar — de forma dinâmica e imparcial — uma ampla identificação de talentos e dar direcionamento a todo esse potencial. Ao combinar a análise multidimensional às trilhas de desenvolvimento, a empresa pode OFERECER condições reais para que cada pessoa assuma o protagonismo de sua progressão e passe a atuar como um LNL, aquele que age como empreendedor na própria vida e carreira e como intraempreendedor na empresa em que trabalha diariamente.

❖ Sob a coordenação do RH estratégico, o processo integrado de Gestão de Talentos OTB tem que ocorrer de maneira independente e sem a adição de ajustes unilaterais menos participativos e pouco inclusivos. Um exemplo disso é o dimensionamento preestabelecido do estoque de talentos gerado pela aplicação de uma curva forçada. A sugestão da FGEP é que o People Pipeline (PP) seja preparado para abastecer cinco ondas de sucessão, mas, caso uma empresa não concorde com esse objetivo, poderá passar uma linha de corte onde desejar — desde que deixe claro onde está essa linha de corte e por quê. Geralmente, as decisões sobre esses cortes são precedidas de uma avalição do orçamento anual destinado ao desenvolvimento dos colaboradores. Vale lembrar, porém, que, de acordo com a FGEP, quem investe na pessoa é ela mesma: então, por que limitar o estoque de talentos? O objetivo aqui é transmitir a certeza de que todos têm oportunidades igualitárias de progressão, se fizerem a escolha consciente de seguir pelas trilhas traçadas em conjunto no OTB. Pode ser que, ao conhecer pública e objetivamente o caminho e o tempo necessários para alcançar uma nova posição/promoção, algumas pessoas achem que aquilo não é suficiente para mantê-las na empresa. Por outro lado, para muitas outras pessoas, essas trilhas claras de progressão ajudam muito e são um forte estímulo — mesmo que seja "infinito enquanto dure".* O fato é que a VERDADE — em prosa ou em verso — é sempre o melhor caminho. Mesmo que seja difícil de contar e, às vezes, deixe as pessoas com o rosto vermelho, a verdade é sempre melhor do que a mentira, que nos deixa roxos — sem ar e sem vida.

Com a implementação da plataforma OTB, a empresa consegue se tornar, finalmente, a FACILITADORA da progressão de cada colaborador. Convergindo propósitos, está sendo pavimentado o caminho para que a pessoa enxergue o principal motor que há por

---

* Referência ao "Soneto da fidelidade", do poeta brasileiro Vinicius de Moraes (1913-80).

trás desse processo, que é seu próprio QUERER. Dentro de um mapa de oportunidades, baseado na MCP e com interesse genuíno recíproco, a pessoa e seu líder traçam a TRILHA de desenvolvimento — vertical e/ou diagonal — e acompanham a progressão de forma dinâmica, integrada e transparente — sem vieses de parcialidade. A meta comum é usufruir dos benefícios gerados pela vivência diária da MCP. É importante destacar que a FGEP propõe também outras iniciativas para apoiar esse processo, como a TUTORIA CRUZADA, um programa de compartilhamento de conhecimento, especialmente entre gerações, que está descrito no capítulo 3 deste livro, inclusive com critérios e práticas para implementação em sua empresa.*

Além de promover a progressão individual de cada pessoa, independentemente de sua posição hierárquica, a nova abordagem OTB responde a outras questões estratégicas mais específicas da Gestão de Pessoas, como:

- Já existem pessoas com potencial e capacidade para atuar em todos os níveis de complexidade e nas diferentes áreas da organização — hoje e no futuro?
- Quem são os colaboradores-referência ou chave — por competência ou conjunto de competências — que podem voluntariamente contribuir como educadores internos e tutores, capazes de fortalecer e transmitir a CO. Ou podem ser ótimos backups?
- Quais são os gaps organizacionais que precisam ser desenvolvidos e quais são os maiores protagonistas nesse processo?
- Quem são os sucessores imediatos para determinadas posições? E os de médio e longo prazos? Como já disse, pela FGEP, o ideal é contar com um People Pipeline (PP) para viabilizar, pelo menos, cinco ondas de sucessão.
- Como direcionar os investimentos em desenvolvimento e aproveitar todo o conhecimento já existente internamente?

---

* Você também pode acessar mais informações sobre o programa de TUTORIA CRUZADA em: <www.wavefg.com.br/notas/fg61>.

Para materializar essas respostas em um mapa bem nítido para a empresa, a plataforma OTB fundamenta o processo, integrando simultaneamente quatro dimensões de análise:

- **Performance:** essa dimensão deve ser mantida para garantir de forma objetiva e individualizada a análise de resultados por metas (próprias ou desdobradas), tendo como referência o sistema de metas SMART. Para otimizar resultados de desempenho, a recomendação da FGEP é que o modelo de definição de metas seja bottom-up e que haja aqui a máxima convergência possível entre os interesses da pessoa e da empresa. É fundamental que cada colaborador atue ativamente na concepção das próprias metas, pois esse vínculo pessoal impulsionará a performance com base na efetividade e também na afetividade. Medir é apenas o básico. Mais do que medir, o importante é fomentar o alto desempenho para maximizar superações. Vale aqui uma observação: pela abordagem da FGEP, partindo de um processo bottom-up, o que viabiliza a construção conjunta de metas é o fato de as pessoas participarem da estruturação básica da estratégia do negócio. Assim, dispondo dessas informações importantes, a partir de suas próprias perspectivas, podem, sim, criar metas alinhadas com o ápice da visão de negócio.
- **Competências:** um dos diferenciais dessa análise na plataforma OTB é a integração on-line com os critérios gerais e os requisitos específicos estabelecidos nos registros do DC de cada colaborador. As competências básicas e gerais devem ser discutidas de forma participativa e publicadas com clareza e simplicidade. Nas competências específicas para cada posição existente na Descrição de Cargos (MCP), a recomendação é incluir, além das competências técnicas requeridas, as comportamentais, como: capacidade de conexão social, habilidade sociopolítica, atingindo até o fator mais essencial, que é a índole. E, é claro, mantendo algumas das tradicionais, como trabalho em equipe e capacidade de interatividade e relacionamento/comunicação.

- **Aderência:** a plataforma OTB adiciona essa dimensão à análise, operando-a de forma integrada à MCP (Descrição de Cargos) para avaliar a aderência de cada colaborador aos requisitos e competências da posição que ele QUER ocupar futuramente. Toda pessoa pode submeter seu perfil a qualquer uma das posições da empresa (de mesmo nível hierárquico ou superior), previamente publicadas. É gerado um indicador percentual que mostra o grau de aderência entre os pré-requisitos e o atual estágio de desenvolvimento do colaborador. Assim, de forma dinâmica, ele pode traçar sua TRILHA de progressão e conquistar suas metas. Do ponto de vista da empresa, há dois benefícios: 1. os colaboradores que QUEREM ocupar novas posições podem ser valorizados por seu protagonismo em abrir novos horizontes e endereçar a superação dos próprios gaps; e 2. a qualquer momento pode ser acessado o mapa on-line de possíveis sucessores para todas as posições existentes na empresa. Essa dimensão evita também que alguém seja apontado unilateralmente para posições futuras ou receba uma indicação de progressão em circunstâncias que não deseja ou não está propenso a aceitar. Como já disse neste livro, a FGEP põe fim à algema de ouro gerada pelos péssimos programas de retenção de talentos: é por isso que, acima de tudo, as pessoas precisam QUERER. A mensuração da Aderência tem o intuito de evitar aquele "não" tardio, que acaba por frustrar quem contava com a pessoa como sucessora. Como ela realmente não QUERIA aquilo, na hora H, diz "não" por suas próprias razões — que ainda eram desconhecidas pelos demais.
- **Consciência:** essa dimensão é útil para mensurar o nível de engajamento das pessoas em projetos corporativos de cunho mais nobre, como os ligados a inovação, futuro dos negócios e outros também relacionados às questões sociais, ambientais e, especialmente, estratégicas, que têm o objetivo de perenizar os resultados e assegurar a sustentabilidade de toda a organização. Esse é um excelente termômetro da conexão

de cada pessoa com os propósitos e a cultura do empreendimento. Por isso, sempre que avaliado em conjunto com as demais dimensões, o grau de consciência, além de otimizar a progressão na carreira, melhora a assertividade nos processos sucessórios.* Essa análise é bem simples e validada periodicamente nos processos de recrutamento dos quais o indivíduo participa. Isto é, seja quem for e para qualquer função, durante as entrevistas — por diversos ângulos — todas as pessoas envolvidas terão um *grade* para pontuar em que nível está o interlocutor. Essa pontuação será adicionada a seu prontuário e atualizada de forma dinâmica. Obviamente, a pontuação não será secreta, confidencial ou oculta, nada disso. A pessoa saberá e poderá argumentar, entender e discutir construtivamente para gerar mais interesse e mecanismos para o autodesenvolvimento e/ou a progressão compartilhada com seu gestor ou tutor.

Depois de integrar a avaliação multidimensional do potencial aos requisitos e CVs definidos no DC, o resultado final é dinamicamente apresentado on-line pelo OTB em gráficos com círculos posicionados entre dois eixos que indicam o seguinte:

- o eixo X representa a *Performance* (metas e objetivos);
- o eixo Y se refere às *Competências* e aos *Valores* (desempenho) inseridos no DC;

---

* Nos processos sucessórios, há muitos técnicos no assunto que consideram suficiente contar com as opções mapeadas e manter as pessoas em desenvolvimento. Muitas vezes, ao utilizar os instrumentos consagrados de identificação de potencial, as empresas investem tempo e dinheiro no desenvolvimento de sucessores, mas, quando, de fato, precisam alocar esse potencial talento em determinada posição, a pessoa NÃO aceita. Isso indica que não houve previamente um DIÁLOGO com a profundidade adequada para validar a aderência do colaborador àquela vaga. Como comentei antes, ao descrever a dimensão da aderência do OTB, é ruim quando, na hora H, a pessoa não QUER assumir a posição, mas é ainda pior se ela aceitar pressionada pela situação: vai se tornar infeliz e o mais provável é que acabe saindo da empresa. Por isso minha preocupação com a assertividade nos processos sucessórios.

- o tamanho do raio do círculo indica o nível de *Aderência* a determinada posição (sucessão), e, caso o círculo seja apresentado com um contorno mais escuro (negrito), isso significa que o colaborador já expressou QUERER aquela posição.

Como uma opção customizada à necessidade das empresas, pode ser incluída uma variável adicional que é o nível de *Consciência* de cada colaborador, representado pela intensidade de cor do círculo (tipo um semáforo). Outros indicadores também podem ser buscados e inseridos, como: tempo no cargo, promoções nos últimos cinco anos, grau de relevância estratégica do cargo, o nível de engajamento obtido via Pulse,[*] entre outros.

Dessa forma, quando um líder quiser avaliar a matriz de sua equipe, o resultado visível na tela do computador será somente um gráfico com os dois eixos e a quantidade de círculos igual ao número de pessoas do time. Cada círculo estará posicionado de acordo com o resultado alcançado por colaborador nas dimensões referentes a Competências e Performance, como mostra a figura A.2, na página a seguir:

---

[*] Pulse é uma ferramenta de pesquisa on-line pontual para medir rapidamente o grau de adesão de determinada área da empresa a uma tendência ou a iniciativas que tenham sido recentemente adotadas. Para tirar outras dúvidas, consulte o site thutor.com.

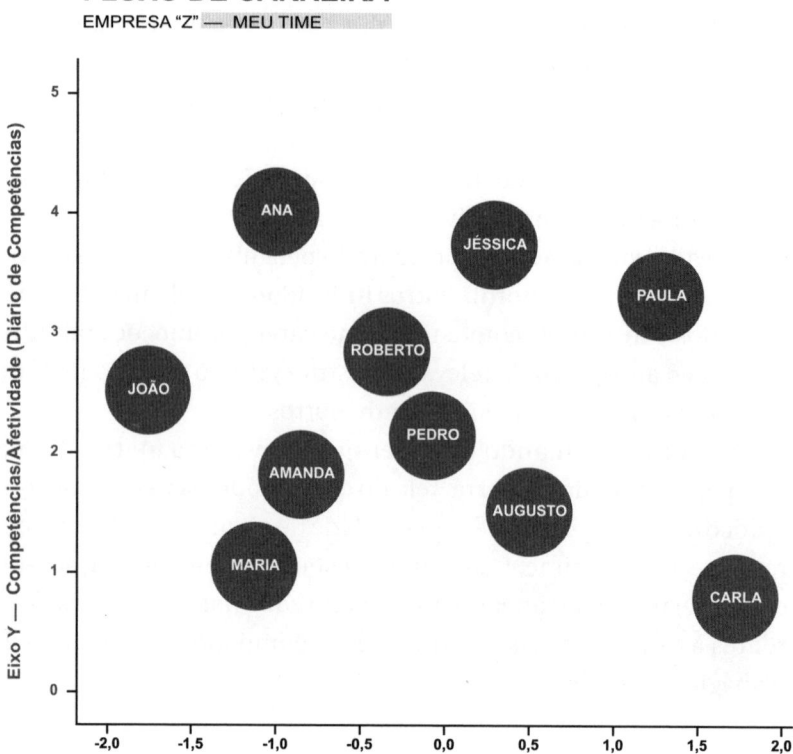

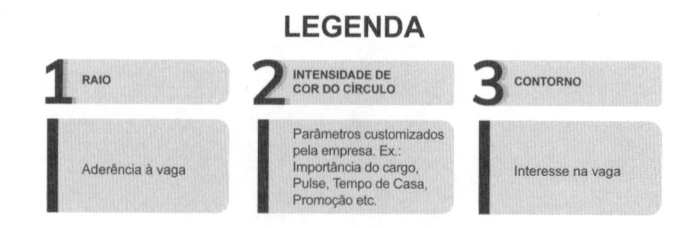

Figura A.2. Visão da equipe.

Quando o presidente, os diretores — ou o RH — estiverem em busca de um sucessor para ocupar uma vaga específica, deve ser inserido o filtro de aderência aos requisitos e critérios para aquela posição. Como resultado, além do perfil de performance e competências de cada pessoa da equipe, serão visualizados círculos de diferentes tamanhos, indicando o maior ou o menor grau de aderência de acordo com o tamanho do raio. Quanto maior um círculo, maior o grau de aderência de um colaborador aos requisitos exigidos para que ocupe aquela vaga específica. Além disso, quando um círculo é apresentado com um contorno mais escuro, isso indica que aquela pessoa também já expressou que QUER (demonstração de interesse) ocupar aquela posição. Portanto, os maiores círculos com contorno mais escuro representam as pessoas que já estão mais preparadas e capacitadas para alcançar essa progressão de carreira. Aí, além de tudo, se estiver com a luz verde acesa, isso significa que o nível de consciência é alto, ou seja, os astros se alinharam completamente.

Os dois gráficos nas páginas a seguir apresentam o resultado da busca de sucessores para a vaga A e para a vaga B com a visualização da composição multidimensional entre performance, competência, aderência, consciência e manifestação de interesse:

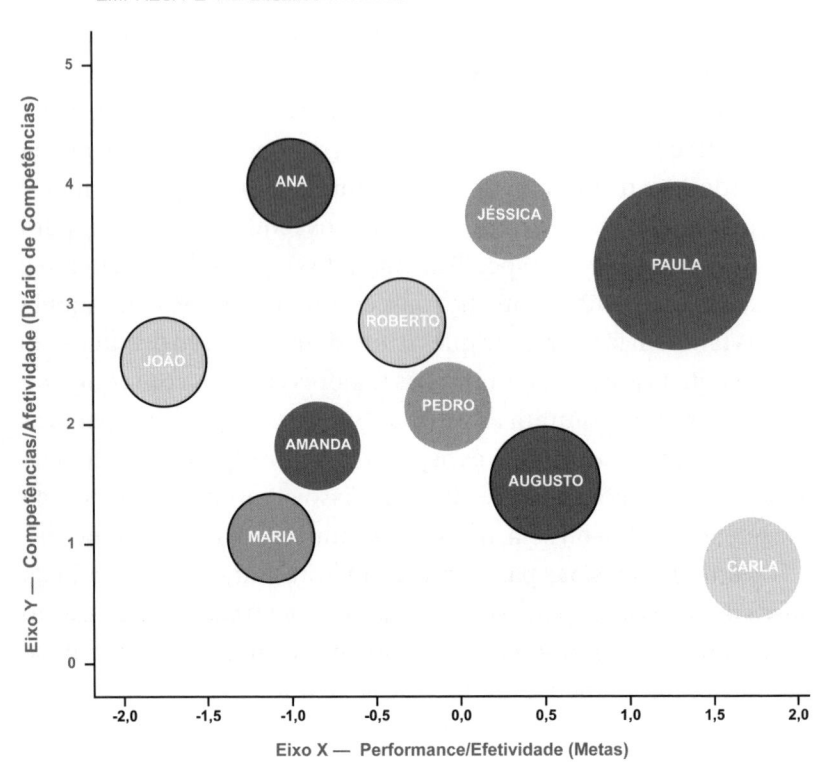

FLUXO DE CARREIRA
EMPRESA "Z" — VAGA "A"

Eixo Y — Competências/Afetividade (Diário de Competências)

Eixo X — Performance/Efetividade (Metas)

LEGENDA

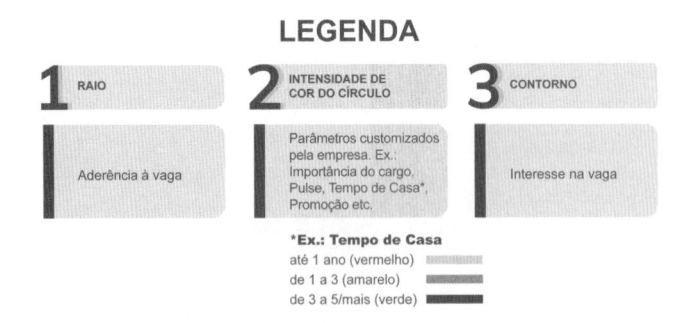

Figura A.3. Visualização para a vaga A.

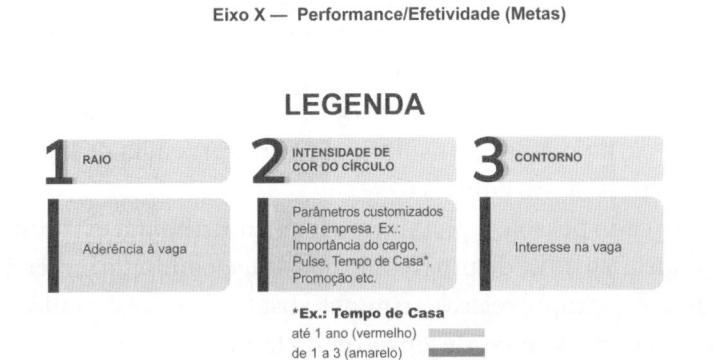

Figura A.4. Visualização para a vaga B.

É possível ainda criar uma unidade de composição, ou seja, um indicador geral para cada colaborador quando comparado com uma posição, gerando uma classificação dos mais para os menos aderentes à vaga. Isso é útil, por exemplo, para o RH priorizar testes prévios, como substituição de férias na posição específica, além de treinamento de desenvolvimento e aperfeiçoamento de competências. Em um processo sucessório, essa visualização do People Pipeline (PP) facilita o foco no recrutamento interno, pois identifica com a máxima agilidade quais são as pessoas mais aderentes. No gráfico do PP, o gestor e/ou o RH podem analisar no detalhe as quinze mais relevantes, por exemplo.

Caso tenha necessidade, a empresa poderá definir pesos diferentes para as dimensões avaliadas na composição desse mapa integrado, sendo X + Y + indicador do nível de aderência = 100%. Por exemplo: o colaborador tem um peso em performance (30%) + DC (30%) + índice de aderência à vaga (20% perfil técnico + 20% substituição de férias / prática) = 40%), sendo o total 100%. Fica totalmente a critério da empresa definir os pesos de cada dimensão.

Dessa forma, quando alguém demonstra interesse em uma posição, ocorre a composição imediata com o histórico de competências e performance, possibilitando a comparação dos resultados alcançados com os requisitos da vaga. Além de oferecer uma visão mais sistêmica da atuação da pessoa na organização (presente e futura), isso aumenta a probabilidade de match entre o colaborador e a vaga que ele QUER ocupar, consolidando a convergência de interesses entre as pessoas e a empresa.

Para cada pessoa, a plataforma OTB contribui na estruturação da própria TRILHA de progressão contínua: com seus indicadores dinâmicos, sempre relativos e nunca absolutos, o colaborador pode TER alta performance, desenvolvendo também o potencial de SER todo dia alguém MELHOR. Já a empresa, com todas essas informações sistematizadas e integradas na plataforma OTB, passa a contar — realmente — com uma ferramenta útil para compor, manter atualizado e abastecer o People Pipeline (PP). Com visão estratégica, os líderes e, principalmente, a área de RH disporão sempre de um elenco de talentos para enfrentar os desafios atuais e futuros trazidos pela dinâmica dos cenários de negócios. Chega de caixas rotuladas que só servem para aprisionar todo o potencial dos LNLS.

A plataforma Out-of-the-Box (OTB) foi desenvolvida pela Thutor, tendo como cocriadores nosso time formado por: André Lopes, Cristina Diniz, Erika Wayand, Felipe Zanola, Geórgia Leal, Helena Ramos, Inaiá Luchiari, João Fontão, João Vitor, Letícia Rosa, Maíne Martins, Marcos Alves, Mariana Bossolani, Ricardo Dalge, Sérgio Adão, Victor Angelo e Vinícius Nascimento.

Pode acreditar:

TEM JEITO DE SER MELHOR, SIM!

Tomara que agora, ao terminar de ler este livro, você esteja sentindo o mesmo impacto positivo que tive quando conheci Márcio Fernandes e a Filosofia de Gestão (FG) em 2014. Naquele ano, também por causa da Copa do Mundo e da expectativa com as Olimpíadas, o Brasil ainda vivia um ciclo econômico favorável. Apesar de o crescimento do PIB ter sido insignificante, a taxa de desemprego ainda era baixa.[*] A maioria da população ativa estava empregada, recebendo salário em dia, consumindo com baixa inadimplência e fazendo a economia girar. Do ponto de vista do meu grupo empresarial, havia até escassez de mão de obra, mas os resultados viabilizavam a continuidade do crescimento e os negócios pareciam estar muito bem, obrigado.

Por tudo que tenho aprendido na vida, os resultados de cada ano são uma espécie de sinalizador que fica sempre entre dois As: no ano ruim, a gente Aprende; no ano bom, Aproveita. Mas, em 2014, não me sentia com disposição para aproveitar nada, nem os bons resul-

---

[*] Segundo pesquisa realizada pelo Instituto Brasileiro de Geografia e Estatística (IBGE), em 2014, a taxa média de desemprego foi de 4,8% nas principais capitais do país, uma das mais baixas já registradas desde que o instituto adotou a atual metodologia, em 2003. Disponível em: <www.valor.com.br/brasil/3883962/taxa-de-desemprego-atinge-minima-historica-em-2014-aponta-ibge>. Acesso em: 3 nov. 2019.

tados. A rotina de trabalho, que antes me empolgava, agora parecia cansativa e desestimulante. Para piorar o mal-estar, em vez de motivação e engajamento, o que via na maioria das pessoas a meu redor era falta de comprometimento. Nessa fase do meu "sucesso", parece até que o mundo se dividia em apenas duas partes: a primeira, eu carregava nas costas, e a segunda, eu empurrava para fazer as pessoas me "ajudarem" a carregar a primeira. Sério, era uma sensação diária de exaustão. Aonde tinha ido parar aquela sensação de realização e felicidade — que eu também sonhei para mim — quando estava derrubando obstáculos para construir minha vida empresarial?

Essa pergunta insistia dentro da minha cabeça e me inquietava. Tinha que existir um jeito diferente de fazer a gestão de meus negócios! Depois de tanta luta e de tanta dedicação empreendedora, o sucesso tinha que incluir algo mais, algo melhor para mim, para minha família e para as pessoas todas que trabalhavam comigo. Queria encontrar um estímulo, um caminho novo, mas parecia impossível. Foi aí que, em 2014, participei de um evento realizado pela Fundação Dom Cabral, em São Paulo, e um dos palestrantes convidados era Márcio Fernandes, que havia acabado de ser considerado pela primeira vez o líder mais admirado do Brasil pela revista *Você S/A*.[*]

Como ainda não o conhecia, quando Márcio começou a falar sobre a FG, foi uma surpresa, um impacto decisivo para acabar com a inércia na minha vida e nos meus negócios. Naquela época, como eu duvidava que houvesse novos caminhos a seguir, parecia até que ele estava fazendo aquela apresentação para falar comigo. Enquanto Márcio mostrava o que havia colocado em prática como presidente de uma gigante multinacional do setor elétrico para mudar a cultura e o clima organizacionais — e conseguir que as pessoas trabalhassem felizes, inclusive ele próprio, e com alta produtividade e lucratividade —,

---

[*] Em 2014, Márcio Fernandes foi considerado pela revista *Você S/A* o Líder Mais Admirado do Brasil; em 2016, foi escolhido Executivo de Valor pelo jornal *Valor Econômico*; e, em 2017, na pesquisa anual da Great Place To Work (GPTW), obteve índice de 100% de confiança de seus 4 mil colaboradores, além de, pela segunda vez, ter sido escolhido como o Líder Mais Admirado do Brasil pela *Você S/A*, da Editora Abril.

eu ia descobrindo que havia, sim, um jeito de fazer diferente e mudar tudo para melhor. O que, para mim, ainda parecia um sonho impossível existia. Além disso, já estava sendo posto em prática com os melhores resultados. Fiquei encantado com tudo o que ouvi.

Pouco tempo depois, fui a outro evento e, para minha surpresa, Márcio estava novamente entre os palestrantes. Dessa vez, foi um seminário da HSM em São Paulo, e eu gravei a palestra dele em áudio para depois poder compartilhar — na íntegra — com meus diretores e gerentes. No final, como era a segunda vez que ouvia uma de suas palestras, fui mais ousado e assertivo: me apresentei a Márcio, pois queria saber como poderia me aprofundar naquelas ideias e práticas. Poucas semanas mais tarde, ele me convidou a participar junto com um grupo de outros empresários de uma rodada de conhecimento e intercâmbio sobre as práticas da FG. Um dos primeiros pontos que me convenceu de que havia ali algo novo e diferente, mas real, foi o fato de Márcio dizer claramente que a FG — seus valores, critérios e práticas — tinha que ser adaptada ao tipo de cultura organizacional e ao modelo de negócio de cada empresa. Não dá para simplesmente "copiar e colar".

A partir daí, comecei a acreditar nas práticas da FG, e em 2015, depois de refletir bastante, demos início à construção do nosso próprio tripé de gestão com ênfase em três P: Pessoas, Processos e Performance, adotando as iniciativas necessárias para gerar e dar sustentação a uma nova cultura organizacional. Para tornar a comunicação mais "quente, fluente, frequente e transparente", como Márcio costuma dizer, o diálogo foi aberto com todos os colaboradores. Foram criados novos canais para estimular a participação e a colaboração e, principalmente, distribuir informações de forma bastante capilarizada em todas as unidades da empresa.

Hoje, com ótimos resultados também no aprimoramento de processos, contamos com ferramentas, como o Papo de Integração e União (PIU), o Diálogo de Segurança (DDS) e o Comitê de Operação de Unidade (COU). Em cada uma de nossas unidades, nossos líderes são chamados de Galos, e são eles que realmente fazem essa nova cultura organizacional acontecer na prática no dia a dia de trabalho. E o acompanhamento da performance das pessoas — em vez de usarmos a tradicional Avaliação de Desempenho — é feito com o suporte da Gestão Empresarial Mantiqueira (Gema), que também já se comprovou um sucesso no direcionamento estratégico e no atingimento de metas — individuais e coletivas.

Sempre com visão empresarial de médio e longo prazos, considero ainda incipiente um projeto que esteja em execução há apenas quatro ou cinco anos. No entanto, com a implementação gradual das práticas da FG, entre 2015 e 2018, já temos resultados consistentes para apresentar. Os indicadores operacionais de qualidade e eficiência, por exemplo, deram um salto significativo. Além disso, as metas passaram a ser superadas, e nossas pesquisas internas de clima têm apontado que a tendência do indicador de satisfação de nossos colaboradores é muito positiva. Ainda há muito para caminhar, mas agora sabemos por onde seguir.

Além do pioneirismo em tecnologia de automação que sempre marcou a atuação do Grupo Mantiqueira, já com nossa disposição empresarial renovada, em maio de 2017, tomamos a decisão de investir em outro projeto inédito no Brasil. Somando-se às unidades de Minas Gerais e Mato Grosso que tornaram a Mantiqueira a maior produtora de ovos da América do Sul, formamos outra granja no Rio de Janeiro, onde as galinhas são criadas livres de gaiolas, seguindo normas de bem-estar animal aplicáveis à realidade dos negócios.[*]

Para mim, isso tem um significado mais do que especial: hoje nossa nova cultura valoriza e apoia o desenvolvimento dos colaboradores, o que assegura rentabilidade crescente e desenvolvimento sustentável, inclusive oferecendo conforto para nossas galinhas poedeiras. E sabe o que é melhor ainda? As galinhas que vivem em condições mais confortáveis e livres de estresse botam mais ovos do que no sistema convencional de criação. E fica todo mundo mais sa-

---

[*] Para saber mais sobre o projeto da Mantiqueira, veja a reportagem "Granjas que criam galinhas livres ganham mercado no país", de Ana Dalla Pria, exibida no programa *Globo Rural* da TV Globo, em 3 fev. 2019. Disponível em: <globoplay.globo.com/v/7351126/>. Acesso em: 3 set. 2019.

tisfeito, especialmente os consumidores que sabem que estão comprando um produto sem ônus animal e ambiental.

Nesses quase cinco anos de experiência com as práticas da FG, posso testemunhar que o processo de mudança para melhor acontece aos poucos, gradualmente, sem a necessidade de revoluções ou reestruturações abruptas. Agora o fato de ser assim natural e orgânico não quer dizer que seja fácil, simples ou que não encontre obstáculos. Nem todo mundo consegue acreditar e praticar a FG, mesmo constatando os benefícios recíprocos no dia a dia. Existem algumas pessoas que, além de duvidar, torcem contra. Mas, em vez de ficar frustrado e lamentar porque sempre haverá gente assim, olho para o lado bom: há sempre muito mais pessoas que querem mudar para melhor e se engajam por opção. O que não pode faltar nunca é muita paciência na catequese diária em favor do mundo que decidimos construir.

Usando as palavras de Márcio, provavelmente ele diria que, para implementar essa nova cultura baseada na FG de maneira bem-sucedida, "é preciso ter muita persistência na coerência nos valores, critérios e práticas imparciais". Mas, fazendo uma adaptação à realidade de meus negócios, digo que "é preciso segurar a galinha com muito cuidado e atenção constantes". Não pode apertar demais nas mãos para não matar e não pode deixar muito solta para não fugir. Pode parecer simplório, mas há muita sabedoria empresarial nisso. Tenho certeza de que, como aconteceu comigo, a leitura deste livro ajudou você a se tornar um líder mais sábio, mais afetivo e mais efetivo. É o que tenho dito, repetido e vivenciado diariamente com os melhores resultados para todos e espero que para você também. Pode acreditar que dá certo!

LEANDRO PINTO
*Presidente do Grupo Mantiqueira,
maior produtor de ovos da América do Sul.*

Agradecimentos

Ao iniciar este agradecimento, o primeiro ponto que me vem à cabeça é o papel da minha família em minha vida. Em livros que escrevi anteriormente, já agradeci a meu filho e a minhas filhas pela energia e pelo amor que me oferecem, alimentando minha alma para que eu consiga produzir algo com todo o meu coração. Neste livro, entretanto, meu agradecimento aos meus filhos vai além. Essas três maravilhosas pessoas merecem meu muito obrigado, não apenas por causa de nossa troca afetiva, mas também porque, de fato, adicionaram valor a este trabalho.

Durante todo o período em que estive debruçado sobre a escrita deste material, minha filha de seis anos buscou entender do que se tratava e, com sua enorme perspicácia e atenção aos detalhes, me deu várias sugestões. Sua visão foi muito além do que se espera de uma criança da idade dela. Literalmente, é muito antenada, conectada e consegue olhar o todo. Já dá para ver nitidamente que a estratégia é seu forte.

Por sua vez, minha filha de oito anos foi surpreendente! Um dia, ela estava comigo no escritório de casa, fazendo a lição da escola, enquanto eu trabalhava. Convivendo ali, cada um com suas tarefas, nossa conexão foi tão forte que ela escreveu uma redação, uma historinha muito interessante, criando sua própria versão do que ela me ouve falar e praticar diariamente. É muita sensibilidade e talento natural, simples e extremamente carismática, típicos de uma grande líder.

Meu filho de dez anos, talvez por já estar com as asas mais fortes, voou um pouco mais alto. Escreveu seu próprio livro, que chamou de *Aulas do Kike*: um manual de sua própria filosofia. Muito em linha com tudo aquilo em que ACREDITO, PRATICO, MELHORO e COMPARTILHO, ele dá dicas de pensamentos e atitudes muito "fora da caixa", que podem ajudar outras crianças a serem livres e felizes. Com sua enorme habilidade de comunicação, supera minhas expectativas. Para mim, ele tem o dom do gênio criativo.

Obviamente, esses três pequenos criadores são assim porque, como eu, dialogam, se aconselham e recebem orientações da melhor "thutora" do mundo, minha amada esposa. Com seu interesse genuíno, ela nos ensina todos os dias a nunca desistir, fala sobre o poder dos pensamentos positivos e nos convence a sempre lutar por aquilo em que acreditamos — pelo bem de nossa sociedade. A você, meu amor, muito obrigado por estar em minha vida com toda a sua energia vital. Este terceiro livro também tem muito de seus conselhos e direcionamentos.

Gostaria também de agradecer de forma muito carinhosa e especial a Marcos Alves e Leandro Pinto, que, respectivamente, fizeram o prefácio e o posfácio deste livro. Marcos, literalmente um marco em minha vida, meu tutor, o Mestre dos Magos — sempre. Leandro, meu primeiro parceiro nessa nova etapa de carreira, tornou-se um amigo e incentivador: aquele que dá ânimo, extrai sempre o que há de melhor, me ajuda a vencer e ainda agradece. Expresso aqui toda a minha gratidão a vocês dois.

Por todo amor, carinho e, em especial, pelos exemplos, agradeço de coração a meus pais. Os dois souberam me oferecer o espaço de liberdade de que eu precisava para sonhar, ousar e lutar. A minha irmã, cunhados, cunhada, sobrinhas e a meus sogros, muito obrigado por acreditarem em meu trabalho e sempre me incentivarem.

Gostaria ainda de agradecer a todos os meus amigos, clientes, parceiros e, especialmente, colegas conselheiros por ouvirem meus discursos empolgados e por me darem apoio com sugestões, além de abrirem espaço em sua vida e empresas para nossa FG.

Um grande e especial agradecimento aos "thutors". Nossa incrível equipe de brilhantes talentos foi capaz de transformar a própria vida em ACREDITAR, PRATICAR, MELHORAR e COMPARTILHAR, levando essas novas trilhas para tantas pessoas e empresas de todos os setores e tamanhos, dentro e fora de nosso país. Gostaria de destacar especialmente um desses "thutors", Vinícius Nascimento, por coordenar para mim o trabalho de construção das ilustrações deste terceiro livro. Você deve ter notado que as imagens são propositadamente emocionais, têm um pouco cara de livro infantil... Afinal, isso pode ser útil para lembrarmos quando foi que nasceram nossos valores mais profundos, quais são e por que acreditamos neles. Então, Vini, show de bola! Ter você comigo é um orgulho.

Enfim, meu muito obrigado a todos que se interessam pelas novas trilhas propostas pela FG, que já leram meus outros livros ou que, pela primeira vez, estejam lendo este: vocês são as pessoas que me animam a não deixar de expressar minhas ideias, produzir novos horizontes e construir novas pontes para um futuro que já existe.

Obrigado de todo o meu coração.

Convite à sua participação na wave FG

A leitura deste livro acaba aqui, mas podemos continuar a trocar ideias entre nós, com outros leitores e com minha equipe na Plataforma Wave FG. Vamos seguir juntos comentando, perguntando e interagindo com os demais leitores nos fóruns de discussão. Aproveite também os extras dos livros e os novos conteúdos ampliados que temos por lá. A Plataforma Wave FG foi a maneira que encontrei para nos manter próximos, construindo juntos a evolução da FG — sempre.

Nos vemos em breve!

Referências bibliográficas e sites

BARROS, Gustavo. "Herbert A. Simon and the Concept of Rationality: Boundaries and Procedures". *Revista de Economia Política*, v. 30, n. 3, jul./set. 2010. Disponível em: <www.scielo.br/pdf/rep/v30n3/a06v30n3.pdf>. Acesso em: 3 ago. 2018.

CALAPRICE, Alice. *The Ultimate Quotable Einstein*. Princeton: Princeton University Press, 2010.

CHIAVENATO, Idalberto. *Recursos humanos*. São Paulo: Atlas, 2002.

ELKINGTON, John. Disponível em: <johnelkington.com/>. Acesso em: 29 out. 2018.

FEIRA DE Hannover — *Get Ready for the Connected Industry*. Site oficial. Disponível em: <www.hannovermesse.de/en/news/key-topics/industrie-4.0/>. Acesso em: 30 nov. 2018.

FERNANDES, Márcio. *Felicidade dá lucro*. São Paulo: Portfolio-Penguin, 2015.

_____. *O fim do círculo vicioso*. São Paulo: Portfolio-Penguin, 2017.

FRENTROP, Paul. *A History of Corporate Governance: 1602-2002*. Bruxelas: Deminor, 2003.

FUNDAÇÃO Instituto de Administração (FIA). *Indústria 4.0: o que é, consequências, impactos positivos e negativos* [*Guia Completo*]. Disponível em: <fia.com.br/blog/industria-4-0/>. Acesso em: 30 nov. 2018.

GALLUP. *State of the Global Workplace 2017*. Disponível em: <news. gallup.com/opinion/gallup/224012/dismal-employee-engagemen-t-sign-global-mismanagement.aspx>. Acesso em: 27 abr. 2018.

GOOGLE Brasil. *Dossiê BrandLab: The Millennials Divide*. Disponível em: <www.thinkwithgoogle.com/intl/pt-br/tendencias-de-consumo/dos-sie-brandlab-millennial-divide/>. Acesso em: 4 dez. 2018.

HOCK, Dee. *Nascimento da era caórdica*. 5. ed. São Paulo: Cultrix, 2014 [2000].

_____. Site oficial. Disponível em: <www.deewhock.com/#intro>. Acesso em: 4 ago. 2018.

HOLMES, Oliver Wendell. *Autocrat of the Breakfast Table*. Rockville: Wildside Press Books, 2008.

INSTITUTO Brasileiro de Governança Corporativa (IBGC). Portal do Conhecimento. Disponível em: <www.ibgc.org.br/portal-do-conhe-cimento>. Acesso em: 9 ago. 2018.

INSTITUTO de Matemática Pura e Aplicada (IMPA). *A trajetória de be-neficiários do Bolsa Família na Obmep*. Disponível em: <impa.br/no-ticias/a-trajetoria-de-beneficiarios-do-bolsa-familia-na-obmep/>. Acesso em: 28 mar. 2019.

KAHNEMAN, Daniel. *Rápido e devagar — Duas formas de pensar*. Rio de Janeiro: Objetiva, 2012.

LIMA, Isabella. "Jovem passa em Medicina na USP após ficar seis meses estudando em banheiro". *G1*, 9 fev. 2019. Disponível em: <g1.glo-bo.com/sp/santos-regiao/educacao/noticia/2019/02/09/jovem-pas-sa-em-medicina-na-usp-apos-ficar-meio-ano-estudando-em-ba-nheiro.ghtml>. Acesso em: 20 fev. 2019.

MOTTA, Fernando C. P. *Teoria geral da administração*. São Paulo: Pio-neira, 1989.

NANTERME, Pierre. "Accenture CEO Explains Why He's Overhauling Performance Reviews". *Washington Post*, 23 jul. 2015. Disponível em: <www.washingtonpost.com/news/on-leadership/wp/2015/07/23/ac-centure-ceo-explains-the-reasons-why-hes-overhauling-performan-ce-reviews/?noredirect=on&utm_term=.a3f72a8c121e>. Acesso em: 30 jul. 2019.

PINCHOT, Gifford. *Intrapreneuring*. Disponível em: <www.pinchot. com/books/>. Acesso em: 28 maio 2018.

PROMON. Carta de Campos do Jordão. Disponível em: <www.promon. com.br/pt-br/cultura/Paginas/carta-de-campos-do-jordao.aspx>. Acesso em: 6 jul. 2018.

PWC. 21a Annual Global CEO Survey. *The Anxious Optimist in the Corner Office.* Disponível em: <www.pwc.com/gx/en/ceo-survey/2018/pwc--ceo-survey-report-2018.pdf.>. Acesso em: 27 abr. 2018.

ROBERTSON, Brian J. *Holacracia. O novo sistema de gestão que propõe o fim da hierarquia.* São Paulo: Benvirá, 2016.

RODGER, Mark. *Researchers Apply Computing Power to Crack Egg Shell Problem.* Disponível em: <warwick.ac.uk/newsandevents/pressre-leases/researchers_apply_computing/>. Acesso em: 3 maio 2018.

SILVEIRA, Fernando Lang da. *Determinismo, previsibilidade e caos.* Disponível em: <www.if.ufrgs.br/~lang/Textos/Determinismo_previsi-bilidade_caos.pdf>. Acesso em: 1 out. 2018.

"STOCK options: conceito, objetivo e abrangência". *Valor Econômico*, 24 mar. 2016. Disponível em: <www.valor.com.br/financas/4496244/stock-options-conceito-objetivo-e-abrangencia>. Acesso em: 5 dez. 2018.

VAIANO, Bruno. "As origens egoístas do altruísmo". *Superinteressante*, 29 maio 2018. Disponível em: <super.abril.com.br/ciencia/o-gene-altruista/>. Acesso em: 9 ago. 2018.

TIPOGRAFIA Arnhem Blond

DIAGRAMAÇÃO Osmane Garcia Filho

PAPEL Pólen Soft, Suzano S.A.

IMPRESSÃO Gráfica Bartira, novembro de 2019